일본 내면 풍경

한국은 일본을 너무 모르고, 일본은 한국을 너무 잘 안다

일본 내면 풍경

유민호

살림

일본은 없지 않다

미국 메이저리그 야구(MLB)에 관심을 갖다가 흥미로운 사실을 발견했다. 첫째, 정규 선수로 뛰는 한국과 일본 선수의 수가 각각 2명과 11명이라는 사실이다. 사실, 한·일 간 고등학교 야구팀 수가 각각 54팀과 4,800팀임을 감안하면 2명이라는 숫자도 놀랍게 느껴진다. 그러나 내가 주목한 부분은 선수의 수가 아니다. 선수 생명에 관한 부분이다. 일본 선수들은 메이저리그에서 활동하는 기간이 엄청 길다. 40세를 넘기는 것이 보통이다. 야구선수에게 40세라는 나이는 환갑을 넘겨 칠순 잔치에 들어서기 직전에 해당한다. 남미 선수나 백인의 경우 30대 초, 아무리 늦어도 30대 중반에 은퇴한다. 길어도 10년 이상 프로로 뛰는 선수는 극히 드물다. 부상과 함께, 체력적으로 한계를 느끼기 때문이다. 후배들의 추격 때문에 30대 중반 이전에 선수 생활이 끝난다고 한다.

2014년 8월, 스즈키 이치로(鈴木一郎)는 만으로 40세다. 메이저리그에서의 프로 경력이 13년이다. 19살 때부터 시작한 경력을 전부 합치면 21년간 프로로 뛰었다. 야구 전문가들은 큰 부상이 없는 한, 앞으로 3년 정도는 더 뛸 것으로 전망한다. 한국은 어떨까? 메이저리그에 처음 진출한 박찬호가 37살까지 뛰었다. 남미 선수들보다는 길지만, 일본 선수에 비하면 한수 아래다. 비슷한 시기에 활약한 노모 히데오(野茂英雄)도 40세까지 뛰었다.

둘째로 주목한 부분은 야구를 대하는 한·일 간의 시각 차이다. 간단히 설명하자면, 한국은 이기는 야구에 주목한다. 일본은 어떨까? 지지 않는 야구 게임을 우선시한다. 말장난처럼 들릴지 모르겠다. 이기는 경기는 이기기 위한 자세를 필요로 한다. 적극적이고도 공격적인 정신과 육체를 전제로 한다. 상대방에 주목하는 경기라기보다, 내가 가진 힘과 능력을 상대에게 퍼부어 승부를 낸다. 내일이 아니라, 지금 당장 승부를 걸어 끝장을 내는 식이다. 지지 않는 경기는 어떨까? 내가 가진 능력보다 상대가 가진 장점을 차단하는 방식으로 나아간다. 내가 가진 약점을 보강하는 식의 전략·전술을 필요로 한다. 주변을 살피고 다소 위축된 상태에서, 수동적이고 수비적인 자세를 갖기 십상이다. 그렇지만, 결코

진다는 생각은 안 한다. 무승부라도 좋고, 이기면 더더욱 좋다. 최선을 다하고 그 결과를 기다리는 식이다. 구체적으로 두 나라 야구장에서 어떤 식의 경기가 펼쳐지는지 알아보자.

한국 스타일의 이기는 야구의 전형(典型)은 돌직구, 강속구, 스트라이크, 삼진, 홈런, 장타다. 명쾌하고 박력이 넘친다. 일본의 지지 않는 경기는 어떨까? 포볼, 진루, 번트, 안타, 커브, 슬라이드, 범실타다. 홈런 한 방에 기대를 걸고 엄청나게 휘둘러대는 것이 한국이라면, 일본은 작은 안타 4개로 홈런 하나를 만들어낸다. 한국이 강속구, 스트라이크, 삼진으로 타자를 잡아내는데 비해, 일본은 스트라이크처럼 보이는 볼을 던져 실타나 범타를 유도해 아웃을 잡아내는 식이다. 타자로 나간 일본인도 배트를 휘두르기보다 피처의 실수를 유도해 포볼로 진루하려고 한다. 홈런·장타가 아니라, 살아서 1루에 발을 붙이는 것이 중요하다.

한국인이 보면 일본 야구는 재미가 없다. 마찬가지로 일본인이 보는 한국 야구도 흥미 밖이다. 복싱으로 치자면, 한국 야구는 힘을 바탕으로 한 헤비급 경기에 속한다. 일본은 기량에 의지하는 식의, 치고 빠지는 경량급 복서다. 일본인이 보면 한국 야구는 아기자기한 맛이 없는 다소 싱거운 경기다. 한국인이 보면 일본 야구는 잔머리를 굴리면서 쓸데없이 굴곡을 만드는 복잡하고 어려운 야구다. 한국 야구장에서 볼펜과 수첩을 갖고 야구장에 들어가는 한국인은 극히 드물다. 일본의 경우 야구에 관심이 있다면 기록은 기본이다. 모바일 기기를 들고 가 선수와 팀의 구체적인 통계와 정보를 수시로 확인한다. 데이터를 훤하게 알고 있다. 한국인이 홈런을 통한 시원한 경기에 눈을 주는 동안, 일본인은 안타, 도루, 번트에 관한 기록 작성에 열심이다.

야구를 대하는 한·일 간의 상이한 자세는 다른 모든 분야에도 그대로 적용할 수 있다. 속된 말로 표현하자면 '굵고 짧게' 사는 한국, '가늘고 길게' 연명하는 일본으로 구분된다. 한국적 정서로 볼 때, 가늘고 길게 살려는 사람은 극히 드물 것이다. 사랑도 목숨을 걸고 하고, 대박을 통한 일확천금 인생에 주목한다. 재벌 2세, 회장님은 텔레비전 드라마의 주된 배역이다.

그러나 주목할 부분이 있다. 굵고 폼나기는 한데 날카롭고 예리한 상대에게 찔려 균열이 생기면서 한순간에 무너질 수 있다. 굵기는 하지만 튼튼하지 않기 때문이다. 화려하고 쿨하기는 한데 오래가질 못한다. 만루 홈런으로 신문 1면에 이름을 올리기는 했지만, 평소의 타율은 2할 대를 겨우 넘어서 있다. 돌직구, 스트라이크로 연속 20승을 잡아내지만, 어깨가 감당해내지 못하고 자멸한다.

이 책의 논점은 일본 야구가 대단하다거나, 한국 야구가 변해야 한다는 식의 '거만한 주장'과 무관하다. 홈런만이 아니라, 안타도 챙기면서, 도루에다 1회 초 첫 타석 번트도 가능하다는 것을 알려주기 위한 소개서라 보면 된다. 일본이 가진 단점과 한국의 장점만을 보려는 우물 안 개구리에서 벗어나자는 것이 핵심이다. 현대자동차, 삼성 모바일, 한류에 대한 자랑도 좋다. 그러나 왜 일본 요리가 뉴욕·파리·런던의 미슐랭 쓰리스타에 올랐는지, 유럽·동남아시아·남미 대부분의 나라에서 왜 일본인이 특별 대접을 받는지에 대한 관찰도 필요하다는 것이 필자의 지론이다.

언제부터인지 모르지만, 한국은 배우기보다 남을 가르치는 일에 주목하는 듯하다. 사실 한국인 스스로 자부심을 가질 만한 일들이 여기저기서 터지고 있다. 그러나 모든 것이 그러하듯 다른 나라에서 일어나는 변화가 어떤지를 살피는, 객관적인 자세가 중요하다. 외국에서 지켜보는 한국은 아직 갈 길이 먼, 많은 걸 배우고 익혀야 할 나라다. 원론적이지만, 배우고 익히는 것은 부끄럽지도 비굴하지도 않다. 공부하고 실천한다는 것은 앞으로 전진하려는 겸허한 자세에서 비롯된다.

일본은 갖가지 단점에도 불구하고 장점이 많은 나라다. 일본을 비판하기는 쉽다. 문제는 천편일률적인 반일 슬로건만으로는 문제를 해결하기 어렵다는 데 있다. 홈런, 돌직구도 좋다. 그러나 안타, 포볼, 진루를 통해 40세를 넘긴 장수 야구선수들에 대한 관찰과 공부도 병행하는 것이 좋다. 익히고 배울 경우, 4할 대 타율의 최장수·최고령 한국 선수도 나올 수 있다.

친일파 논쟁으로 정치와 사회 전체가 일본 알레르기에 빠진 듯하다. 일본을 칭찬했다가는 도매금으로 넘어가는 세상이다. 이 책의 내용은 '일본은 있다, 일본은 없다'에 관한 것이 아니다. '일본은 없지 않다'라는 관점이 기본자세이다. 무게중심은 반일도 친일도 아닌, 극일(克日)에 있다. 한국은 더 잘할 수 있고, 더 잘해야만 한다. 이불 속에서 만세를 부르는 식으로는 평생 누구도 따라잡지 못한다.

작은 오솔길 하나에도 평생의 추억을 담을 수 있다. 책을 내기까지 여러 사람들의 도움이 있었다. 문화적 관점에서 일본에 대한 글을 쓰도록 격려해준 「월간중앙」 김홍균 편집장과 박성현 차장은 가장 먼저 머리에 떠오른다. 「주간조선」과 「월간조선」도 일본에 관한 필자의 '친일적(?)' 기사를 흔쾌히 받아준 곳이다. 「월간조선」 최병묵 편집장과 배진영 차장, 「주간조선」 최준석 편집장과 정장렬 부장에게도 특히 감사의 뜻을 전한다. 이미 고인이 되셨지만 1994년 필자의 일본 관련 글을 처음으로 받아준 이상철 「조선일보」 전 편집국장에게도 고마움을 표한다. 해외출판 최전선에서 맹활약하는 이구용 씨의 도움이 없었다면 이 책은 세상에 나올 수 없었다. 책을 통해 평생 함께 할 동지로 연을 맺게 된 것을 행운으로 생각한다. 직접 본 적 없이, 전화 대화만으로 편집에 응해준, 살림출판사의 홍성빈 씨에게도 고개 숙여 감사드린다.

잡문(雜文)에 가까운 쓸모없는 책들이 넘치고 넘친다. 소리만 무성한 '빈 깡통을' 만들어 내는 게 아닌가 우려된다. 거창한 슬로건이나 입이 아닌, 지식과 지혜를 통한 일본 연구의 나침반 역할을 할 수 있다면, 그것만으로도 충분하다. 일본을 알수록 한국에 대한 이해와 애정이 한층 더 커져가기 때문이다.

2014년 7월 8일,
워싱턴 펜타곤 상공에 뜬 쌍무지개를 보면서.
유민호 올림

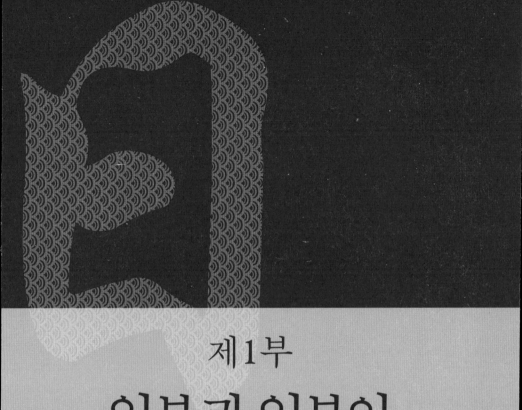

제1부
일본과 일본인

제1장

'지금 당장'이 지배하는
일본 열도

2013년, 1년 내내 일본에서 화제가 된 텔레비전 광고가 하나 있었다. 칠판 앞에 선 40대 후반쯤 되어 보이는 남성이 진지한 모습으로 말한다.

"'그렇지만(でも)', '그러나(しかし)'와 같은 접속사들이 구입을 주저하게 만드는 말들입니다. 자, 그렇다면 언제 구입하는 것이 좋을까요? 지금입니다(今でしょ)! 지금 당장입니다(今でしょ)!"

남성의 말에 이어 신(新) 모델 토요타(豊田) 자동차 7대가 등장하면서 날카로운 여성의 목소리가 배경으로 깔린다.

"지금 토요타 자동차를 사면 5만 엔권 선물이 제공됩니다."

● '지금 당장' 신드롬을 불러일으킨 토요타 자동차 광고.
주변 상황을 고려할 때 이제 더 이상 기다릴 수 없다는 것이 일본의 분위기이다.

뒤이어 40대 남성이 한 번 더 등장해 외친다.

"지금 당장(今でしょ)!"

광고는 '자동차를 사는 문제에 대해 잘 알고 있는 하야시 오사무(林修)─일본문학 전공'이라는, 다소 코믹한 자막과 함께 방영된다. 하야시는 대입 수험생을 위한 학원의 현직 강사이다. 학생들이 인정하는, 일명 카리스마 강사로 손꼽힌다. 광고가 나간 뒤부터 일본인 모두가 알고 있는 유명인으로 급부상한다. 이후 NHK를 비롯한 모든 공중파 방송국을 오가는 만능 탤런트로 활동하고 있다. 자신의 눈높이로 세상을 분석하는 사회평론가 같은 것이 하야시의 일이다. '지금 당장'이라는 타이틀의 시리즈물을 통해 작가로도 등단한다. 이른바 '지금 당장'이란 말 한마디로 전국적 스타로 탄생한 것이다.

'토요타 시골 지점이 내보내는 싸구려 광고'

필자가 처음으로 이 광고를 봤을 때의 인상이다. 사실, 전국망 텔레비전에 나올 만한 수준의 광고가 아니다. 칠판 하나만 달랑 세워놓고, 평범한 모습의 학원 강사가 등장해 '지금 당장'이란 말을 세 번이나 반복한다. 겨우 5만 엔 선물권으로 소비자를 현혹하려는, 너무도 단순한 초저가의 단발 광고이다. 그러나 학원 강사가 베스트셀러 작가에다가, NHK 시사해설가로 변신하는 것을 보면서 필자는 스스로의 무지와 예단(豫斷)을 후회하지 않을 수 없었다. '지금 당장'이라는 슬로건에 배어 있는 정치적·사회적 의미를 읽지 못했기 때문이다.

토요타는 한 세대 이상, 세계를 대상으로 장사를 해왔다. 그야말로 마케팅의 달인(達人)이라 할 수 있다. 전국 광고에 '지금 당장'이라는 말을 삽입할 때에는 그만한 이유가 있다. 학원 강사가 하룻밤 만에 스타 대열에 오르고, '지금 당장'이 유행어로 정착한 것은 소비자의 마음을 읽은 마케팅 전략이 그대로 적중했기 때문이라 볼 수 있다. 토요타 신 모델이나, 5만 엔권 선물이 전부가 아니다. '1억 2,000만 일본인에게 어필할 수 있고, 최근의 상황을 설명할 수 있는 최적의 키워드는 무엇일까'를 고민하던 끝에 '지금 당장'이 탄생한 것이다.

'지금 당장'은 2013년 이후 일본인에게 주어진 기본자세이자 행동준칙에 해당한다. '잃어버린 20년'으로 표현되는 버블경제 이후의 하향국면을 반전(反轉)시키기 위한 국가적·국민적 방침이라 볼 수도 있다. 일본어에서 동의나 추측에 해당되는 접미사가 'でしょう(이지요)?'이다. 보통 일본인들은 말을 할 때, 마지막 부분에 힘을 빼면서 상대방의 동의를 살짝 구하는 식의 화법에 익숙하다. 따라서 '지금 당장이지요'라고 말할 때도 보통 '今でしょう(지금이지요)?'라는 식의 화법을 일상적으로 사용한다. 토요타 광고에서는 '今でしょう'에서 마지막의 'う(우)'를 뺀 '今でしょ'로 끝맺는다. '今でしょ'는 상대방의 동의를 필요로 하지않는 단정형에 가깝다. 선배나 어른이 아랫사람에 뜻을 전달하는 식의 화법이다. 동의를 구하는 '지금 당장이지요'의 의미라기보다, '어제도 내일도 아닌, 지금 당장'이라는 식의 일방적 통고에 해당한다. 위에서 아래로 향하는 말이다.

기사를 쓸 때의 육하원칙 즉, 5W1H의 관점에서 볼 때 '지금 당장'은 '언제(When)'에 대한 답이라 볼 수 있다. 주관적인 판단이지만, 일본만큼 분석에 능한 나라도 드물 것이다. 단적인 예로, 경제 전문 신문인 「니혼게이자이(日本経済)」를 보면 시장을 평가하고 예측하는 눈이 경제학자 뺨치는 수준에 올라가 있는 걸 알 수 있다. 경제학 전문 대학교수나 이해할 정도의 고난도 기사와 칼럼

이 일반인에게 제공된다. 한국 기준으로 보면, 일반 경제지가 아닌 특별 전문지 수준이다. 서점에 가서 어떤 분야의 책을 찾아 봐도 질적으로나 양적으로 엄청난 수준이다. 전문가와 오타쿠(オタク)가 수두룩하다.

그러나 누구에게나 아킬레스건은 있듯, 일본 역시 약점을 갖고 있다. 바로 '언제'이다. 모든 것을 정확히 분석하고 전망하지만, 정작 중요한 결정은 미뤄진다. 간단히 말해 '리스크 제로(Risk Zero)'가 될 때까지 검토, 재검토에 들어간다. 돌다리를 두드리고 건너는 것이 아니라, 지나치게 두드려 돌다리가 아예 허물어지는 판국에 이른다. 결국 새로운 도전이나 시도가 드물어진다. 간혹 변혁을 시도하는 움직임이 있지만, '리스크 제로' 세력에 의해 한순간에 날아간다. '소프트뱅크'의 CEO 손정의(孫正義)의 경우, 미국 야후(Yahoo)와 손을 잡은 상태에서 IT 업계의 파이오니아로 성공을 이루었다. 만약 일본 내에서만 통하는 분야로 진출했다면 단칼에 날아갔을 것이다. 기득권을 지키면서 '좀 더 생각해 보고!'로 일관해온 것이 일본의 지난 20여 년이다. 공교롭게도, 일본이 돌다리를 두드리고 또 두드리는 동안 한국 일부에서는 아예 돌다리를 무시하고 하늘로 날아가려는 움직임이 진행됐다. 거칠게 표현하자면 '지금 당장 벌려놓고 보자!'는 자세였다. 한국이 선점한 모바일 업계나 일부 전자제품의 선전은 바로 그러한 한국식 '지금 당장'이 만들어낸 결과물이다.

토요타의 광고 슬로건인 '지금 당장'은 종래의 사고를 타파하자는 의미의 새로운 시대정신에 해당한다. '자동차를 언제 구입할까'와 같은 문제에 국한되는 것이 아니다. 주식을 언제 살까, 집을 언제 살까, 언제 투자를 할까……와 같은 경제적 범주를 넘어선 것이다. 헌법은 언제 바꿀까, 자위대를 공격형 체제로 언제 바꿀까, 중국의 위협에 대한 방어와 공격 능력을 언제 갖추는 게 좋을까……와 같은 정치·경제·국방·외교·문화 등 전방위 차원의 대응책이 바로 '지금 당장'이란 말속에 투영돼 있다. 누가(Who), 무엇을(What), 어떻게(How)는 이미 20여 년간 논의됐고, 이미 결정이 돼 있다. 그동안 누구도 나서지 않았던 '언제(When)'에 대한 답이 2013년, 토요타 광고를 통해 점화(點火)된 것이다.

'지금 당장'이 유행어가 된 시기는 아베 신조(安倍晋三) 총리 출범 시기와 맞물린다. 아베는 일본을 수동이 아니라, 능동적 차원에서 이끌어가겠다고 말해왔다. 헌법 개정을 통한 '강한 일본'은 아베의 개인적 신념이자, 국민에 대한 공약이다. 한국인에게는 우향우로 방향을 잡은 인물로 비쳐지지만, 일본의 입장에서 볼 때는 단호한 지도자의 모습이다. 종군위안부, 독도, 교과서 문제에서 보듯 한국의 생각과 정반대에 놓여 있는 것이 아베의 정책들이다. 열도의 분위기는 '우경화'라고 해석할 수 있다. 2012년 12월 26일, 아베와 자민당이 압도적인 지지하에 탄생한 순간, 무명의 학원 강사도 스타로 데뷔했다. '지금 당장'은 바로 아베를 지지하고, 아베의 정책을 행동으로 만들어내겠다는 '결의'에 해당한다.

공기를 통한 변화

일본론(日本論)의 기본 교과서로 1977년, 야마모토 시치헤이(山本七平)가 쓴 『공기의 연구(空気の研究)』라는 책이 있다. 간단히 말해, 일본 사회와 조직은 '공기'에 의해 결정된다는 것이 책의 핵심이다. 누가 나서서 주장하고 끌고 나가는 것이 아니라, 분위기와 흐름 속에서 의사를 결정하고 집행, 평가한다는 것이 야마모토의 일본론이다. 사실, 공기론(空氣論)은 일본만이 아니라, 한국을 비롯한 전 세계 모든 곳에서 볼 수 있는 일반적인 현상이기도 하다. 굳이 일본을 공기론으로 설명하는 이유는 공기에 대한 일본인만이 가진 예민한 반응 때문이다.

어떤 공기가 지배하면 일본인 대부분이 빠르게 반응하고 또 적응한다. 반응하는 속도가 빠른 것은 물론, 공기에 의해 결정된 결과를 신속하게 집행한다. 원래 야마모토가 말한 공기론은 2차 세계대전 당시 이뤄진 국가적·군사적 차원의 이슈들을 대상으로 한 것이다. 메이지유신(明治維新) 이후 1945년 패전에 이르기까지, 공기론의 정점은 물론 천황이다. 천황을 앞세운 공기가 정치·경제·사회·군사·문화, 심지어 이불 속까지 파고든다.

태평양전쟁 중에 나타난 '공기'의 본보기로, 전함 야마토(大和)가 가장 많이 입에 오르내린다. 항공모함 시대로 접어들었음에도 불구하고 1차 세계대전의 전설인 거함대포(巨艦大砲) 전함(戰艦)에 집착하는 과정에서 야마토가 탄생한다. 배와 대포의 크기는 물론, 각종 시설들이 당시 전 세계 모든 전함을 압도하는 수준이었다. 당시 일본 해군 수뇌부는 전함에 기대를 거는 것이 시대착오적이란 사실을 잘 알고 있었다. 그러나 1차 세계대전 당시 전투력을 발휘한 미국과 영국의 전함을 능가하는 배를 만들자는 기운이 해군 내에 만연한다. 결국 기동성과 작전 능력은 무시한 채 상상을 초월하는 초대형 전함 야마토가 탄생한다. 그러나 새로운 시대의 표상인 항공모함을 앞세운 미군을 상대로 무모한 전투를 벌이다가 그대로 침몰하고 만다. 거함대포에 집착한 건조 과정은 물론, 질 줄 알면서도 전장에 투입한 만용(蠻勇)의 배경에 일본 특유의 비합리적·비이성적 공기가 드리워져 있는 것이다.

패전과 함께 야마모토가 말한 공기의 영역은 천황이나 국가가 아닌 조직, 즉 회사(會社)로 넘어간다. 1980년대 일본의 버블경제가 세계를 압도할 당시 일본은 국가가 아니라, '일본 주식회사'의 의미로 받아들여졌다. 패전으로 국가적 규모의 전략과 발상이 금기시되는 상황에서 주식회사가 뒤를 잇게 된 것이다. 종신고용제, 노사협조와 같은 일본식 경영 모델이 전 세계 비즈니스맨의 교과서로 자리 잡는다. 워싱턴에는 지금까지도 계속되는, 일본인을 규정하는 유명한 일화가 하나 있다. 미국인이 던진 질문에 대한 일본인의 답변에 관한 것이다. "Where do you come from(어디에서 왔습니까)?" "From Toyota(토요타에서 왔습니다)." 미국인이 던진 질문은 두 가지로 해석된다. 일본인이라는 사실을 모른다면 국적이 어디인지에 관한 질문이고, 알 경우에는 일본 어느 지역에서 왔는지에 관한 질문이다. 일본인은 보통 그 같은 질문에 대해 '토요타, 히타치(日立), 미츠비시(三菱)'라고 답한다. 일본이라고 답하는 사람도 있지만, 미국에 처음 온 젊은 회사원의 경우 예외 없이 자신의 회사 이름을 앞세우며 대답한다. 회사가 국가에 우선하는 것이다.

버블경제(1985년부터 1991년까지 지속된, 일본의 고도성장기 가운데 하이라이트에 해당하는 시기 – 편집자 주)가 끝나면서 공기의 영역은 회사에서부터 한층 작은 단위로 나아간다. 대표적인 공간이 학교다. 최근 유행하는 한국식 표현으로 말하자면, 공기의 흐름을 잘 파악할 경우 갑(甲)에 포함되고, 그렇지 못할 경우 을(乙)로 전락한다. 갑과 을의 경계선은 '이지메(いじめ)', 즉 왕따이다. 갑은 왕따의 맛을 보여주는 가해자, 을은 왕따를 당하는 피해자가 된다. 회사에서 공기를 읽지 못할 경우 그대로 퇴출이다. 학교에서 공기의 흐름을 파악하지 못할 경우 집단 왕따의 길이 기다리고 있다. 집단 왕따를 경험한 학생이 선택하는 극단의 길은 크게 두 가지다. 아예 학교를 가지 않는 등교 거부이거나, 세상과 벽을 쌓는 자살이다. 한국에

서 유행하고 있는 학교 내 폭력이나 왕따의 원조가 일본이다. 차이점은 일본의 경우 갑이 집단 차원에서 이뤄진다는 점에 있다. 소수의 불량소년·소녀가 아니다. 공기를 읽지 못하는 소수의 을을 상대로 한, 착하고 머리 좋은 집단이 일으키는 갑의 횡포가 일본 왕따의 현황이다.

오타쿠의 세계도 학교와 더불어 일본인이 숨을 쉴 수 있는 공기의 영역으로 자리 잡는다. 마니아 정도로 해석할 수 있는 '오타쿠'는 철저히 자신의 세계만을 고집하는 외톨이형 문화이다. 한 분야에 매달리는 전문가적 영역을 갖지만, 천황·국가는 물론 사회, 학교, 심지어 가족과도 담을 쌓는, 나만의 공기가 세상을 대하는 기준이 된다. 태평양전쟁 동안의 일본이 전체주의 체제에 빠져든데 반해, 21세기 일본 청년들은 극단적인 개체주의(個體主義)에 빠져들었다고 볼 수 있다.

국가를 단위로 한 공기의 출현

2011년 3월 11일의 동일본 대지진은 '국가'라는 공기가 열도 전역으로 확산된 기화점(氣化點)이다. 쓰나미와 함께 후쿠시마(福島) 원자력발전소가 엉망이 되면서 1억 2,000만 일본인 전체가 공포에 떨었다. 해일에 떠내려간 사상자의 수도 경악할 정도지만, 이후에 일본 전체에 닥친 방사능 오염의 공포는 상상을 초월했다. 오타쿠들이거나 학교, 회사 수준의 것이 아니다. 곧 국가 차원의 해결 방안이 모색된다. 2011년 이후 지금까지 국가적 차원의 절전 운동이 국민실천 캠페인으로 자리 잡는다. 태평양전쟁 당시의 기억인 근면절약 운동의 그림자가 국민소득(GDP) 4만 달러의 경제대국 일본에 드리워진다.

대지진 직후 등장한 유행어로 '후킨신(不謹愼)'이란 말이 있다. '근신하지 않는다', '조심하지 않고 마구 날뛴다'는 의미이다. 후쿠시마 원전 사고 이후 나타난 국가적 재앙에 대해 함께 대응하지 않는 사람은 '후킨신'으로 규정된다. 후킨신은 단순히 욕을 얻어먹는 정도가 아니다. 후킨신으로 한번 낙인찍히면 모든 사람들로부터 왕따를 당하게 된다. 밤늦게까지 술을 마시거나, 화려하거나 짧은 치마를 입고 다니는 식의 튀는 행동도 후킨신의 범주에 들어간다. 탤런트들도 웃음이 아닌 심각한 표정을 지은 채 등장해야만 한다. 절전 운동은 후킨신의 여부를 가르는 가장 중요한 요소였다. 당시 원자력발전소에 의지하던, 전체 전력의 4분의 1정도가 하루아침에 중단된다. 여름철 만원 지하철이 에어컨 가동을 중단한다. 일반 사무실의 경우 대낮에 섭씨 30도 이상을 넘어선다. 그렇게 모두가 고통을 감수하는 과정에서 일본은 전력 부족 상황을 극복한다. 스스로 고통을 감수한 사람이 대부분이지만, 후킨신으로 찍히지 않기 위해 어쩔 수 없이 전력 사용을 자제했기 때문이기도 하다. 에어컨을 틀 경우, 그 사실이 바로 옆집 사람을 통해 마을 전체에 알려진다. 인터넷을 통해 회사에까지 알려진다. 공기를 따르는 이유는, 따르지 않을 경우 만나게 될 주위로부터의 보이지 않는 '왕따' 때문이다.

공기가 갖는 무책임성

'공기가 갖는 무책임성'에 관한 것은 공기의 특징이자 우려되는 부분이기도 하다. 1945년 패전과 함께 닥친 전범자 처리 과정을 보면 공기 속에 포함된 책임 소재의 애매함을 실감할 수 있다. 전후 미국과 연합국에 의해 처리된 전범자에 관한 내막을 살펴보자.

전범자로 체포돼 사형에 처해진 A급 전범자가 7명, B·C급 전범자가 약 1,000여 명에 달한다. 전쟁을 일으킨 핵심으로 지목돼 당초 체포된 A급 전범자는 120여 명이다. 잘 알려졌듯이 공산주의가 세력을 확대하였고, 때마침 한국전쟁이 터지면서 대부분의 A급 전범자들이 석방된다. 진주만 공격을 주도한, 전(前) 총리 도조 히데키(東條英機)를 비롯한 7명만이 사형대에 선다. 미국이 일본을 통해 냉전을 준비하는 과정에서 대부분의 핵심 전범자들이 빠져 나간다. 그러나 당시 재판에 관련된 미군들의 기록을 보면 전범자가 빠져 나간 것이 반드시 '정치적 타협'에 의한 것만이 아니라는 사실을 알게 된다. 간단히 말해, 명령을 내린 사람이 누구인지에 관한 확실한 증거가 정부·육군·해군 그 어디에서도 발견되지 않았다는 것이 재판 과정에서 밝혀진다. 전범자로 처벌을 하고 싶지만, 구체적인 증거가 없다. 누가 명령을 내렸는지에 대한 기록조차 없다.

예를 들어 가미카제(神風) 자살공격비행단에 관한 부분을 보자. 상부에서 누가 명령을 내렸는지, 누가 구체적으로 계획을 했는지에 관한 문서나 자료가 애매하거나 아예 없다. 태평양전쟁 당시 군사작전을 담당하던, 천황 직속의 군령부(軍令部)내 일개 과장이 남긴 문서가 전부이다. 문서를 요약하자면 "상부의 명령에 의해 적들의 공격을 육탄으로 섬멸할 작전이 필요하다." 정도의 내용이다. 계란으로 바위 치는 식으로 이뤄진 2,550대의 가미카제가 어떤 경로에서 탄생했고 구체적으로 어떤 작전과 체계하에 이뤄졌는지에 대한 기록은 아예 없다. 전선에서 작전을 지휘하는 현장책임자의 책임만이 남아 있을 뿐이다. 전범 재판을 두려워해 미리 소거해버렸다고 볼 수도 있을 것이다. 그러나 전쟁중 벌어진 일본군 핵심부의 행태를 보면, 지휘부가 아니라 현장책임자들이 스스로 판단해서 가미카제를 만들었을 가능성이 더 높다고 볼 수 있다. 전쟁 말기 불어 닥친 '1억 결전 본토 사수'라는 공기에 의해 탄생된 전대미문(前代未聞)의 작전이다. 지휘부가 명확하게 말하지는 않지만, 지휘부의 요구 이상으로 행동한 것이 현장책임자들이다. 2005년, NHK는 종전(終戰) 60년을 맞아 가미카제 관련 특별 프로그램을 방영했다. 누가 가미카제를 만들라고 명령했는지에 관한 기록은 역시나 없다.

공기에 근거한 무책임은 3·11 동일본 대지진에 대해서도 똑같이 적용할 수 있다. 일본 정부와 학계, 나아가 세계 원자력 기구들은 후쿠시마 원전사고를 천재(天災)가 아닌, 인재(人災)로 규정했다. 일본인은 물론 전 세계를 공포로 몰아간 방사능 오염에 관한 뉴스는 지금도 현재진행형으로 이어지고 있다. 그러나 그토록 많은 피해와 걱정을 안겨준 재앙이지만, 책임자를 찾아낼 수가 없다. 후쿠시마 원전은 이미 설립 초기부터 '만약의 사태'에 취약한 시설로 알려졌다. 발전에 들어간 뒤에도 가동을 중단할 것을 수차례 요청 받았지만, 원전 측은 거부했다. 비싼 발전소 시설을 중단할 경우 그 경제적 피해가 엄청나기 때문이다. 후쿠시마 원전의 관할 부서인 도쿄전력은 이미 사용 기한을 넘긴 시설을 유지하기 위해 여론 주도자에 대한 회유를 일상화했다. 이 모든 사실들이 사고 이후 언론을 통해 드러났다. 그러나 지금까지 사고에 대한 책임을 물어 옷을 벗은 상부 책임자는 단 한 명도 없다. 누가 구체적으로 연장을 지시했는지에 관한 증거 자료가 없기 때문이다. 원자력발전소는 전통적으로 퇴직 관료의 낙하산 보직으로 자리 잡아왔다. 한국식으로 이야기하자면 관피아에 해당한다. 관할 관청인 경제산업성 내 담당관은 원자력발전소 상부 책임자를 선배라 부른다. 명확한 명령 체계도 없이 수십 년 간 이어져 내려온 공기 속에서 발전소 가동이 계속되어 왔던 것이다. 책임자가 없는 공기를 통해, 미리 막을 수도 있었던 최악의 상황이 후쿠시마에서 벌어진 셈이다. 사고 이후에도 그동안의 공기를 고려해 책임자를 가려내지 못하는 곳이 일본이다.

있다, 없다의 근거와 배경

한국인에게 일본은 '없다'와 '있다'의 극단 속에 놓인 나라로 보인다. 중간이 없다. 필자는 '없다, 있다'로 나눠진 양극단 모두가 옳다고 본다. 보는 각도에 따라 전부 옳을 수 있기 때문이다. 있다, 없다가 갖는 나름대로의 논거는, 공기를 통해 결정하는 일본인의 의식을 살펴보면 한층 분명하게 와 닿는다. 먼저 '없다'를 보자. '분명한 원칙이나 가치도 없이 귀신 잡는 식의 공기를 통해 방향을 결정하고 나아가는 근본이 없는 민족' '아무리 경제대국, 문화국민으로 비쳐져도, 명확한 생각도 없이 공기에 근거해 앞으로만 나아가는 단세포 섬나라 민족'……에 관한 생각들이 일본을 '없다'고 말하는 이유일 것이다.

반대로 '있다'는 어떨까? '공기에 의해 결정된 방침을 철저히 그리고 빠르게 실현시켜 나가고, 그 결과를 주변에 확산시켜나가는, 각론에 강한 민족' '한번 결정하면 그대로 밀고 나가는, 개인적 차원이 아닌 사회적·국가적 차원에서 이뤄지는 집단의 힘'……에 관한 생각들이 '있다'에 손을 들게 하는 근거일 것이다.

조선이 식민지로 전락한 이유는 일본을 '없다'고 믿고 싶었기 때문이다. 공기에 좌우되는 일본을 보면서 도덕적으로 우위에 섰던 것이 당시 조선의 지배층이었다. 일본을 '있다'고 강조하려는 것이 아니다. 강조하고 싶은 것은, 열도 전체의 공기가 한반도의 이익과 안전에 반하는 방향으로 나아가고 있다는 사실이다. '없다'도 '있다'도 아니다. '없지 않다'라는 자세로 공기를 읽고, 각론을 만들어가야 할 것이다. 일본을 아는 것이 절실하다. 친일도 반일도 아니다. 먼저 지일(知日)에서 시작해야 할 것이다.

제2장

공기를 읽는 일본인, 공기로 움직이는 일본

일본발(發) 뉴스에 관심을 갖는 사람들이라면 아베 이후 일본의 '급작스럽고도 대대적인 변화'에 대해 놀라워할지 모르겠다. 갑자기 일본 경제가 V자로 상승하고 주식시장도 불이 붙은 상태다. 급작스런 엔저로 인해 한국 경제의 근간이 흔들린다는 소식도 있다. 그러나 대부분의 한국인들 입장에서 볼 때 가장 놀라운 것은 역사 문제로 집약될 수 있다. 어느 날 갑자기 아베가 나타나더니, 태평양전쟁 이전과 이후의 역사에 관한 전면적인 재검토가 이뤄지고 있다. 아베의 아바타 정도에 해당하는 아류(亞流)들도 갑자기 등장하기 시작한다. 주변부를 맴도는 국지적이거나 산발적인 논의가 아니다. 일본 지식인과 미디어의 중심을 장악한 채 왜곡된 역사관을 발전, 확장시켜나가고 있다. 조직적·체계적으로 이뤄지는 변화들이다. 역사만이 아니라, 외교·경제·사회·문화 다방면에 걸쳐 우향우 열풍이 거세지고 있다.

아베 열풍의 주인공은 아베가 아니다

한국의 신문·방송을 보면, 최근에 나타난 일본 내 변화의 모든 책임이 소수의 극우주의자에 있다고 여기는 것처럼 느껴진다. 일부 정치가들의 시대착오적인 발상과 선동 때문에 일본이 잘못 흘러가고 있는 듯 보인다. 이시하라 신타로(石原慎太郎) 전(前) 도쿄 도지사와, 오사카(大阪)를 기반으로 한 하시모토 토루(橋下徹)는 역사 왜곡의 최첨단에 서 있다. 사설과 논단을 통한 서울발 대일관(對日觀)을 보면, 책임과 잘못이 일본 정치인 몇몇에만 맞춰진다. 언뜻 보면 아베나 주변 아바타들이 물러나면 일본의 우향우 바람도 멈춰질 듯하다. 한국 언론에 자주 언급되는 '잃어버린 20년'을 물타기하려는 일시적인 바람이 역사 왜곡의 배경이라는 분석도 나온다.

이들 진단과 논조는 부분적으로 맞지만, 전체적으로 보면 충분치 않은 분석들이다. 결론부터 얘기하자. 현재 불어 닥친 일본의

변화는 아베나 주변의 아바타 몇몇을 타깃으로 할 수준의 얘기가 아니다. 대통령제에 익숙한 한국인 입장에서 볼 때 리더십이 강한 몇몇 정치 지도자가 한 나라의 운명을 가늠할 수 있다고 믿기 쉽다. 일본은 내각제에다, 화(和)를 기반으로 한 네마와시(根回し: 주변에서 맴돌다가 중심으로 들어가는 협상 스타일) 문화가 일상화된 나라다. 갑자기 등장한 소수의 카리스마 지도자에 의해 좌우되지 않는다. 2012년 12월부터 갑자기 표면화된 우향우 열풍의 원인을 몇몇 정치 지도자에 한정하는 것은 너무도 얄팍하고, 위험스럽기까지 한 분석이다. 간단히 말해 아베조차 우향우의 아바타로 만드는 열풍이 지금 일본 전역에 불어 닥치고 있다. 아베가 물러난다 하더라도 일단 시작된 우향우 광풍(狂風)은 한동안 계속될 것이다.

공기를 읽는 10대,
공기를 읽지 못하면 이지메

일본에서 흔히 사용되는 말로 'KY'라는 영어 이니셜이 있다. 일상적인 대화 속에서 "그 사람은 KY 캐릭터! KY니까 출세를 못하지……"라는 식으로 사용되는 단어다. '공기를 못 읽는(空気を読めない)'이란 말 속에, '공기(Kuki)'와 '못 읽는(Yomenai)'의 이니셜인 K와 Y가 합쳐진 유행어이다.

첨단은 아니지만, 6년이 지난 지금도 일상용어로 정착돼 젊은 이들의 대화중에 자주 등장한다. '공기를 못 읽는다'는 말은 한국식 표현으로 바꾸면, '분위기나 흐름을 파악하지 못한다'는 식으로 풀이될 수 있을 것이다. 모두가 우울한 분위기인데 혼자서 조크를 던지는 '푼수' 스타일을 일컫는 말이다. 유행어의 대부분이 그러하듯, KY란 말의 근원지는 10대를 중심으로 한 젊은 층이다. 학교에서 분위기 파악을 못하는 동급생이나 스승을 비하하려 사용하는 말이 KY다.

KY는 세계 최초로 일본에서 탄생한 '변태 문화(?)'를 대변하는 말이기도 하다. 한국에서 '왕따'로 통하는 집단 따돌림, 즉 이지메를 가리킨다. 최근에 미국 교육현장에서 중점 과제로 떠오른 '괴롭힘(Bullying)'은 물론, 한국 왕따의 원조에 해당하는 나라가 일본이다. 미국에서는 아예 영어로 '이지메(IJIME)'라고까지 부른다. 이지메의 원인은 여러 각도에서 분석된다. 일반적으로 정신적·육체적으로 약하거나 소외된 급우를 선택해, 실험용 쥐처럼 갖고 논다는 것이 이지메의 현황이다. 한국도 서서히 닮아가고 있지만, 반드시 '집단'으로 이뤄지는 것이 일본 이지메의 특징이다. 집단의 논리를 통해, 이지메를 행하는 학생이 문제가 있는 게 아니라 이지메의 대상이 되는 약자에게 문제가 있다는 식으로 이야기가 전개된다. 사람을 자살까지 몰아가는 이지메지만, 괴롭힌 학생들은 잘못이 없다고 생각한다. 괴롭히도록 만든, 공기를 못 읽는 급우에게 책임이 있다는 '황당한 논리'가 그들을 지배한다.

이지메를 원해서가 아니라, 이지메를 당하지 않기 위해서라도 약한 급우를 공격한다. 유행어 KY를 통해 볼 때, 무언의 커뮤니케이션을 통해 모두가 인지하는 공기를 놓치면서 외톨이로 전락한다. 공기를 함께 나누지 못한 '죗값(?)'으로 집단 이지메를 당하는 것이다. KY는 일본인의 의식구조를 가장 잘 이해할 수 있는 신조어 가운데 하나이다. 잠시 스쳐지나가는 유행어 수준이 아니다. 10대, 나아가 10살 이하 초등학생들의 의식조차 지배하는 일본식 커뮤니케이션의 전형이 KY다. 한국인 대부분에 해당하는 사항이지만, 도쿄에 아무리 오래 살아도 7만 엔짜리 월세방의 보증인으로 나설 일본인을 구하기 어렵다. 마음을 트고 지낼만한 일본인 친구를 만드는 한국인은 극소수이다. 친하다고 생각해서 얘기를 나누지만, 뭔가 큰 장애물이 드리워져 있다. 외국인이 도저히 이해할 수 없는 '공기의 벽' 때문이다.

태평양 전쟁의 교훈

『국화와 칼(菊と刀)』은 일본을 연구하는 사람이라면 누구나 한 번쯤 읽었을, 일본론의 대표작에 해당한다. 저자인 루스 베네딕트는 일본에 간 적이 단 한 번도 없는 여성이다. 뉴욕 콜롬비아대학에

서 인류학을 가르치던 중 국무성의 요청으로 급작스럽게 만들어진 이 책은 1년 뒤, 1946년에 출간된다. 미국 내 일본인 거주자와 유럽인이 쓴 일본론을 종합해서 완성한 책이다. 서양식 분석 프레임이나 미국과의 비교 분석이 아니라, 일본이 독자적으로 중시하는 의리(義理)나 보은(報恩) 같은 정신세계에 주목한다. 일본 문화를 외부로부터의 비판을 두려워하는 '부끄러움의 문화(恥の文化)'라 정의한다. 이 책은 일본인 스스로도 납득할 만한 명저(名著)로 자리 잡는다.『국화와 칼』은 천황 히로히토(裕仁)를 전범자로 처벌하지 않고 그대로 존속시킨 근거로 활용되기도 한다.

『국화와 칼』이 미국인이 쓴 일본론의 정수라 한다면,『공기의 연구』는 일본인 스스로가 쓴 일본론의 하이라이트이다. 이 책은 도쿄 세타가야구(世田谷區)에 있는 야마모토 서점(山本書店)의 주인, 야마모토 시치헤이(山本七平)가 썼다. 앞서 살펴봤듯이, 야마모토는 전함 야마토의 실패와 교훈을 공기론에 근거해 분석한 인물이다. 분위기와 흐름 속에서 의사를 결정하고 집행하고 평가한다는 것이 야마모토의 일본론이다.

1921년생인 야마모토는 태평양전쟁 당시 야전 관측 장교로 필리핀 루손전투에 참전한다. 루손은 태평양전쟁에서 일본군의 피해가 극에 달했던 곳 중 하나이다. 미 해병대에 맞서 일본군 25만명이 방어에 나섰다가 21만 7,000명이 몰살을 당한다. 10명 중 8명이 숨진 곳이 루손 섬이다. 야마모토는 기적처럼 살아남은 생존자이다. 극단을 달린 전쟁 당시 상황이 이후 그의 인생에 얼마나 큰 영향을 줬을지 충분히 상상할 수 있을 것이다. 이후 서점 주인이자, 작가로 이름을 날린 야마모토는 전쟁에서의 체험을 바탕으로 한 일본론에 집중한다.

야마모토의 일본론에서 주목할 점은, 일본인이 느끼는 공기론의 구조가 상명하복(上命下服)을 전제로 한 것이 아니라는 사실이다. 한국의 텔레비전이나 영화를 보면 일본인을 상명하복에 철저한 집단으로 그려낸다. 조폭들이 흉내 내는 90도 인사 같은 촌스러운 모습을 통해 명령에 살고 죽는 일본인 정도로 묘사된다. 일본은 개인이 아니라, 집단을 바탕으로 한 나라다. 물론, 상명하복과 일사불란을 원칙으로 하는 곳이 일본이기는 하다. 그러나 그같은 행동양식은 구체적인 결정이 내려진 뒤 이뤄지는, 실천 단계에서나 볼 수 있는 모습들이다. 구체적인 실천으로 들어가기 전에 이뤄지는 방향이나 방침은 일사불란이나 상명하복과 무관하다. 카리스마나 파워를 앞세운 개개인이 앞에 나서 주도하는 조직이 아니다. 정보를 공유하면서 서로의 혜안(慧眼)을 연구하는 과정에서 결론이 도출되고, 더불어 공통분모 즉 공기가 탄생한다.

2009년 오바마 대통령 취임 이후, '언제 일본에도 오바마가 탄생할 것인가?' 하는 식의 책들이 도쿄 서점에 깔렸다. 결론은 아주 간단하다. 일본에서는 결코 오바마가 탄생할 수 없다. 필요하지 않을 뿐더러, 나온다고 해도 최하급 직위에 머물다가 외국으로 이민

가는 수준에 그칠 것이다. 특출난 리더십은 필요 없다. 중지(衆智)를 통한 무언의 커뮤니케이션과 공기 속에서 방향이 결정된다.

패전이란 말을 입 밖에 꺼낼 수 없는 공기

일본 역사가들은 태평양전쟁의 향방은 이미 1942년 6월의 미드웨이 해전을 통해 결정이 났다고 한다. 일본의 주력 항공모함 4척이 전부 가라앉으면서 태평양 전선이 그대로 뚫렸기 때문이다. 그 누구도 상상하지 못했던, 태평양을 넘어선 기습 공격의 신화가 탄생한지 7개월 만에 밑천이 드러난 것이다. 태평양 전선이 무너지면서, 이후 일본은 공격다운 공격 한 번 해보지 못한 채 패전으로 치닫는다. 1945년 4월, 미국이 일본 본토 공격에 나서면서 승산 제로의 싸움으로 치닫게 된다. 그러나 당시 육군대장, 참모총장, 해군 대신, 군령부(軍令部) 총장, 총리, 외무장관으로 구성된 6명의 최고 간부들은 패전이나 종전(終戰)이란 말을 단 한 번도 꺼내지 않았다. 거의 매주 천황과 함께 회의를 갖지만, 그 누구도 진다는 얘기는 꺼내지 않았다. 당시 6명의 간부를 수행한 참모들은 회의장에 가기 전과 회의를 주재할 때 보여준 상관들의 상반된 자세에 놀라움을 금할 수 없었다고 한다. 회의장에 들어가기 전까지만 해도 패전이 임박했다고 말했지만, 천황을 앞에 두고 대화에 들어가는 순간 '1억 결전 본토 사수'를 주문(呪文) 외듯이 반복했기 때문이다.

1945년 8월 6일과, 8월 9일 원자폭탄이 두 차례 터지면서 겨우 '1억 결전' 주문이 사라진다. 최근 NHK에 방영된 당시의 상황을 보면, 1945년 8월 10일 새벽 2시에 이뤄진 패전 결정 과정의 전모를 알 수 있다.

장소는 심야의 지하 벙커다. 6명의 최고 간부들은 전황을 묻는 천황의 질문에 대해 명확한 답을 피한다. 천황은 "더 이상 전쟁을 지속하기 어렵다는 겁니까?"라는 질문을 던진다. 정적이 흐른다. 천황은 다시 한 번 질문한다. "더 이상 전쟁을 지속하기 어렵다는 말이지요?" 계속해서 아무런 말이 없자, 천황 스스로가 결론을 내린다. "그럼 연합국의 (포츠담 선언) 제의를 받아들이도록 하지요!" 최종적으로 전쟁을 끝내자는 말을 꺼낸 것은 군인이나 외교관이 아닌 천황 그 자신이었다. 6명의 최고 간부들은 자신의 부하나 주변으로부터 비겁하고 약한 상관이란 비난을 받길 두려워했다. 어정쩡한 상황에서 최종 결정권을 천황에게 미룬 것이다. 천황을 위해 목숨을 바칠 것처럼 떠들었지만, 정작 천황을 가장 욕되게 만든 인물들이 바로 6인의 최고 간부들이었다.

일본 속담에 '튀어 나온 못이 먼저 당한다(出る杭は打たれる)'라는 말이 있다. 한국 속담인 '모난 돌이 정(丁)맞는다'라는 말과 비슷하다. 저항하는 쪽이 가장 먼저 당한다는 의미이기도 하지만, 눈에 드러나고 공기에 거슬린다는 이유 하나만으로도 모두의 적이 되기 쉽다는 해석도 가능하다. 일본의 경우 조직 내에서 튀고 유별난 사람일 경우 잘해야 부장급 정도까지만 진급할 수 있다. 있는지 없는지, 색깔이 무엇인지조차 알기 어려운 사람이 마지막까지 살아남는다. 한국인의 경우, 아주 강한 돌일 경우 정의 공격도 피할 수도 있다고 믿을 것이다. 주변 상황과 무관하게 던져지는 돌직구 화법을 찬양하는 경향이 강하다. 일본은 다르다. 아무리 옳고 강해도, 공기에 거슬릴 경우 집단 이지메에 의해 한순간에 사라진다. 야쿠자(ヤクザ) 영화를 통해 오해를 하기 쉬운데, 일본만큼 하극상(下剋上)이 빈번한 나라도 없다. 야쿠자 같은 최하급 조직에서나 볼 수 있는 명령 체계가 절대복종이다. 정상적인 조직의 경우 1대 창업자는 예외지만, 2대 체제로 들어서는 순간 약육강식 논리가 시작된다. 강한 자만이 살아남는다. 온갖 수단을 다 동원해 구체제를 한순간에 뒤엎어버린다. 가족 경영 체제로 이뤄지는 토요타 자동차의 경우 예외지만, 일본 대기업의 경우 최고 총수라 해도 길어야 2,3년 임기에 불과하다. 조금만 틈이 보이면 믿었던 부하가 주변 공기를 통해 곧바로 치고 올라온다. 공기론은 아베가 등장한 뒤의 일본을 읽을 수 있는 핵심적인 키워드이다. 야마모토가 '일본적 근본주의(Japanese Fundamentalism)'라고까지 표현한 공기는 현재 일본을 주도하는 우향우 열풍의 근원이라 볼 수 있다.

공기를 만드는 세켄(世間)

공기론을 통해 일본을 분석할 때, 공기를 만들어내는 보다 근본적인 원인은 어디에 있을까? 현재 볼 수 있는 우향우의 공기는 어떤 배경하에 만들어졌을까? 그 같은 의문에 대한 답을 한마디로 압축한 키워드는 바로 '세켄(世間)'이다. 원래 불교 용어인 세켄은, 변하기 쉬우며 부서지고 혼란에 빠지기 쉬운 세상이란 의미를 담고 있다. 한국어로는 세속(世俗) 사회, 세상쯤으로 해석할 수 있다. 간단히 얘기해서 '세상 사람들은, 삼라만상이, 세상의 이치가⋯⋯'라는 표현으로 사용되는 것이다. 세켄은 공기와 함께 일본과 일본인을 이해할 수 있는 기본 개념이다.

일본은 대화중에 세켄이란 말을 유난히 많이 사용하는 나라이다. '세상이 결코 허락하지 않는다(世間が許さない), 세상의 평가가 좋지 않다(世間体が悪い)'와 같은 표현들이다. 일본의 경우, 범죄 용의자가 잡히면 가장 먼저 '세상에 볼 면목이 없다(世間に申し訳がたたない)'라는 말을 던진다. 주변 사람들로부터 도움을 받을 경우, '(언젠가) 세상에 보답하겠다(世間に恩返しする)'라는 감사의 말을 전한다. 한국의 경우라면 어떨까? '부모에게(자식에게) 볼 면목이 없다' '언젠가 국가에 보답하겠다' 정도의 표현이지 않을까?

세켄은 한국의 '세상'이란 개념과 비슷하게 와 닿지만, 일본인의 경우 자신을 객관화하는 나침반과 같은 의미로 세켄을 받아들인다. 세켄을 자신에게 맞춰 합리화하기보다, 자신을 세켄에 맞춰서 재평가 받는 식이다. 세켄은 신(神)과 같은 전지전능한 존재가 지배하는 윤리와 도덕의 방향타라고도 볼 수 있다. 일본인들은 800만 신이 존재한다고 믿고 있다. 유일신 사상으로 보면, 세상의 귀신이 모두 모인 미신대국(迷信大國)이 일본이다. 세켄은 그 같은 800만 귀신들에 의해 구축된, 언어·사고·행동·도덕·윤리·가치관의 기준이자 틀이라 볼 수 있다.

세켄은 두세 살 어린이 때부터 적용되는 예의범절의 기본이기도 하다. 일본 어린이들이 언어를 이해하면서 가장 먼저, 그리고 가장 많이 듣는 말 중 하나가 '다른 사람들에게 폐를 끼치지 않도록(人に迷惑をかけないように)'이다. 일본에 가 보면 공공장소에서 뛰거나 소리를 지르고, 제멋대로 행동을 하는 아이가 극히 드물다는 것을 알 수 있다. 식당에서 뛰어다니거나, 지하철 안에서 큰소리로 떠드는 어린이가 전무하다. 어머니가 귀에 못이 박히도록 반복하는 '폐를 끼치지 않도록' 주문 때문이다. 개인으로서의 일본인을 보면 거의 대부분 예의범절에 철저하다. 필자의 주관적인 판단이지만, 일본인이 갖는 세켄의 첫 출발은 바로 '폐를 끼치지 않도록'이라는 유아기 때에 듣던 말에 투영돼 있을 듯하다.

구체적으로 볼 때, 우향우를 대세로 굳히는 일본의 세켄은 중국을 타깃으로 하면서 진화하고 있다. 2013년 5월 5일 아소 타로(麻生太郎) 부총리가 인도를 방문했을 때 던진 말은 중국을 보는 일본의 공기를 이해할 수 있는 증거이다. "지난 1,500년간을 되돌아 볼 때, (일본과) 중국과의 역사가 원활하게 된 적은 (단 한 번도) 없다." 중국과 국경 분쟁 상태에 있는 인도를 격려하는 차원에서 던진 발언이지만, 중국에 대한 일본 내 공기를 보면 아소 부총리의 발언이 돌발적인 것이 아니라는 것을 알 수 있다. 중국을 보는 일본의 차가운 시선은 센카쿠 열도(尖閣列島 - 중국명: 댜오위댜오)를 둘러싼 긴장 때문만은 아니다. 2012년 발생한 일본 기업에 대한 방화와 일본제 상품 불매운동, 하루가 멀다 하고 발생하는 일본 내 중국인들의 범죄, 중국의 무력 증강 등과 같은 요소들이 결합되면서 반중(反中) 분위기가 한층 거세지고 있다. 2013년 4월 중국의 「차이나데일리(중국의 신문 이름 - 편집자 주)」와 일본이 공동으로 조사한, 일본인의 중국에 대한 호감도를 보면 20% 선에 불과한 것으로 나타났다. 국교 직후인 1980년대에 80%에 달했던 호감도는 해가 갈수록 줄어들고 있다.

흥미로운 것은 2013년부터 나타난 중·일 재(再)역전극이다. 중국이 10% 대의 경제 성장률을 자랑한 것은 1990년대부터 2008년 세계 금융위기가 오기 전까지다. 같은 기간 일본은 버블 경제의 후유증으로 '잃어버린 20년' 신세로 전락한다. 중국이 일본을 누르는, 중일 역전극이 현실화될 듯 보였다. 그러나 중국이 숨을 죽이기 시작한 2013년부터 일본의 급성장이 눈앞에 나타나고 있다. 아소 부총리의 중일 불화설은 정치가 아닌, 경제면에도 똑같이 적용될 수 있다. 일본과 중국은 상대방의 고통이 자신의 행복으로 환산되는, 이른바 제로섬 게임 관계이다. 중국의 도발적인 방침에 정면 대응하는 일본 내 세켄은 20년 동안 참았던 승기(勝氣)를 되찾은 데 따른 자신감의 발로(發露)일지도 모른다.

일본의 힘과 한계를 갈파한 저우언라이

1972년 9월. 다나카 가쿠에이(田中角榮) 총리는 베이징(北京) 방문 당시, 저우언라이(周恩來) 총리를 만난다. 직전에 이뤄진, 닉슨 미국 대통령의 베이징 방문으로 인한 '닉슨 쇼크'가 전 세계를 흔들어놓던 시기이다. 다나카는 중·일 국교 정상화를 요청했다. 저우언라이는 조건으로 타이완(臺灣)과의 단교를 요구했다. 당시 다나카는 "(타이완 단교를 하겠다는) 나를 믿고 국교 정상화에 나서자."라고 말한다. 청년 시절 일본에서 직접 공부한 경험을 가진 저우언라이는 다나카의 요청에 대한 답을 붓글씨로 남긴다.

言必信 行必果 (언필신 행필과)

말하면 반드시 약속을 지키고,

한번 행하면 반드시 끝까지 결론을 만들어낸다

다나카는 저우언라이가 자신의 말을 믿었다고 말하면서 두 사람 간의 남다른 우정과 신의를 언론에 자랑했다. 그러나 당시 일본 지식인들은 걱정스런 눈으로 다나카를 바라봤다. 저우언라이가 말한 '언필신 행필과'의 전후 배경 때문이다.

'언필신 행필과'는 논어(論語)에 나오는 이야기이다. 제자가 선비(士)의 됨됨이를 알 수 있는 조건을 묻자 공자가 세 번째로 꼽으며 답한 부분이다. 다나카가 미처 몰랐던 부분은 '언필신 행필과'에 연결되는 또 하나의 문장이다.

硜硜然小人哉, 抑亦可以爲次矣 (경경연소인재, 억역가이위차의)

그런 인간은 융통성이 없는 소인배에 지나지 않는다.

그렇지만, 선비라는 자격에는 어울리는 조건이라 할 수 있다.

전문(全文)을 풀어볼 경우, 이 말은 결코 다나카를 칭찬하는 것이 아니다. 다나카가 '소인배이기는 하지만, 선비 정도로 받아들여질 수 있는 그저 그런 급'이라는 것이 저우언라이의 평이다. 중국인은 물론 일본인조차 존경하는 저우언라이는 한학과 고전에 조예가 깊은 인물로 알려져 있다. '언필신 행필과'는 이어지는 문장을 염두에 둔, 일본을 의도적으로 낮춰보려는 발상이라는 것이 일본의 지식인들이 내린 자체 평가이다. 그러나 당시는 물론, 현재의 일본 지식인들도 공감하는 것은, 저우언라이만큼 일본인의 의식 구조를 간단명료하게 통찰한 인물도 없었다는 부분이다. 일본인은 일단 말하면 반드시 행하고, 행하면 반드시 결과를 만들어내는 조직적인 민족으로 통한다. 그러나 공자에 따르면 선비급, 즉 참모급은 되지만, 방향을 결정하고 큰 흐름을 잡는 지도자는 못 되는 3류급 선비가 '언필신 행필과' 부류이다.

언제부턴가 극일(克日)이나 지일(知日)이라는 말이 사라져 버렸다. 혐일(嫌日)과 반일(反日)이 요즘의 대세인 듯하다. 우리는 소리 소문 없이 사라진 한류(韓流)와 한국산 전화기 하나로 일본 전체를 압도하고 있다는 착각 속에 빠져 있다. 단순히 아베를 비난하는 식으로는 1억 2,000만이 만들어내는 공기와 세켄을 잠재울 수 없다. 세켄을 통해 공기가 무르익으면 곧바로 '언필신 행필과'로 이어진다. 비판하고 부정만 하기보다, 그를 넘어서서 이길 수 있는 새로운 논리와 국제적 감각이 절실하다. 극일과 지일이 다시 필요한 시대이다.

일본 집단주의의 광기

최근 일본의 학교에 나타난 흥미로운 변화에 대해 알아보자.

첫째, 고등학교 야구팀이다. 빡빡 미는 머리 모양을 지시한 고등학교가 79%에 달한다고 한다. 「아사히(朝日)」가 일본 내 4,032개 고등학교 야구팀을 대상으로 조사한 결과다. 2003년 46%, 2008년 69%로 계속해서 증가하고 있다. '보우즈(坊主)'로 표현되는 이른바 '빡빡' 스타일은 어느 정도 머리카락이 자란 스포츠형이 아니다. 아예 대머리처럼 머리를 완전히 밀어버리는 식이다. 자동 커트기를 이용해 모두가 주기적으로 함께 머리를 깎는다. 머리 손질에 관련한 시간을 줄이고, 운동하기에도 편하며, 위생적으로도 청결하다는 것이 장점으로 손꼽힌다. 물론, 경기에서 이길 수 있고 이겨야만 한다는 정신력을 상징한다는 점이 머리를 미는 가장 큰 이유일 것이다. 태평양전쟁 기간중 '빡빡' 스타일로 머리를 미는 것은 초·중·고등학생, 그리고 군인들에게 강제 시행된 규정이었다. 일본의 승리를 확신한다는 의미로, 사회인들도 모두 빡빡머리로 무장했다. 20대 시절 교사였던 박정희가 빡빡머리에 항의하면서 머리를 길렀다는 것은 유명한 일화이다.

빡빡머리는 1960년대부터 좌 성향의 노동조합 일교조(日敎組)가 초·중·고를 장악하면서 점차 사라진다. 과거 제국 군인들의 모습을 연상케 한다는 점에서 그런 스타일의 머리는 부정적으로 받아들여진다. 부분적이기는 하지만, 경기로 승패를 가르는 운동선수는 빡빡머리를 유지한다. 그렇지만, 두발 자유를 누리는 대부분의 학생들처럼 머리를 기르는 선수도 늘어났다. 1998년 고교 야구팀의 빡빡머리 비율은 31%로, 최저점에 달한다. 전후(戰後) 리버럴을 상징하는 단카이(団塊) 세대의 파워가 최고조에 달했던 시기이다. 단카이의 교육 이념은 일교조를 통해 열도를 장악했다. 한국에도 잘 알려진, 이른바 유도리(ゆどり) 교육이다. 한국 전교조가 거의 대부분 모방한 '참교육'과 비슷한 것이다. 학생에게 모든 것을 자율적으로 맡기면서, 국가나 민족과 같은 이념에서 벗어나는 것이 유도리 교육의 핵심이다. 평화, 반핵, 반미도 가르친다. 창의력 배양이란 취지하에 공부도 학생들이 알아서 하도록 지도한다.

3.14로 표현되던 원주율을 3이라고 가르친 것이 단카이다.

빡빡머리가 늘어난다는 것은 승리에 대한 자신감과 확신을 표현하는 것만이 아니다. 용모 통일은 선수 개개인의 개성이나 모습을 하나로 만든다는 의미이다. 너, 나 구별 없이 모두 '쇼쿤(諸君: 제군, 여러분 – 편집자 주)' 속의 개인으로 전락한다. 'All for One(하나를 위한 모두)'이란 슬로건 하에 'One for All(모두를 위한 하나)'이 강요된다. 개인적인 이유는 있을 수 없다. 북한처럼, 명령하면 이행한다는 식이다. 물론 고등학교 운동선수들이 제국 군인들처럼 상명하복, 일사불란의 태도를 취하지는 않을 것이다. 그러나 개인을 무시하고 집단을 우선시하는 조직 내의 긴장감은 빡빡머리를 통해 실감할 수 있을 것이다. 빡빡머리의 증가는 이미 일본에 정착된 우향우 정서를 반영하는, 개인을 넘어선 집단 중심의 가치관을 상징하는 것이다.

특이한 학교 내 현상 가운데 두 번째는 초등학교 가을 운동회에 급증한 것으로 보도된, 2인3각(二人三脚) 달리기이다. 2명이 한 조(組)로 함께 달리는 경기이다. 그냥 달리는 것이 아니라, 다리를 묶어 서로 균형을 잡으면서 나가는 식이다. 보통 50m 정도의 단거리지만, 릴레이식으로 이어져 1km 경주에 나서는 경우도 많다. 2인3각은 2명뿐 아니라 3명, 또는 수십 명도 함께 참여할 수 있다. 3인4각, 9인10각이라 부를 수도 있다. 보다 많은 사람들이 한꺼번에 달리는, '99인100각' 같은 기네스북 도전 이벤트도 볼 수 있다. 뛰다가 균형을 잃으면서 넘어지기도 하지만, 모두가 함께 결 승점에 들어와야만 한다. 전 세계 어디에서도 보기 어려운 일본 특유의 달리기 스타일이다. 학교 앞 문방구에는 아예 2인3각 달 리기용 연결 줄이 고정 상품으로 나와 있다.

2인3각 달리기는 일본인에게 내재된, 서로 다른 극단(極端)의 가 치관을 읽을 수 있는 좋은 본보기이다. 먼저 일본의 전통 가치인 '화(和)'를 보자. 화는 서로가 서로를 배려하면서, 조화와 균형 속 에서 모두 예외 없이 앞으로 나아가려는 가치관이다. 일본 기업 의 최고 책임자는 사원들을 대표하는 인물로서 모두에게 모범을 보인다. 사원보다 일찍 출근하고 늦게까지 일하는 것은 물론, 사 원들의 고충을 들어주고 함께 풀어나가는 것이 사장의 역할이다. 세계적 브랜드의 전자 업체 사장도 450엔짜리 라면을 먹고, 남은 만두(餃子)는 주머니에 넣어 집에서 먹는다. 사원과 사장이 함께 섞여 있으면 누가 누구인지 모를 정도다. 아무리 경영 성과가 좋 아도, 미국의 CEO처럼 천문학적인 월급을 요구하지 않는다. 회 사라는 조직과, 회사원이라는 집단이 우선이다. 2인3각 달리기는 앞선 자가 혼자 나가는 것이 아니라, 느린 동료를 독려하고 측면 에서 지원하는 '화(和)'의 상징처럼 보인다.

같은 배를 탄 동지로서의 2인3각 달리기는, 앞선 자가 느린 자 를 통제할 수 있는 적자생존의 훈련장이기도 하다. 화기애애한 윈윈 게임으로서만이 아니다. 집단 속에서 승자와 패자를 확실히 가르는, 냉정하고 살벌한 시스템이다. 앞서서 먼저 달리려는 사람이 있는 반면, 다리가 느려 따라가지 못하는 사람도 있다. 속도에 못 맞추면서 넘어질 경우, 앞선 자에게 미안한 마음을 갖게 된다. 한 번, 두 번, 세 번 계속될 경우, 앞선 자의 인내심도 한계에 달한다. 더욱이 운동회는 가족과 친구 모두가 지켜보는 모두의 축제이다. 2인3각 달리기는 두 사람의 경기만이 아닌, 학급 전체의 명예를 건 릴레이로도 이뤄진다. 쓰러지면서 속도가 느려지고, 나아가 학급 팀이 패하게 될 경우 책임론이 생기게 된다. 당초 의도한 '화(和)'가 아니라, '화(禍)'가 기다리고 있을 뿐이다. 일본 학교에서 일상화된 이지메, 즉 왕따가 정당화되는 것이다.

단카이는 운동회의 2인3각 달리기를 학교 내 이지메의 출발점이라 비난한다. 자유롭게 혼자서 뛰지 않고, 왜 두 사람, 세 사람 아니 수십 명을 하나로 묶어 달리게 만드냐는 것이다. 스스로가 판단하는 결과가 아닌, 집단 속에서 패자를 가려내 공격을 가하는 것이 2인3각 달리기라는 것이다. 빡빡머리가 최저점에 달했던 1990년대는 2인3각 달리기의 쇠퇴기이기도 하다. 줄을 풀고, 혼자서 뛰는 경주가 장려됐다. 그러나 2013년 가을 운동회에서 2인3각 달리기를 시행한 학교의 수가 엄청 늘었다고 한다. 3·11 동일본 대지진 이후 일본인에게 밀어닥친 국가적 슬로건은 '키즈나(絆)'다. 모두를 하나로 묶는 '마음의 줄'이란 의미이다. 2인3각 달리기에 사용되는 연결 줄의 이름도 키즈나다. 2인3각 달리기는

● '주신구라'는 일본 마케이누(負け犬: 패배자, 루저라는 의미) 실화의 대표격이다. 황당하고 비이성적인 실화지만, 이 이야기는 일본인의 마음을 사로잡는다.

3·11 동일본 대지진 이후 한순간에 전국에 퍼져 나간다.

일본의 현재 상황에 비춰볼 때, 빡빡머리 붐과 2인3각 달리기의 부활은 특별한 의미로 와 닿는다. 그냥 흘러가는 1회성 연출이 아니다. 우향우로 방향을 잡은 일본인의 심리를 반영하는 좋은 예다. 국가 일본을 정점으로 한, 국민으로서의 일본인의 심리를 반영한 현상이다. 집단으로서의 일본인, 누구 하나 예외 없이 똑같은 논리와 입장으로 무장한 일본인의 모습이다. 태평양전쟁 당시처럼, '텐노반자이(天皇萬歲: 천황만세 – 편집자 주)'를 외치는 일본인은 아니겠지만, 70여 년 전 일본인의 DNA가 다시 부활한 느낌이다.

역사적으로 볼 때, 집단은 일본인의 가치와 미덕의 출발점에 해당한다. 전국시대와 도쿠가와(德川) 막부로 이어지는 에도시대, 나아가 메이지 시대와 태평양전쟁, 이후 고도성장기의 일본 주식회사…… 출발점은 개인이나 가족이 아니다. 혼자 1등을 해도, 가족이 함께 행복하게 산다고 해도 아무런 의미가 없다. '무라(村)'로 표현되는 자신의 고향, 전우와 생사를 함께 할 자신이 속한 부대, 함께 운명을 같이한 1억 결사대의 일본, 호황이든 불황이든 모두가 함께 나누면서 앞으로 나아가는 회사…….

집단으로서의 일본은 한순간에 창조된 것이 아니다. 오랜 세월 시간이 흐르면서 서서히, 그러나 확실하게 구축된 가치관이다. 급하게 먹으면 체한다. 하루아침에 급조된 것이라면 사라지는 것도 금방이다. 오랜 시간 다져온 세계관이기 때문에 항시 일본인의 DNA 속에 내재돼 있다. 상황에 따라 다른 모습으로 나타날 뿐 근본은 똑같다. 일본학(Japanology)의 출발점에 해당되는 '주신구라(忠臣藏)'는 집단으로서의 일본인의 실체를 설명해주는 가장 좋은 예다. 주신구라는 이미 300여년 전에 탄생한 실화를 바탕으로 한 것으로, 소설·영화·가부키(歌舞伎)·음악·미술 등 모든 장르의 테마로 등장한다. 개인·가족이 아닌, 집단 속에서 살아가는 일본인의 사생관(死生觀)을 집약한 것이기도 하다.

일본인의 행동강령, 주신구라

"아아, 너무도 행복하다. 할 일은 전부 끝냈다. 비록 몸은 사라지지만,
개의할 바는 못 된다. 달을 가리던 어두운 구름도 사라지고, 밝은 빛이
세상에 넘치지 않는가(あら楽し。思ひは晴るる身は捨つる。浮世の月にかか
る雲なし)?"

일본인이라면 대부분이 알고 있는 유명한 시(詩)다. 사무라이
정신을 말하는 일본인이라면 가장 따르고 존경하는 인물, 오이시
구라노스케(大石内蔵助)가 남긴 글이다. 주신구라 속의 주인공이다.
매년 되풀이 되지만, 연말이 되면 일본 전체가 주신구라 열풍에
휩싸인다. 연말특집용 가부키만이 아니라, 텔레비전 드라마와 영
화, 인형극과 동화·카툰 등으로 만들어 남녀노소 모두에게 선보
인다. 관점을 조금씩 다르게 해서 연출되지만, 중심 스토리는 항
상 똑같다. 매년 반복해서 전해지는 명실상부한 국민 스토리다.
　주신구라는 에도시대인, 1701년 4월 21일에 발생한 실제 사건
에서 출발한다. 당시의 최고 권력자 도쿠가와 막부는 주기적으로
연회를 베풀었다. 각 지역의 최고 실권자들을 에도에 초대해 벌
이는 대형 연회였다. 반란 여부를 탐지하고 막기 위한 정치적 이
벤트라 보면 된다. 일본 중부에 위치한 아코번(赤穂藩)을 대표하는
인물로 아사노 나카노리(浅野長矩)도 연회에 초대된다. 34살이다.

처음으로 연회에 참석하는 과정에서 의전 담당자인 키라 요시히사(吉良義央)의 지도를 받는다. 아사노는 수백 명의 지방 실권자 중 한 명에 불과하다. 키라는 산전수전 다 겪은 의전 담당 장로이다. 마치 어린아이 다루듯 아사노를 대한다. 사무라이이기도 한 아사노의 자존심을 자꾸 건드린다. 인내심이 한계에 다다르면서 아사노는 품고 있던 칼로 키라를 찌른다. 키라가 가벼운 상처를 입은 상태에서 상황은 수습되지만, 다음날 곧바로 아사노는 할복형에 처해진다. 성 안에서 칼을 휘둘렀다는 게 막부를 모욕하는 행위로 받아들여진 것이다.

아사노는 키라를 죽이지 못한 것이 한이 된다는 유언과 함께 세상을 뜬다. 아사노의 할복 소식은 곧바로 고향에 전해진다. 아사노의 오른팔에 해당되는 오이시는 사건의 내막을 자세히 알아본다. 그는 할복의 이유가 키라에 있다는 것을 알게 된다. 원인 제공자인 키라는 살려두고, 자신의 주군만 일방적으로 당했다는 데 대해 오이시는 분노한다. 오이시의 무리들은 해결책을 모색하던 중, 자신들의 손으로 직접 키라를 없애자는 데 동의한다. 도쿠가와 막부를 상대로 한 반란은 꿈도 꾸지 못하던 시대이다. 그들은 막부에 대항하는 하극상(下剋上)이 아니라, 개인적 원한에 의한 복수극 형식으로 행동에 나서기로 결의한다. 그러나 모두 당장 복수에 나설 것이라 믿었지만, 오이시는 한참 동안 뜸을 들인다. 부하들의 요구에 관계없이 거의 매일 술, 여인과 함께 시간을 보낸다. 숨진 주군의 부인조차 오이시의 방탕한 행동에 분노한다. 사실 그가 당장 복수극에 나서지 않은 것은 키라가 보낸 정보원들을 속이기 위한 것이었다. 호기(好期)를 노리기 위해 의도적으로 딴짓을 한 것이다.

주군이 사라진 지 21개월 만인 1703년 1월 30일 새벽. 오이시는 마침내 키라의 목을 베러 떠난다. 눈 내리던 새벽, 철옹성처럼 무장한 성 안에 들어가 키라의 목을 벤다. 거사에 가담한 사무라이는 모두 47명이다. 키라의 목을 들고 모두 주군의 무덤 앞에 모인다. 그동안의 상황을 보고하고, 모두 그 자리에서 할복을 한다. 오이시가 한 사람씩 이름을 호명하면, 사무라이들은 웃음과 함께 무덤을 보면서 목숨을 끊었다. 막부에 대한 반항이 아니라, 주군의 명예를 회복하는 과정에서 키라를 없앴다는 점을 강조하기 위한 할복이다. 원수를 처단하기는 하지만, 살인을 한 죄인으로서 스스로 책임을 지고 세상을 뜬다는 의미이다.

앞에 등장했던 문장은 바로 오이시가 할복하기 직전에 남긴 시(詩)였다. 마지막 유언(辭世の句)인 셈이다. '할 일을 전부 끝냈다'는 것은 주군의 원수를 처단했다는 의미이다. '비록 몸은 사라지지만'은 할복으로 삶을 마감한다는 뜻이다. '밝은 빛이 세상에 넘친다'는 말은 자신들의 대의명분과 충직성이 세상에 널리 알려질 것이란 믿음의 표현이다.

전설이 아닌 실화 주신구라가 일본인을 감동시키는 이유는 여러 가지가 있다. 먼저 47명에 달하는 사무라이들이다. 대수롭지 않게 볼지도 모르지만, 자신의 목숨을 내놓은 사람이 47명이란 것은 결코 적은 수가 아니다. 47명이 거의 2년 가까이 비밀을 지키면서 거사를 준비했다는 것도 믿어지지 않는다. 더구나 오이시는 부하들에게 아무런 설명도 하지 않은 채, 매일 주색잡기로 시간을 보냈다. 진짜 결행할지의 여부도 확실하지 않은 상태에서 그들은 기다린 것이다. 47명 모두가 배신하지 않고 마지막까지 함께 간다는 것은 결코 쉬운 일이 아니다.

아무런 사전 약속도 없었지만, 원수를 처단한 뒤 47명 모두가 할복에 나섰다는 것도 대단하다. 일본인들은 47명 모두를 의사(義士)라 부른다. 배경이 된 곳인, 아코우한(현재 아코우시-赤穗市)에는 47명의 의사를 모신 사찰과 기념물들이 즐비하다. 지도자인 오이시만 특별하게 대하는 게 아니다. 47명 모두의 사생관(死生觀)과 업적을 자세히 그리고 있다. 같은 뜻을 가지고 생사고락을 함께 한 친구이자 동지(同志)로서 공평하게 대우받는다. 매년 전국에서 모이는 수백만의 일본인들은 관광이 아니라, 순례객으로 찾아온다. 이들은 47명의 묘를 전부 돌아다니면서 명복을 빌고, 존경의 뜻도 전한다. 덕분에 일본에서 47의사를 배출한 곳에서 왔다고 하면, 충(忠)·신(信)·의(義)의 화신처럼 받아들여진다. 47명의 의사와 관련한 혈족도 특별한 존재로 대우받는다.

주신구라의 하이라이트는 칼부림을 하면서 원수를 처단하거나, 충혈된 눈으로 복수를 다짐하는 장면이 아니다. 만약 피로 범벅이 된 복수극에 주목했다면, 일본에 넘치는 사무라이 영화 중 하나에 불과했을 것이다. 무(武)의 얘기인 동시에, 문(文)의 논리가 주신구라에 드리워져 있다. 우선 오이시의 주도면밀한 계획과 준비 그리고 대의명분을 쌓아가는 전략·전술이 돋보인다. 피의 복수극이 아니라, 준비하고 또 준비하면서 결의와 명분을 다지는 모습이 중심 테마이다. 한순간에 불사르고 사라지는 영웅담이 아니다. 사무라이로서만이 아니라, 돌다리를 재삼재사 두드리면서 건너는 전형적인 일본 CEO같은 이미지를 가진 사람이 오이시다. 실제로 오이시는 일본 기업의 최고 경영자가 자주 인용하는 경영 멘토 중 한 명이다. 경영자로서의 사무라이, 사무라이로서의 경영자다.

오이시와 그의 부하들은 주군의 죽음과 함께 성에서 쫓겨난다. 새로 부임할 성의 주인에게 그동안의 재정 관련 대차대조표를 보고해야 할 입장에 처한다. 그것도 불과 3일 안에 제출해야만 했다. 부하들의 분노로 어수선한 상황이지만, 오이시는 먼저 보고서를 만들라고 지시한다. 초인적으로 일하면서 약속 시간에 맞춰 그것을 제출한다. 만약 제대로 보고서를 올리지 못하면, 적당한 명분과 함께 막부로부터 몰살을 당할 수도 있다. 억울한 상황이라 해도 정면으로 맞서기보다, 자신의 주변 정리부터 시작한다. 문책당할 만한 그 어떤 작은 꼬투리도 만들지 않는다. 손으로 움직이는 칼이 아니라, 머리로 상대방을 치는 사무라이다.

오이시의 리더십이 돋보이는 부분은 거사 하루 전에 보여준 단호한 결의이다. 목숨을 오이시에게 넘긴 부하들 중 일부가 폭설로 인해 약속 장소에 나타나지 않는다. 술에 취해 약속 시간을 못 지킨 사무라이도 있다. 배신자가 생긴 게 아니냐는 불안감이 퍼져나간다. 오이시는 낮은 목소리로 말한다. "여기에 모여 결행을 준비하는 것보다, 피치 못할 이유로 약속을 지키지 못하는 사람들의 마음이 더 아플 것이다. 나는 그들을 믿는다." 상황이 변한다고 동요하는 것이 아니라, 한 번 신뢰하면 끝까지 간다는 의미이다.

주군의 무덤 앞에서 경과를 보고한 뒤 한 명씩 차례로 할복을 하는 장면이 보는 이의 마음을 사로잡는다. 에도시대 사무라이의 전통에 따르면, 따르던 주군이 숨지면 함께 할복으로 세상을 마감한다고 한다. 오이시 부하들 중 일부는 주군의 할복 소식을 듣는 순간, 함께 세상을 뜨자고 말한다. 오이시는 울분을 참지 못하는 부하들에게 목숨을 맡겨 달라고 말한다. 지금 당장 사라지는 것이 아니라, 언젠가의 거사(擧事)를 위해 행동을 같이 하자는 의미이다. 명령에 무조건 따르겠다는 의미로, 그들은 오이시와 피를 나눈다. 죽는 것이 전부가 아니다. 목숨을 지킨 채 대의명분을 관철하는 것이 죽음보다 더한 가치라 믿는다. 죽음은 그 이후의 문제다.

한국인이 보면 주신구라는 광신도들의 집단 자살극 정도로 느껴진다. 도대체 개개인의 생각이 없다. 주군과 오이시로 연결된 수직 관계에 모든 것을 건다. 47명의 사무라이가 과연 주군을 존경하는지의 여부도 불투명하다. 자존심 때문에 감히 궁중에서 칼을 휘두른 주군의 어리석음에 대한 비판도 없다. 상관에 대한 불만보다, 원수를 어떻게 처단할지에 관한 전술·전략만이 주신구라 전체를 지배한다. 오이시가 한 번 믿은 부하를 끝까지 믿듯이, 사무라이가 한 번 주군으로 받아들이면 무슨 일이 있어도 충성을 다한다. 현대 일본에서도 볼 수 있는 똑같은 가치관이다.

일본의 경우 대형 스캔들이 터지면 곧바로 자살 사건이 이어진다. 주로 운전사나 비서가 주역이다. 스캔들의 주인공이 타고 다니던 자가용의 운전사, 하루 종일 함께 움직이는 비서가 사건의 전모를 알고 있기 때문이다. 검찰이 증인으로 소환하면 보통 불려가기 전 자살을 한다. 사실대로 불기보다, 모든 비밀을 저승까지 숨기고 가겠다는 의미이다.

주군을 지키고 부하를 믿는 가치관은 아름답고 존경스러운 미덕처럼 여겨진다. 그러나 다른 각도로 보면, 범주 밖의 외부 사람들을 부정하는 편견으로 발전될 수 있다. 같은 가치관을 가진 사람이 아닐 경우, 보이지 않는 벽을 만들게 된다. 이방인으로 대하게 된다. 구별이 아니라, 차별로 나가는 것이다. 태평양전쟁 이전만 해도, 자신들과 다르다는 이유 하나만으로 차별을 정당화했다.

이후 전쟁에서 패하면서 자신들을 따르지 않는 사람들을 차별하기 시작했다. 태평양전쟁 때와는 다른 논리지만, 차별을 받는 입장에서 보면 결과는 똑같다.

태평양전쟁이 벌어지기 직전, 일본과 미국 간 국력의 차이는 721배에 달했다고 한다. 미국에서 공부를 한 해군참모들은 그 같은 상황을 잘 알고 있었다. 그걸 수뇌부에 전달하지도 않았고, 육군에 알리지도 않았다. 물론, 알렸다고 해도 듣지 않았을 것이다. 서양이나 한국에서 말하는 내부자 고발은 소수의 잘못된 비리나 독단에 대한 외부 유출이다. 일본의 경우 조직 전체의 문제를 밖에 고발하는 것이다. 집단 전체를 상대로 싸우는 고발인 셈이다. 혁명가가 아닌 이상, 그 같은 행동에 목숨을 걸 사람은 없다.

10대를 자살로 몰아간 백호대 사건

NHK는 2013년 1월부터 무려 52회에 걸친 장편 대하(大河)드라마를 내보냈다. 2014년 초까지 계속된 드라마의 제목은 「야에노 사쿠라(八重の桜: '야에의 벚꽃' - 편집자 주)」다. 1932년 86세로 세상을 뜬 실존 인물 니지마 야에(新島八重)를 주인공으로 한 시대극이다. 야에는 남장을 한 여성 사무라이로, 교토(京都)의 기독교계 대학, 도시샤(同志社)를 창설한 니지마 조(新島襄)의 부인이다. 국민적 아이

돌 아야세 하루카(綾瀬はるか)가 주인공 니지마로 나온다. NHK 대하드라마는 3·11 동일본 대지진으로 고생한 후쿠시마(福島)현을 고려한 프로그램이다. 여장 사무라이 니지마의 출신지가 후쿠시마이기 때문이다. 스토리는 니지마의 인생을 더듬으면서 19세기 중엽부터 시작된 일본 근대화 과정을 더듬어 나간다. 백호대(白虎隊)에 관한 얘기는 드라마에서도 하이라이트에 해당한다.

주신구라가 300여년 전의 얘기라면, 백호대는 150여년 전 근대화 초기 일본인의 집단의식을 알 수 있는 좋은 예다. 후쿠시마현 서부에 자리 잡은 아이즈번(会津藩)에서 탄생한 결사대가 백호대다. 당시 일본 전국은 도쿠가와 막부를 지지하는 세력과, 메이지 천황을 중심으로 한 신(新)정부군과의 전쟁에 휩싸인다. 아이즈번은 구(舊)정부에 해당되는, 막부에 동조하는 지역이다. 이미 쌓아올린 의리를 중시하는 과정에서, 그들은 천황의 신정부에 반대하는 반군(反軍)으로 전락한다. '이기면 관군(官軍), 지면 반군(反軍)'이란 말이 등장한 시기이다.

아이즈번은 신무기로 무장한 정부군의 상대가 될 수 없었다. 1868년 8월 22일 대규모의 정부군이 아이즈번으로 몰려온다. 방어대가 조직된다. 사무라이의 자식으로, 16세부터 17세까지의 남자 343명이 차출된다. 그들은 백호대란 이름으로 출진(出陣)한다. 전쟁터에 나가기 위해 일부러 나이를 올린 청소년도 많았다고 한다. 이들은 사실 정부군의 상대가 될 수 없었다. 지급받은 총기류의 성능이 구식인 데다가, 총 쏘는 훈련 한 번 받지 못하고 투입된 대원이 대부분이었다. 싸우러 가는 것이 아니라, 죽으러 가는 것이란 사실을 모두가 알고 있었다. NHK 대하드라마의 주인공 니지마 야에는 당시 백호대의 총포 훈련에 나선 남장 사무라이다.

백호대는 정부군의 눈을 피하기 위해 하루 종일 산길 행군에 들어간다. 강행군을 하는 과정에서 몸이 피곤해지자, 상관이 총과 화약 외의 음식과 짐을 사찰에 보관하도록 명령한다. 화를 불러 일으킨 잘못된 판단이었다. 이후 산을 넘고 정부군과 대적하지만, 한순간에 패한다. 패잔병으로 뿔뿔이 흩어진다. 백호대의 2중대 (二番隊) 20명은 이모리산(飯盛山)으로 도망간다. 이들은 음식도 없는 상태에서 밤을 지내면서 탈진 상태가 된다. 어린 마음에 성으로 돌아갈 것을 결의한다. 그러나 멀리서 본 성은 이미 불타고 있었다. 성 밖에서 난 화재였는데, 그들은 성이 함락된 것으로 오해한다. 20명의 백호대는 주군과 부모를 전부 잃었다고 판단한다. 토론 끝에, 포로로 잡히느니 할복자살로 생을 마감하기로 결의한다. 20명 중 전원이 할복하지만, 1명만이 극적으로 살아남는다.

백호대 스토리는 정부군의 무용담에 가려지기에 충분한, 패잔병 얘기에 불과하다. 살아남은 1명이 1920년대 말에 전모를 밝히면서 세상에 알려진다. 1930년대 만주와 중국으로 전선을 확대한 일본군은 백호대 스토리를 일본 사무라이의 표상으로 신격화한다. 적에게 잡히느니, 백호대처럼 명예로운 할복으로 끝내라는 얘기이다. 가미카제 공격에 나선 비행사의 대부분은 10대 비행훈련생들이다. 1주일 정도 이륙과 가속에 관한 훈련을 받은 뒤 곧바로 실전에 투입됐다. 같은 세대인 백호대를 찬미하는 시와 노래를 부르면서 죽음의 행진에 나섰다.

백호대는 태평양전쟁 동안 급히 만들어진 프로파간다에 불과해서 실효성에 의문을 가질지도 모르지만 사실 그 반대이다. 전쟁이 끝난 뒤에도 백호대에 대한 추모 행렬은 끊이지 않는다. 일본인의 DNA 속에 들어 있는 집단의식을 확인시켜주는 증거이기 때문이다. 10대를 전쟁터에 내몬 부모에 대한 원망이나, 정부군과의 무모한 전쟁을 벌인 지도부에 대한 불만은 그 어디에서도 찾아보기 어렵다. 개죽음이라 불리어도 될 만한 대참사이지만, 일본인에게는 존경의 대상이 된다. 현재 백호대의 무덤은 아이즈와카마츠(会津若松)시에 소장돼 있다. 할복한 19명과, 당시 정부군의 총에 쓰러진 백호대 30명 등 모두 49명이다. 입상 조각과 함께 주신구라의 의사처럼 받들어지고 있다. 순례객들이 1년 내내 붐비는 것은 물론이다. NHK 백호대 드라마의 첫 방송은 우향우로 방향을 잡은 아베 내각 출범 10일 뒤에 이뤄졌다. 우연이라 보기 힘든, 필연처럼 느껴진다.

집단에서 가치를 찾고, 집단에서 행복과 번영을 찾는 성향은 마치 일본인의 DNA 그 자체인 듯하다. 10대 아이돌이 무려 48명

● 일본 아이돌 그룹의 대명사 AKB48. 주기적으로 이뤄지는 멤버 내 순위 결정은 AKB48 인기의 가장 큰 이유다. 위로 올라가려는 마케이누 아이돌의 분투기가 AKB48이 누리는 인기의 핵심이다.

이나 한꺼번에 등장해 노래와 춤을 선사한다. 일본의 국민적 아이돌 그룹 AKB48이다. 2005년, 전자상가가 밀집된 도쿄 아키하바라(秋葉原)에서 탄생한 이래, 2014년 지금까지 부동의 인기를 유지하고 있는 아이돌 그룹이다. 말 그대로 48명이 한 그룹의 멤버이다. 주기적으로 멤버를 바꾸면서 새로운 피(血)를 받아들인다. 멤버들끼리의 인기 순위 결정 선거가 텔레비전을 통해 생중계될 정도다. 인기가 없으면 아예 AKB48 리스트에서 사라진다. 능력에 관계없이, 조직 내 모든 멤버가 똑같이 대우받는 것에 반대한다는 메시지이다. 일본의 전통 경영 스타일인, 연공서열(年功序列)

시스템을 타파하자는 생각이 AKB48 운영체제 속에 드리워져 있다. AKB48을 만든 아키모토 야스시(秋元康)는 아베 내각의 자문위원단에 소속된, 21세기 일본 창조의 주역 중 한 명이다.

한국에는 AKB48만 유명하지만, 현재 일본에는 48명을 멤버로 한 아이돌 그룹이 수십 개나 존재한다. 나고야(名古屋)의 SKE48을 비롯해 지역별·기능별로 세포 번식하듯 퍼져있다. 서로 연계하면서 같은 멤버가 다른 곳에 가서 활동하는 경우도 있다. 48명인 그룹에 소속된 10대, 20대 여성 아이돌의 수는 전부 1,000명에 육박할 것으로 추정된다. 나이로 볼 때 10대와 20대는, 어디로 튈지 모르는 망아지와 같은 존재다. 개별적으로 통제하기도 힘들고, 멤버들끼리의 협력과 조화와 관련해서도 걱정거리다. 한국에서는 규모가 좀 커지면 그룹을 박차고 나가거나 소속사와 분규를 일으키기 쉽다. 일본은 그 같은 어려움을 비웃듯이 48명 체제를 순탄하게 운영한다. 48명 모두 착하고 부지런한 아이돌이기 때문이 아니다. 주신구라, 백호대와 같은 얘기를 어릴 때부터 듣고, 존경하는 분위기 속에서 자라왔기 때문이다. 개인적으로 문제가 있다 해도, 집단에 들어가는 순간 일 잘하는 조직원으로 변신한다. 온갖 전위적 패션 스타일로 무장한 대학생도 입사하는 순간, 검은 양복과 정장 차림의 회사원으로 변신한다. 백호대 대원 가운데 진짜로 할복자살을 원한 청소년은 아주 극소수였을 것이다. 개인이 아닌 백호대 멤버가 되는 순간, 할복자살의 선봉에 서게 되는 것이다.

주신구라에서부터 백호대, 빡빡 머리로 무장한 고교 야구팀과 초등학교의 2인3각 달리기에 이르기까지, 집단으로서의 DNA는 일본 열도 전체에 면면히 흐르고 있다. 갈피를 못 잡을 것 같은 청년도 상황만 되면 언제든지 백호대로 변신할 수 있다. 한국은 일본을 너무 모르고, 일본은 한국을 너무도 잘 안다. 내일보다 어제에 집착하는 주자학적 세계관만으로는 안 된다. 문제도 답도 미래에 있을 뿐이다. 시간이 없다.

제4장

대중(大衆), 내셔널리즘,
그리고 엔터테이너

'제3극에서 제2극을 목표로!'

2013년 초 일본 신문·방송에서 유행한 말이다. '제3극'이란 말은 일본 총선 기간중 가장 많이 등장했던 유행어 중 하나이다. 오사카 시장 하시모토가 만들어낸 말로, 자민당과 민주당을 뛰어넘는 제3의 정치 연대라는 의미를 갖고 있다. 한때 일본의 미래로 추앙됐던 일본유신회(日本維新の會)가 제3극의 핵이다. 하시모토와 이시하라 신타로 전 도쿄 도지사가 공동대표로 있던 당이다. 자민당, 민주당에 실망한 사람들을 위한 대안 정당이란 의미로 제3극이란 말이 등장했다. 2012년 12월 선거를 통해 하시모토의 제

3극론은 선거 결과, 기대 이상의 결과를 만들어냈다. 제2당이 된 민주당은 57석에 이은 54석을 얻는다. 지역 정당인 일본유신회가 창당 1년 만에 집권 여당을 3석 차로 바짝 따라잡는다. 제2극이란 말은 하시모토의 발언을 기초로 일본 신문이 만들어낸 당시의 신조어이다. 하시모토는 어느 틈엔가, 여당인 제1극에 맞선 제2극의 대표 주자로 등장한다.

한국인 입장에서 볼 때 제2극론은 '그 나물에 그 밥'이란 느낌이다. 아베가 이끄는 제1극 자민당과 제2극으로 부상한 일본유신회의 역사관과 세계관은 대동소이(大同小異)하다. 일본 국내 문제를 해결하는 방법이나 평가가 다를 뿐, 한국과 같은 주변국에 대한 정책이나 역사관은 별로 다르지 않다. 독도 영유권·종군위안부·역사 교과서와 같은 문제들의 경우, 제1극과 제2극 가운데 누가 더 큰 목소리를 내느냐가 다를 뿐이다. 제1극과 제2극의 한반도와 중국에 대한 입장은 내셔널리즘(Nationalism)을 기반으로 하고 있다.

내셔널리즘은 한국 신문·방송에서 흔히 볼 수 있는, '우익(右翼)'이란 용어를 대치한 개념이다. 잘 알려져 있듯이, 내셔널리즘은 국가주의, 국수주의, 민족주의, 국민주의의 어딘가에 위치한 개념이다. 일본에서 보수와 우익은 전혀 다른 의미로 사용된다. 우익은 보수를 명분으로 하면서 '돈'에 눈독을 들이는 사이비 정치단체이다. 보통 조폭 집단이라 보면 된다. 정치적 슬로건 뒤에

탈법과 비행을 저지르는 야쿠자 조직이다. 일본인은 이시하라를 극우라든가, 우익의 범주 안에 있는 인물로 보지 않는다. 보수주의를 대표하는 내셔널리스트의 이미지로 그를 바라본다. 한국에서 논의되는 우익론은 가치판단이 선행되어버린 담론이다. 우향우 정국의 일본을 '내셔널리즘'이라는 틀에서 살펴보아야, 보다 정확한 판단으로 이어질 수 있다고 믿는다.

최근, 일본 내셔널리즘의 핵심은 크게 세 사람으로 집약된다. 총리인 아베, 일본유신회의 공동대표인 하시모토와 이시하라. 2013년만 해도 세 사람은 비슷한 세(勢)를 유지하던 정치가들이다. 그러나 2014년 들어서는 아베의 독주만 눈에 띌 뿐, 하시모토와 이시하라는 어제의 인물로 전락한 듯하다. 그러나 한국인에게 이들 세 사람은 일본을 좌지우지하는 우향우 삼형제쯤으로 비쳐진다.

이들 세 사람은 비슷하면서도 다른 배경을 가진 사람들이다. 아베가 귀공자 출신 3세 정치인이라면, 하시모토는 산전수전 다 겪은 역전(逆轉) 인생의 상징이다. 소설가 출신의 이시하라는 2차 세계대전 전후(前後)와 GHQ(1945년 제2차 세계대전 후 대일점령 정책을 실시하기 위해 도쿄에 설치했던 연합군 총사령부 – 편집자 주) 시대, 고도성장기, 현재의 상황을 전부 경험한 장로(長老)이다. 귀족의 피를 이어받은 정치가와 길바닥에서 막 자란 풍운아, 그리고 소설적 상상력을 정치에 입식(入植)한 80대 노인이 현재 일본 내셔널리즘의 핵이다.

이들은 총론 차원에서는 서로 의견을 같이 하지만, 내셔널리즘을 실현하기 위한 각론, 즉 방법론으로 들어가면 서로 다른 견해를 갖고 있는 걸 알 수 있다. 극단적으로 말해 이시하라는 전후(戰後) 잃어버린 일본 내셔널리즘을 복구하기 위해서는 전쟁도 불사한다는 생각을 갖고 있다. 아예 중국의 호칭을 '지나(支那)'라 부르면서 하대(下待)한다. 한국 역시 눈 아래로 대한다. 외교적 수식어이기는 하지만, 중국·한국을 외교 파트너로 대하는 아베의 입장과 크게 다르다. 세 사람의 내셔널리즘 행보를 보면서 필자가 주목한 부분은 서로 얼마나 다른가, 하는 점이 아니다. 일본 국민을 내셔널리즘 열풍으로 몰아가는 세 사람의 공통분모로는 어떤 것이 있는가, 이 부분이 궁금한 것이다.

까마귀와 이시하라

"도쿄에서 까마귀가 사라졌다고 하더군요!"

워싱턴의 일본인 친구와 함께 식사를 하다가 들은 흥미로운 얘기다. 신문사에서 일하는 일본인 친구는 4년 임기를 마치고 도쿄로 돌아갈 예정인데, 중학생인 자식과 부인을 미리 보낸 뒤 현재 혼자서 '자유로운' 시간을 보내고 있다. 매일 아침 자식과 인터넷 화상 통화를 하는 것이 '살아가는 재미' 중 하나라고 한다. 까마귀 얘기는 4년 만에 귀국한 자식의 도쿄 관찰기 중 하나이다. "공원에 가도 까마귀가 두세 마리 정도가 눈에 들어올 뿐, 수십 마리가 무리를 지어 움직이던 과거의 모습은 온데간데없이 사라졌다고 합니다. 4년 만에 찾은 도쿄의 첫인상이라고 하더군요.”

일본 여행에 나선 사람은 알겠지만, 까마귀는 도쿄의 첫 이미지중 하나이다. 기분 나쁜 울음소리와 함께 떼로 몰려다니며 공원 전체를 뒤덮고 있다. 아침 일찍 거리로 나가보면, 쓰레기봉투를 뒤지는 까마귀 떼들이 도로 한가운데에서 춤을 춘다. 까마귀 얼굴이 비치는 첨단 플라스틱 쓰레기봉투를 만들었지만, 만든 지 한 달 만에 무용지물로 변했다. 까마귀는 머리가 좋기 때문에 새로운 환경에 금방 적응한다고 한다.

“어떻게 까마귀가 사라졌나요?”

“이시하라 도쿄 도지사의 노력 때문이겠지요! 까마귀를 보면서 느꼈는데, 그 사람은 대중(大衆)의 마음을 참 잘 읽는 정치가입니다.”

“까마귀와 대중?”

일본인 친구의 분석이 흥미롭게 느껴졌다. 결코 이시하라를 고운 눈으로 볼 수 없는, 일본 최대 야당지(誌)의 신문기자인데도 칭찬에 가까운 말을 던지는 것 역시 특이하게 생각됐다. 대중의 마음을 읽는다는 게 무슨 의미인지 물어봤다.

“까마귀 박멸은 해도 그만 안 해도 그만입니다. 아무도 주목하지 않는 행정입니다. 너무 열심히 하면 환경이나 동물 보호 단체로부터 반발만 불러일으키기 십상이지요. 하는 듯 마는 듯 서서히 해나가는 행정입니다. 그렇지만, 도쿄 도민 모두가 지저분하게 생각하고 기분 나쁘게 받아들이는 것이 까마귀입니다. 가끔 공원을 걷는 어린이들이 까마귀로부터 집단 공격을 받는 사건도 발생합니다. 눈에 안 보이는 행정이지만, 도쿄 도민들이 평소에 괴롭게 생각하는 부분을, 소리소문 없이 해결하는 능력. 바로 대중을 다루는 이시하라의 특출한 능력입니다. 대중들은 큰 이슈에 흥분하기도 하지만, 아주 작은 부분에 대해서도 감동합니다. 미국에 대해 '노(No)라고 말할 수 있는 일본'(이시하라 신타로의 베스트셀러 책 제목이기도 하다 - 편집자 주)을 말하지만, 거꾸로 대중들의 가려운 부분을 찾아서 조용히 해결하는 것이 이시하라 신타로 스타일의 정치입니다."

일본인과의 식사를 마친 뒤, 집에 돌아와 까마귀 박멸을 어떻게 했는지 알아봤다. 구글 검색란에 들어가 키워드로, '도쿄(東京) 까마귀(カラス)'를 넣었다. 구체적으로 검색하기도 전에 이미 두 단어에 이어진 다른 키워드가 구글 창에 떴다. '사라졌다(消えた), 구제(駆除), 박멸(撲滅)'같은 단어들이 곧바로 이어졌다. 키워드만 봐도 일본인들이 피부로 실감하는 것이 '사라진 까마귀'에 대한 의문이란 것을 알 수 있다.

이시하라의 처방은 2001년 9월, 까마귀 구제 전담반을 창설하는 데부터 시작됐다. 까마귀 알을 없애고, 나무나 전신주 위에 올라가 포획하여 없애는 식의 일을 지속적으로 벌여왔다. 조류 단체나 환경 단체도 함께 참여하는 방식으로 추진한다. 적정선의 까마귀 보호 방침은 변화가 없다는 식의 광고도 인터넷에 올린다. 어린이들을 상대로 한 까마귀 포럼도 열어, 왜 까마귀를 없애야 하는지에 대한 토론도 벌인다. 10여 년 이상 꾸준히 일을 벌이는 동안, 어느 틈엔가 도쿄 도민 모두가 실감할 정도의 변화를 만들어 낸다.

한국에서 이시하라는 일본 국수주의의 거두, 망언 제조기, 역사를 모르는 파렴치범, 중국과 전쟁도 불사하는 소영웅주의자 정도로 알려져 있다. 쉽게 말해 정신 나간 정치가 정도로 보인다. 일본인들은 어떻게 받아들일까? 보는 시각에 따라 다르겠지만, '안

• 워싱턴 헤리티지 재단에서 강연을 한 이시하라 지사. 중국을 견제하기 위해 미국과 일본이 힘을 합치자고 말한다.

심하고 일을 맡길 수 있는 매력적인 인물'이란 것이 이시하라에 대한 평가다. 문학가로서의 뛰어난 상상력과 함께, 일본의 가치와 일본인의 마음을 가장 잘 이해하는 '어른'이라는 것이 이시하라를 보는 시선이다.

필자는 일본인의 기준을 지지하거나, 이시하라를 찬미할 생각은 없다. '정신 나간 국수주의자'라는 이시하라가, 왜 일본인으로부터 사랑받고, 50여 년 정치 활동 기간중 단 한 번의 실패도 없는 성공한 정치가로 남아있는지에 대한 의문을 풀고 싶을 뿐이다. 결론부터 얘기하자면, 국민·인민·시민으로서의 일본인이 아닌, 대중으로서의 일본인에 대한 속성을 잘 알고 있다는 점이 이시하라 신타로 신화의 '단초(端初)'라는 확신이 든다.

국민·인민·민중·시민이란 말은 이데올로기가 포함된 의미로 사용된다. 국가·민족·계급·혁명·민주주의와 같은, 인류가 만들어낸 거창한 정치적 가치와 개념을 떠받치는 일꾼이 바로 국민·인민·민중·시민이다. 대중은 어떨까? 당장 대중이란 말과 연결되는 단어를 생각해보자. 대중문화, 대중소설, 대중가요, 대중식당…… 이런 단어들이 떠오른다. 특별히 가치나 의미를 부여하는 것이 아니다. 소비자의 형태로 나타나는 중구난방(衆口難防), 백인백색(百人百色), 좌충우돌(左衝右突) 형의 세속적·이기적·욕구지향적인 익명의 다수가 바로 대중이다. 요즘 식으로 얘기하면 바람 따라 줏대 없이 흔들리는, 무개념·무의식의 집단이 바로 대중이라 볼 수 있다. 심각한 얘기보다는, 10대 아이돌 구성원의 이름을 얼마나 많이 아는가가 대중들의 관심이다.

흔히들 오해를 하는데, 이시하라는 일본 국민이나 일본 민족을 앞세우며 일본 내셔널리즘을 구축해가는 사람이 아니다. 누가 봐도 대중지향적인 엔터테이너(Entertainer)가 이시하라다. 일본인들이 보는 이시하라의 이미지 중 하나로, '이시하라군단(石原軍団)'을 빼놓을 수 없다. 이시하라군단은 이시하라 프로모션 소속 연예인들을 의미한다. 이시하라의 동생인 이시하라 유지로(石原裕次郎)가 만든 연예 전문 프로덕션 회사이다. 1987년 숨진 유지로는 일본인들이 가장 아끼는 배우 중 한 명이다. 세월이 30년 가까이 흐른 지금도 이시하라 유지로의 영화와 책이 나오고 있다. 형 이시하라는 동생이 만든 이시하라군단의 총사령관 정도로 여겨진다.

이시하라 프로모션은 50년 역사를 가진, 일본 연예 프로덕션사의 대형(大兄)에 해당되는 곳이다. 유지로가 숨진 뒤 대표 자리를 이은 와타리 데츠야(渡哲也), 형사반장으로 자주 나오는 다치 히로시(舘ひろし), 미남 배우의 대명사인 간다 마사키(神田正輝) 같은 최정상급 배우 10여 명을 중심으로 한 정예 프로덕션이다. 장년층만이 아니라, 2030세대의 연예인도 꾸준히 키워서 한 세대 뒤를 준비하는 곳이다.

형 이시하라는 이시하라군단의 명예회장이다. 유지로가 만든 이시하라 프로모션도 형인 이시하라의 도움으로 만들어진 것이

다. 유지로의 영화 데뷔도 사실상 형의 도움과 지원 덕분에 가능했다. 형 이시하라를 일약 문단의 스타로 만들어준 소설이자 영화로도 제작된, 『태양의 계절(太陽の季節)』의 주인공 역으로 동생이 발탁된다. 그는 곧바로 정상급 배우로 올라선다. 형 이시하라는 당시 영화감독에게 동생의 주인공 자리를 담보로 소설 판권을 넘겼다고 한다.

이시하라 프로모션이 창립된 것은 1963년이다. 당시만 해도 연예 전문 프로덕션은 그 누구도 생각하지 못했던 미개척 분야였다. 필자가 알기로, 한국에서 개인이 아닌 프로덕션 차원의 연예 전문 회사가 본격화된 것은 21세기 들어서부터이다. 1963년은 일본에서 텔레비전이 활성화되기 시작하던 때이다. 소설가 이시하라는 글만이 아니라, 영상물을 통한 대중과의 만남에 특히 주목했다. 미남인 까닭이기도 하지만, 젊은 소설가 이시하라의 모습은 1960년대 일본 젊은이의 우상처럼 받아들여졌다. 80세를 넘어선 지금까지 이어지고 있는 이시하라의 인기는 바로 50여년 전에 찍은 흑백 영상물에 대한 추억에서 비롯된 것이기도 하다. 동생에게 프로모션 창설을 권유한 이유는, 텔레비전이 대중의 시대를 가속화시킬 것이라는 사실을 누구보다도 일찍 감지했기 때문이다.

소설 『태양의 계절』은 '통속적이고도 욕구지향적인' 부분을 강조한 3류 러브스토리이기도 하다. 젊은이들 사이의 성관계를 암시하는 표현이나, 광적이고도 파괴적인 사랑에 관한 묘사가 많다. 그러나 패전 의식에 젖어있던 전후의 일본인에게는 '신선한 충격'으로 다가온다. 쇼난(湘南) 해변을 배경으로 한 청춘의 러브 스토리가 새로운 시대로 이어지는 희망으로 해석된다. 바닷가에서 사랑을 속삭이는 '태양족'이라는 신(新) 일본인도 탄생한다. 이시하라는 전후의 일본인, 정확히 말해 대중이 원하는 욕구와 희망이 무엇인지를 명료하게 알고 있는 상태에서 소설을 쓴 것이다. 전쟁·역사·죽음·가난과 같은 어둡고 고독한 얘기가 아니다. 쾌락과 서커스를 원하는 대중의 심리를 그는 꿰뚫어보고 있었다. 자신의 세계관과 문학 세계를 구현하는 과정에서 만든 소설이 아니다. 대중들이 갈망하는 원초적 본능에 기초한 소설이다. 24살의 이시하라는 일본 문학상의 대명사인 아쿠타가와(芥川)상을 수상한다.

일본인이 이시하라를 이시하라군단 총사령관으로 보는 이유는 선거 때마다 볼 수 있는 '특별 이벤트' 때문이다. 대중을 황홀하게 만들어주는 엔터테인먼트다. 이시하라가 선거운동에 나설 때 반드시 주변을 에워싸는 연예인 응원단이 바로 수십여 명에 달하는 이시하라군단이다. 이시하라 프로모션 소속 연예인들이 전원 총출동한다. 그냥 이시하라와 눈만 맞추고 가는 것이 아니라, 선거운동 기간 동안 줄곧 따라 다니면서 지원 유세를 한다. 10여 년 전 필자도 이시하라의 도쿄 도지사 선거운동을 보러 간 적이 있는데, 텔레비전에서 보던 대스타 10여 명이 무대 위에 줄지어 선 채, '예의 바르게' 연설을 듣는 장면이 인상 깊었다. 주인공 역으로만 나오는, 중후한 대스타들이 한자리에 모여 있었다. 모두 잔뜩 멋을 부린 정장 차림이기 때문에, 선거 유세장이 아니라 고급스런 파티장에 온 듯한 느낌도 들었다. 유세장을 찾은 사람들의 열기와 규모도 다른 그 어떤 곳에서 찾아보기 어려울 정도로 뜨겁고 컸다.

이시하라군단의 소속 연예인들은 평소에 정치에 대한 얘기를 전혀 하지 않는 사람들이다. 정치가 아니라, 죽은 유지로에 대한 우정과 그 형에 대한 예의로 유세장을 찾았다고 말한다. 정치가로서가 아니라, 인간으로서 이시하라를 믿고 지지한다는 의미다. 사실, 이들은 앞에 나서서 이시하라에 대한 지지를 호소하지도 않는다. 도쿄 도지사 선거에서, 이시하라는 항상 압도적인 표를 얻으면서 당선됐다. 도쿄 도민의 절대적인 지지는 바로 이시하라 군단이 보여주는 의리와 인간미와도 직접적인 관계가 있다. 유지로의 형 이시하라를 보면서, 일본 사회에서 잊혀져가는 형제애와 조직 내의 의리를 재발견하는 것이다.

이시하라의 내셔널리즘에 기초한 발언은 이러한 분위기 속에서 시작된다. 내셔널리즘을 통해 사람을 모으는 것이 아니다. 사실 사람들은 이시하라가 무슨 말을 하는지 잘 모른다. 이시하라의 카리스마와 이시하라 프로모션 소속 연예인들에게 정신이 팔려 있을 뿐, 이시하라의 사상이나 발언에는 크게 귀를 기울이지 않는다. 무슨 말을 해도 긍정적으로 받아들일 뿐이다. 대스타에게 영혼을 팔아넘긴 대중의 입장에서 이시하라를 바라보는 것이다. 이시하라가 일본 국민을 대중으로 만들었는지, 아니면 대중들 앞에 이시하라가 나타났는지의 여부는 알 수 없다. 중요한 것은 이시하라는 정치가이기 이전에 대중들이 열광하는 대스타, 즉 엔터테이너라는 사실이다. 배우나 가수로서가 아니라, 정치를 상품화하면서 의리와 일본 정신을 강조하는 형이상학 엔터테이너가 바로 이시하라다.

일본 내셔널리즘의 화신
미시마 유키오

대중을 상대로 한 엔터테이너 이시하라의 모습은 일본 내셔널리즘을 이해할 수 있는 중요한 '키(Key)'이기도 하다. 현대 일본 내셔널리즘의 화신(化身)이자 출발점인 미시마 유키오(三島由紀夫)에게서 볼 수 있는 공통분모이기 때문이다. 미시마는 이시하라의 7살 위 선배이자 친구인 인물이다. 잘 알려져 있듯이 미시마는 1970년 11월 25일 할복자살 사건으로 전 세계를 충격으로 내몬 인물이다. 미시마는 생전에 일본에 첫 번째 노벨 문학상을 안겨준 『설국(雪国)』의 저자 가와바타 야스나리(川端康成)에 버금가는 문학가이다. 1968년, 노벨 문학상이 일본에 떨어질 것이라는 소식이 전해질 때, 대부분의 일본인들은 가와바타가 아닌 미시마가 수상자가 될 것이라 믿었다. 미시마는 고등학교 2학년 재학 당시, 이미 유명한 문학가로 알려진 가와바타로부터 편지를 받은 적도 있다. 습작을 보고 감명 받았다는 것이 편지의 내용이었다.

미시마는 평민 출신이면서도 황족(皇族)이 공부하는 학습원(學習院) 고등학교에 들어가 수석으로 졸업한다. 할아버지는 농민 출신으로 도쿄대 법학부에 들어간 입지전적인 인물이다. 미시마의 교육에 절대적인 영향을 준 인물은 사무라이 집안에서 태어난 미시마의 친할머니이다. 전시(戰時)이던 1944년, 미시마는 고등학교 수석 졸업생 자격으로 일본 천황을 직접 만나 은시계를 상으로 받는다. 그리고 할아버지, 아버지를 잇는 3대째 도쿄대 법학부 학생이 된다. 도쿄대에 들어간 지 1년도 안된 1945년 1월, 학도병으로 나가 전투비행기 제작 공장에서 노동자로 일하기도 한다.

도쿄대를 졸업한 후, 미시마는 일본 관료의 최고봉인 대장성(大藏省)에 들어간다. 관료로 일하면서 문학가로 나선다. 동성애를 다룬 작품『가면의 고백(仮面の告白)』을 통해 폭발적인 인기를 누린다. 지금까지도 일본 지식인의 필독서로 자리 잡은『풍요의 바다(豊饒の海)』『우국(憂國)』등, 수많은 글들을 집필한다. 최고의 작품은 일본 문학의 필독서인『금각사(金閣寺)』다. 미시마가 31살 때 완성한

작품으로, 주제는 '미(美)'이다. '아름다움을 좇는 유한한 인생'이 미시마의 중심 테마다. 일본인이 사랑해마지 않는 일본의 가치와 미적 감각을 통한 미(美)가, 미시마 소설의 키워드이다. 미시마라는 필명 자체도 후지산(富士山)이 보이는 시즈오카(静岡) 현의 작은 섬, 미시마(三島)에서 따온 것이다. 그러나 일본인 모두가 흠모하고 존경하던 문학가는 어느 날 갑자기 세상에서 사라진다. 45세에, 할복자살로 생을 마감하는 것이다.

미시마의 할복은 도쿄 이치가야(市ヶ谷) 육상자위대 동부 방면 총감부 총감실 베란다에서 이뤄졌다. 총감과 대화를 나누던 중, 그는 자신을 따르던 대원들을 동원해 총감실 옆 베란다로 나간다. 비상이 걸리면서 자위대원들이 몰려든다. 미시마는 프랑스의 디자이너 지방시(Givenchy)가 디자인한 군복을 입고, 연설을 시작한다. "자위대가 추구하는 건국의 본업은 무엇인가? 일본을 지키는 것이다. 그렇다면 일본을 지키는 것은 무엇인가? 천황을 중심으로 역사와 전통을 지키는 것이다. 제발 들어주기 바란다. 제군들에게 진실로 전하는 나의 메시지다."

쿠데타를 통해서라도 천황을 지지하는 구(舊) 일본 헌법으로 되돌아가자는 것이 미시마의 메시지였다. 연설 직후 할복 의식을 통해 세상을 뜬다. 시신은 목과 하체로 이분(二分)된 채 부하들에 의해 수습된다. 문학적으로 볼 때 미시마의 죽음은, 차가운 봄바람과 함께 한순간에 사라지는 벚꽃(櫻)에 비유된다. 가장 아름다울 때 세상에서 사라지는 것이 미시마가 생각하는 '미(美)'의 가치이자 의미이다.

미시마의 '극적(極的)'인 인생은, 평소에 보여준 '극적(劇的)'인 삶을 통해 예견됐다고 볼 수 있다. 미시마는 문학가인 동시에 연예인, 나아가 대중 예술가이기도 했기 때문이다. 미시마는 자신이 쓴 소설을 기반으로 영화를 만든 사람이다. 바로 일본 내셔널리스트들의 바이블로 여겨지는 영화 「우국(憂國)」이다. 박정희 전(前) 대통령의 5·16의 모델로 불리는 일본의 2·26사건 당시의 한 순간을 묘사한 작품이다. 청년 장교들의 쿠데타가 실패하면서 주범 중 한 명이 반란군으로 몰리자, 부부가 함께 할복하는 모습을 그린 작품이다. 영화 속에서 미시마는 감독·주연·각색·미술·의상, 모든 분야를 혼자서 처리한다. 우국 속에서 할복하는 다케야마 신지(武山信二) 중위 역할도 미시마가 맡는다. '다케야마=미시마'인 셈이다. 영화 「우국」은 이후 국제영화제 단편영화 부문에 입상한다. 그리고 1966년 화제와 인기 속에서 상영된다.

문학가 미시마는 영상을 통한 엔터테이너에 이어, 그 누구도 시도하지 않은 스포츠에도 손을 댄다. 식스팩으로 빛나는, 보디빌딩 (Body Building) 즉 육체미 운동이다. 1960년대 당시 육체미 운동은, 먹고 할 일 없는 서방 귀족들의 오락 정도로 받아들여졌다. 미시마는 자신의 몸을 단련한 뒤, 육체미 관련 잡지에 누드모델로 선다. 그는 일본의 속옷인, 국부만 살짝 가린 '훈도시(褌)' 차림으로 대중들에게 나타난다. 1960년대는 전후의 궁핍을 극복한 희망의 시대이다. 근육으로 단련된, 벌거벗은 미시마의 모습은 일본 대중들의 자신감을 나타내는 초상화이기도 하다. 미시마는 누드만이 아니라, 뛰어난 패션 감각을 가진 인물로도 유명하다. 즐겨 입는 양복의 대부분은 프랑스 유명 브랜드 사에 직접 주문해서 입었다. 그는 베스트 식스팩 즉 육체미와 더불어, 베스트 드레서의 이미지도 갖게 된다.

미시마는 대중들이 탄성을 지를 수 있는 모든 엔터테인먼트에 손을 댄다. 검도 5단인 미시마는 앉은 상태에서 일격에 상대방을 찌르는 '이아이(居合)' 검술을 전파한 인물이기도 하다. 서로 마주서서 땀을 흘리며 싸우는 '신켄쇼부(真剣勝負)'가 아니다. 숨을 죽이고 눈을 아래로 깔고 앉아 있는 상태에서, 단칼에 적을 거꾸러뜨리는 검법이다. '거대한 미국에 맞선 작은 일본인의 일격'이라는 의미로 해석될 수 있는 검도 기법이다. 훈도시 차림으로 이아이 검술을 보여주는 미시마의 근육질이 담긴 영상은 영화 「우국」 속 다케야마의 이미지와 함께 일본 내셔널리즘의 상징으로 남아있다.

엔터테이너 미시마의 능력은 일본만이 아니라, 외국의 대중에게까지 전파된다. 미시마는 통역사 뺨치는 영어 실력을 가졌다. 귀족학교인 학습원 출신이기 때문에, 재학중 영어와 독일어를 기본으로 배웠다. 1960년대에 외국인이 도쿄에 오면, 먼저 미시마를 찾아갔다. 영어로 영국 BBC에 사무라이론(論)을 소개한 인물이 미시마다. 노벨 문학상 수상 후보자로 오르내린 이유는 외국 미디어와의 친밀한 관계 때문이기도 했다.

　미시마가 보여준 엔터테인먼트는 대중들의 욕망을 만족시켜 주는 수준에 그치지 않았다. 그는 대중들이 상상할 수도 없는 모습을 연출하면서 자신의 카리스마로 대중을 끌어 모은다. 이시하라에게서도 볼 수 있지만, 대중들의 주된 관심은 '결코' 미시마의 메시지에만 국한되지 않았다. 미시마 자체에 매료되었기 때문에 그의 메시지를 듣는 것이다. 자신을 대스타로 받아들이는 대중을 천황의 신민으로 돌리려 한 것이 미시마다. 엔터테인먼트를 통한 내셔널리즘이다.

하시모토 토루

대중을 기반으로 한 내셔널리즘은 이미 한 시대 전인, 20세기의 신화에 불과한 것처럼 보인다. 미시마와 이시하라를 지지하는 사람들은 20세기 당시 두 사람의 모습에 매료된 대중들이다. 인터넷을 통해 세계에서 벌어지는 모든 상황을 주체적으로 접할 수 있는 것이 21세기 인류이다. 집단을 기반으로 한 내셔널리즘이 글로벌 시대에 나타난다는 것이 믿어지지 않을지 모르겠다. 그러나 그 같은 현실은 현재 일본에서 벌어지고 있다. 주인공은 시대의 풍운아 하시모토다. 비록 과거의 열기에 미치지는 못하지만,

한때 하시모토는 미시마·이시하라를 뛰어넘는 21세기의 엔터테이너 내셔널리스트라 불렸다.

일본 최하류 계급 출신인 하시모토는 대중을 흥분시키는 엔터테인먼트를 120% 활용해 현재의 위치에 오른 인물이다. 필자의 판단으로 그는, 미시마·이시하라를 잇는 제3대 엔터테이너 내셔널리스트에 해당한다. 하시모토는 일본인이 좋아하는, 당대의 모든 것을 개척한 인물이다. 야쿠자이던 아버지는 하시모토가 초등학교 2학년 때 자살한다. 홀어머니 밑에서 크면서 어릴 때부터 스스로 돈을 벌며 생활한다. 고등학교 때는 럭비선수로 전국대회에도 참가했다.

와세다대학 정치경제학부에 들어간 하시모토는, 재학 때부터 현재의 부인과 동거에 들어간다. 그리고 대학생 아버지가 된다. 학교 공부도 하면서 돈을 버는, 학생과 사회인의 역할을 동시에 해나간다. 재학 도중 가죽점퍼 장사에 손을 댔지만 실패한다. 원인을 파헤쳐 가는 과정에서 그는 법을 아는 것이 중요하다고 판단한다. 그는 법 공부를 하다가 1994년, 25살에 사법시험을 통과한다.

1997년부터 오사카(大阪)를 중심으로 활동한다. 잘해야 지방의 변호사 수준에 그칠 환경이다. 그러나 대중과 만날 수 있는 천재일우의 기회를 갖게 된다. 탤런트 프로덕션사를 상대로 일하던 중, 본인 스스로가 프로덕션사에 소속된 것이다. 엔터테인먼트를 통해 '일확천금(一攫千金)'을 얻을 수 있다고 믿었기 때문이다. 일본에서 오사카는 연예인 양성소라는 이미지가 강한 지역이다. 오사카 출신 연예인끼리의 우의도 남다르다. 변호사 자격증을 가진 탤런트 자격으로 라디오와 텔레비전에 출연한다. 오사카에서 지명도를 높이다가, 2003년에 도쿄로 진출한다. 변호사라는 직업을 충분히 살릴 수 있는, 니혼(日本) TV의 법률 상담 프로그램에 등장한다. 필자도 즐겨봤지만, 5명의 개성이 강한 변호사가 등장해 재미있는 이슈에 대해 법적인 해석을 내리는, 법과 코미디를 접목한 인기 프로그램이다.

당시 하시모토는 머리를 갈색으로 염색한, 가장 젊은 변호사로 나타났다. 진보적인 법 해석을 내리면서 4명의 선배 변호사들과 싸우는 청년 변호사라는 이미지를 국민들에게 보여준다. 현재의 정치적 이미지와 똑같다. 젊은 나이지만, 5명의 자식을 가진 가장이란 점을 강조하면서 다산(多産)이 애국의 첫 출발이란 논리도 발굴해낸다. 법 해석이 틀려도 "자식들 먹여 살리려면 틀린 법 해석을 해서라도 돈을 벌어야한다."라고 말한다. 텔레비전 앞에 앉은 일본인들은 젊은 가장 변호사, 하시모토의 인간적인 매력에 빠져들었다.

변호사 하시모토는 반경을 넓혀, 시사 프로그램, 토론회, 문화 행사에도 참가한다. 웃기는 변호사가 아니라, '개혁 일본'에 대한 나름대로의 생각과 주장을 펴는 '고민하는' 변호사라는 이미지를 쌓아간다. "일본은 썩었다, 지금 고치지 않으면 영원히 어렵다." 라는 것이 그의 메시지다. 니혼(日本) 텔레비전 법률 상담 프로그램을 통해, 일본의 문제는 강자에 약하다는 사실보다, 약자에 더 약한 '잘못된 미덕'에 있다는 식의 논리를 편다. 일을 하도록 만드는 것이 아니라, 약자라는 이유로 일을 못하게 하고 도움을 받도록 만드는 곳이 일본이라 그는 단언한다.

전국 텔레비전에 얼굴을 비춘 지 4년 만인, 2007년 12월 그는 오사카부(府) 지사 선거에 출마한다. 이후 쾌도난마(快刀亂麻) 스타일로 일본 정국을 이끄는 제2극의 총사령관에 올라선다. 하시모토의 독재적인 행정 스타일이나, 퍼포먼스 위주의 행정을 보면서 비난의 화살을 쏘는 사람도 많다. 그러나 하시모토에 관심을 가진 대부분의 사람들은 이미 하시모토에 열광하는 대중으로 변해버린 상태이다. 무슨 말을 해도 좋다. 미시마·이시하라와 마찬가지로, 정치가로서의 하시모토가 아니기 때문이다. 대중의 욕구를 충족시키는 대중 엔터테이너의 상품 중 하나로 정치가 들어가 있을 뿐이다. 국민·인민을 상대로 한 정치가가 아니라, 엔터테인먼트를 통해 모은 '대중'을 기반으로 만들어진 인물이 하시모토다.

아베 총리

아베의 경우, 근본적으로 볼 때 대중을 상대로 한 정치가가 되기
어려운 인물이다. 너무 화려한 배경을 가진 귀공자이기 때문이다.
총리를 역임한 친척들과, 중의원에 11번이나 당선된 장관 출신의
아버지를 비롯해 많은 수의 스타들이 아베 주변에 포진해 있다.
대중은 질투가 강한 존재들이다. 특별히 능력도 없어 보이는데,
가족의 후광으로 승승장구하는 사람에 대한 느낌은 '결코' 긍정
적이지 않다. 아베 역시 그런 범주에 들어가는 인물이다. 미시마·
이시하라·하시모토로 이어지는 '잡초형 자기개발' 엔터테이너의
카리스마에 미칠 수가 없다.

　한계를 가진 아베지만, 나름대로는 최선을 다한다. 대중을 통
한 교류에 누구보다도 적극적이다. 한국에도 보도됐지만, 아베 총
리의 부인인 아키에(昭惠)는 자신의 바(Bar)를 갖고 있는 여성이다.
그곳은 주변 사람들과 술도 마시면서 얘기를 나눌 수 있는 공간
이다. 한국에서는 '자신의 바에서 술에 취한 총리의 부인'이란 식
의 부정적인 기사를 냈지만, 일본인은 다르게 받아들인다. 너무도
대중적인 발상이다. 한국과 달리, 현대 일본 여성은 남편을 위한
'양처(良妻)'로서의 역할에 반대한다. 그런데 아키에는 남편을 돕
는 전통적인 양처라는 이미지를 만들어낸다. 그러나 집안에서 식
사를 준비하고 청소를 하는 양처는 아니다. 저가의 바를 통해 대

중들과 호흡하기를 즐기는 현대판 양처다. 남편인 아베는 술 한 잔 못 마시는 약골인데도, 부인은 남편 지지자들과 어울려 술에 취할 정도이며 그들과 즐거운 시간을 보낸다. 대중들이 들으면 감동할 만한 '미담'이다. '한류(韓流)를 사랑한다' '달라이 라마를 존경한다'와 같은 얘기도 대중들을 상대로 한 퍼포먼스라 보면 된다. 아베가 역대 총리 부부 가운데 처음으로 부인의 손을 잡고 함께 비행기 트랩에서 내리는 장면도 대중을 염두에 둔 엔터테인먼트라 볼 수 있다. 정치적 메시지를 내놓기 이전에, 자신의 신자를 만들자는 것이 아베의 생각이다. 이른바 '극장 정치'로 유명한 고이즈미 준이치로(小泉純一郎) 전 총리의 엔터테인먼트를 120% 전수하자는 것이 아베식 정치이다.

● 2014년 지난 2월, 도쿄 긴자(銀座)에서 열린 도쿄도 지사 선거 당시 유세. 도로 전체가 마비됐다. 일본에서 엄청난 인기를 누리는 정치가가 아베다.

내셔널리즘의 특징 중 하나는 '질풍노도'에 있다. 하나로 뭉쳐져서 앞으로 나아가는 것이다. 논리나 이성이 아니다. 반쯤 벗은 마돈나의 광적인 춤과 노래는 성별·교육·소득·인종·민족 등의 이질적인 사람들을 하나로 묶는 최고이자 최선의 방법이다. 엔터테인먼트를 통해 대중을 모으고, 이어 내셔널리즘으로 나가는 것이 일본 정치의 특징 중 하나이다. 현재 상황을 보면, 대중 내셔널리즘은 당분간 지속될 것으로 전망된다. 할복한 미시마에 이어, 이시하라·아베·하시모토로 이어지는 엔터테이너의 서커스 공연은 당분간 흥행에 성공할 듯하다.

제5장

한·일 4050세대론의
현주소

언제부터인지 모르지만, '우익론'은 일본을 분석하거나 이해하는 가장 간편한 방법 중 하나처럼 보인다. 역사·영토·정치적 현안과 관련해 한국과 다른 생각을 하는 일본을 보면 우리는 '우(右)'란 틀을 통해 그들을 무시해 왔다. 그동안 반우(反右)이거나, 적어도 친우(親右)가 아닌 일본인과의 대화를 통해 양국 관계를 구축해 왔다. 공유할 수 있는 역사관과 세계관을 가진 일본인만이 한국의 파트너였다. 사실, 우(右)는 전후 일본에서 크게 터부시되는 말이기도 하다. 일본을 태평양전쟁으로 몰고 가 패전의 상처를 안겨준 '국적(國敵)'이란 이미지가 강하기 때문이다. 한국과 비교하자면 '1970년대 공산주의자'란 이미지에 비견될 수 있는, 기피 대상이다. 예외는 있지만, 종군위안부 문제를 부정하고 식민지 역사를 적극 미화하는 일본인은, 일본 국내에서도 받아들여지지 않는 혐오의 대상이기도 하다. 옳고 그르고의 차원이 아니다. 종군위안부라는 전쟁 당시의 얘기를 꺼낸다는 것 하나만으로 소외되는 것이다.

독도·종군위안부·역사교과서와 관련된 한국 내의 논조를 보면, 일본의 배경과 상황을 우익론에 근거해 분석하고 있다. 시대착오적 세계관으로 무장한 정치인과 사회지도층이 득세를 하면서 19세기식 제국주의적 발상이 아시아에 엄습하고 있다는 식으로 해석한다. 옳지만, 다소 부족한 분석이다. 한물 간 역사관을 가진 일부 정치인의 우향우가 아니라, 앞으로 당분간 계속될 항구적인 우향우이기 때문이다. 앞서 강조했듯이, 이것은 아베나 몇몇 일본 정치인에 국한되는 것이 아니라, 앞으로 누가 정국을 주도한다 하더라도 우향우 흐름은 한층 더 심화될 것이다.

결론적으로 말하자면, '우익 대두'를 근거로 한 한국에서의 분석은 20세기에나 통하는 진부한 논리처럼 보인다. 일본 전체가 이미 변화된 상태에서 우향우를 일부에 국한하는 것은 세상 변화에 둔감한 '낡은 분석'이라 볼 수 있다. 왜 지금 일본이 하나로 뭉쳐져서 우향우로 나서는지에 대한 근본적인 이유를 찾아 대응하는 것이 현명하다. "왜 우향우인가?"가 아니라, 우향우가 상식화되고 있는 일본에 대한 분석이 절실한 것이다. '우익 성향의 정치인'뿐만이 아니라, 열도의 1억 2,000만 일본인 모두가 우향우로 돌아서 있다는 가정 하에 문제를 풀어나가야 한다.

세대 변화가 가져온
일본의 변화

일본의 우향우를 일부가 아닌, 전체의 관점에서 해석하는 가장 큰 근거는 세대론(世代論)에서 찾을 수 있다. 한 시대를 지배하던 흐름과 생각도 사람이 바뀌는 순간 급속하게 변한다. 세대론이 가장 잘 통하는 곳으로 일본만한 나라도 없다. 일본은 집단을 통해 살아가는 곳이다. 특출한 개인적 리더십이나 카리스마에 호소하는 중국이나 한국과 달리, 보이지 않는 공기와 집단의식이 그 중심에 서 있다.

세대론에 입각해 일본을 조명해 볼 때, 무대 중심에 선 주인공은 40대와 50대이다(이하 4050). 이들은 일본을 지탱하는 머리이자 허리에 해당한다. 1950년대 중반부터 1960년대에 출생한 세대로, 전후 베이비붐 세대에 해당하는 '단카이'를 잇고 있다. 일본의 시대정신이 우향우로 돌변한 계기는 이들이 일본의 정치·경제·사회·문화 모든 부분을 지배하면서부터다. 정확히 말해 단카이의 대표격인 간 나오토(菅直人) 총리를 이은, 노다 요시히코(野田 佳彦) 전 총리 체제부터다. 간 전 총리는 1946년생, 노다 총리는 1957년생이다. 노다 총리는 각료의 절반 이상을 자신과 비슷한 50대로 물갈이 한다. 이것이 4050 시대의 서막이다.

4050은 버블경제를 발판으로 한 버블세대라는 특징을 갖고 있다. 버블경제는 1985년부터 1991년까지 지속된, 고도성장기의 하이라이트에 해당되는 시기이다. 1964년 도쿄올림픽 이후 1990년대 초 버블 붕괴 때까지 일본은 매년 10%에 가까운 경제 성장률을 기록한다. 뉴욕, 아니 미국 전체를 통째로 사버리겠다고 호언장담하던, 일본 주식회사의 위력이 전 세계에 울려 퍼지던 시기이다.

버블세대는 일본 주식회사에 언제 들어갔는지에 따라 크게 두 종류로 나눠진다. 먼저 협의적 의미의 버블세대는 1980년대 말에 직장에 들어간 연령층이다. 출생년도로 치면 1965년에서 1969년 사이에 해당한다. 광의적 의미에서의 버블세대는 고도성장기에 직장에 들어가 버블경제를 경험한, 단카이 이하의 세대를 총괄한다. 1980년대 초에 일본 주식회사에 들어간 세대이다. 본 글에서 언급되는 4050은 광의적 의미의 버블세대에 해당한다.

2010년 일본 인구통계에 따르면 총인구 1억 2,581만 명 가운데 약 26.5%에 해당되는 3,323만 명이 4050인 것으로 나타났다. 일본인 4명 중 한 명이 4050인 셈이다. 이들은 한국으로 치자면

1970년대에 대학을 다닌 유신세대와 1980년대 민주화 운동에 앞장선 386세대에 해당된다. 4050은 기존의 한국인이 보는 일본인과는 전혀 다른 세계관과 인생관, 그리고 역사관을 갖고 있다.

한국인이 모르는 버블세대

한국인에게 익숙하고 널리 알려진 일본인의 모습은 크게 두 가지 유형 안에서 찾을 수 있을 듯하다. 태평양전쟁에서 살아남은 장로 세대와, 버블경제가 끝난 뒤 태어난 20대와 30대(이하 2030)이다. 장로 세대 가운데 1945년 종전 직후 태어난 단카이는 한국인에게 가장 익숙한 일본인의 모습이다. 한국의 경제 발전과 국제화가 궤도에 오른 것은 1990년대 초부터다. 당시 일본의 허리와 머리를 지키던 사람들이 단카이다. 버블세대는 당시 발과 다리로 움직였다. 단카이는 일본의 재무장에 반대하고, 비핵 3원칙을 규정한 평화헌법에 애착을 갖고 있다. 한국과 중국에서 이뤄진 일본의 역사적 과오를 솔직히 시인한다는 점에서 한국과의 관계 개선에도 이바지한 바가 크다.

2030은 한·일 간의 직간접적인 문화교류를 통해 익숙해진 세대이다. 영화·노래·텔레비전 만화 캐릭터를 통해 일본 젊은이들의 생각과 모습이 한국에 곧바로 전해졌다. 리얼 타임으로 전해지는 인터넷은 한국과 일본의 2030을 직접 연결시켜주는 핫라인이다. 일본의 4050은 한국인에게 가장 익숙한 듯하지만, 실제로는 가장 낯선 세대들이다. 여러 가지 이유가 있겠지만, 4050과 한국 사이의 접점이 없다는 것이 근본적인 원인이다. 4050은 단카이와 달리 아시아에서 벌어진 과거사를 전혀 모르고 자라난다. 단카이는 전쟁에 패한 부모 세대 밑에서 자라면서, 직·간접적으로 전쟁의 상처와 고통을 이해한다. 4050은 다르다. 이들은 1868년 메이지유신을 전후한 일본사까지 배울 뿐, 일본이 근대화 이후 보여준 주변국을 향한 만행에 대해 전혀 모르고 있다. 한국의 2030이 한국전쟁을 모르는 것처럼, 태평양전쟁 동안의 참담한 상황과 패전 이후 불어 닥친 정신적 공황 상태에 무심하다. 거짓말처럼 들리겠지만, 4050은 실제로 일본이 한국에서 무슨 일을 했는지 잘 모른다. 학교 교과서에 그와 관련한 얘기가 없기 때문이다. 일본의 침략사를 중심으로 한 근현대사 부분에 주목하는 교사가 있기는 하지만, 역사적 해석 없이 단순히 연대기를 외우는 식으로 가르친다. 아시아 주변국을 괴롭히고 패전에 접어든 근현대사는 아무도 입에 올리고 싶지 않은 터부이기도 하다. 수모를 당했다는 기억, 빨리 잊고 싶은 악몽이 일본의 현대사이다. 19세기 말부터 시작된 일본의 한반도 침략사에 관한 논의나 글도 그 같은 흐름 속에서 사라진다.

4050은 버블세대다. 한국인들이 간과하고 있지만, 버블경제야

말로 4050을 읽는 가장 중요한 키워드다. 일본인 자체가 경제 동물이라고 불리지만, 4050 캐릭터의 핵심은 일본은 물론 전 세계 그 어떤 나라도 경험하지 못했던 초유의 버블경제라는 틀 속에서 찾을 수 있다. 1980년대에 4050이 성년에 들어서자 일본의 버블경제가 시작된다. 1970년대 오일쇼크를 극복하면서 일본은 경쟁 상대가 없는 단독 선두에 나선다. 미국과 유럽은 1985년 플라자 협약을 통해 엔의 가치를 1달러에 240엔으로 격상시킨다. 이후 2년 만에 가치는 1달러당 143엔까지 올라간다. 플라자 협약 이전과 비교해 보면 가만히 앉아서 엔이 거의 200%까지 올라간 셈이다. 달러 이상의 가치를 갖는, 사실상의 기축통화(결제나 금융거래의 기본이 되는 통화를 말한다-편집자 주)로 떠오르면서 전 세계가 엔에 투자하기 시작한다.

상식적인 얘기지만, 젊을수록 변화에 민감해진다. 4050은 엔의 위력을 감지하는 순간, 밖으로 눈을 돌린다. 비행기 삯과 호텔비를 빼도 국내보다 외국 여행이 훨씬 싸기 때문이다. 패전으로 기가 죽어있던 일본인들이 마침내 돈의 힘을 빌려 외국으로 나간다. 일본은 세계 그 어떤 나라보다도 중류층이 두터운 나라다. 빈부 격차에 관한 얘기가 흘러나오지만, 전 세계 그 어떤 나라와 비교해도 안정된 중간층을 가진 나라가 일본이다. 조그만 변화가 있어도, 일부 특수층이 아니라 그것을 곧바로 대중화·전국화하는 나라가 일본이다. 해외여행도 마찬가지다. 부자들만의 전유물이 아니라, 모두가 공유하는 국민운동처럼 퍼져나간다. 1980년대 당시 해외여행에 나서는 중심 세대였다.

당시 일본 젊은이들이 주로 간 지역은 교과서에서 배운 문화·문명대국, 즉 유럽이나 미국이다. 한국·중국·아시아권에 대한 과거사가 사라지지 않고 있는 상태에서, 서방세계가 관심권에 들어선 것은 당연한 결과일지도 모른다. 1980년대 말 일본 대학생들이 졸업여행지로 가장 선호한 곳은 파리·로마·런던 그리고 뉴욕이다. 2주 동안 이뤄진 대학 졸업여행을 통해 책에서 배운 서방세계의 어제와 오늘을 피부로 절감하게 된다. 21세기 들어 매년 수백만 명의 일본인이 한국을 다녀가지만, 1980년대에 한국을 찾는 사람은 극소수였다. 그나마 한국과 인연이 깊은 단카이 이상의 장로들이 주류를 이루었다. 당시의 20대 전후의 젊은이들에게 비쳐진 한국은 '가깝지만 먼 나라', 북한의 김일성 체제에 버금가는 군사독재 국가라는 이미지가 강했다. 아예 오랫동안 문을 걸어 잠그고 있던 공산당 체제하 중국의 경우, 일본 젊은이들의 머릿속에서 존재하지 않는 다른 행성의 나라쯤으로 인식됐을 뿐이다. 중국은 말할 것도 없지만, 1980년대 한국은 자유로운 외국 여행과는 거리가 먼 나라였다. 한국인의 일본 여행이 본격화된 것은 1990년대 중반부터다. 유신세대와 386세대가 이미 사회생활을 시작한 시기라는 점을 감안한다면 한국인의 일본 4050에 대한 관심이나 지식도 한계를 가질 수밖에 없다.

서방 선진국에서 환영받은
최초의 유색인

버블세대는 초유의 해외여행을 통해 다른 나라와 그 나라의 국민
들에게서는 찾아볼 수 없는 '특별한 경험'을 하게 된다. 자신감을
얻은 것이다. 버블세대는 역사상 처음으로 서방 선진국에서 대접
을 받은 유색인이다. 일본인으로서만이 아니다. 아시아인으로서,
서방 문명권 밖의 인종으로는 역사상 처음으로 서방의 최고급 문
화와 문명을 경험한 첫 번째 세대다. 그것이 엔의 위력에서 비롯
된 것은 두말할 필요도 없다.

　중국이 경제 대국으로 등장한 것은 21세기에 들어서다. 21세기
는 중국만이 아니라 미국이나 유럽도 버블경제에 빠지면서 함께
번영을 누린 시기이다. 중국인이 서방에서 환영을 받는다고 하지
만, 1980년대 일본 버블경제 때의 상황과는 전혀 다르다. 당시 미
국과 유럽의 경제는 끝없이 추락하던 시기였다. 일본의 경제만
독주하던, 일본 주식회사의 최전성기가 1980년대 버블경제 때이
다. 미국 51개 주 정부 모두가 일본에 관광 유치 사무실을 차리
던 시기이다. 유럽과 미국의 최고급 호텔과 레스토랑 어디를 가
도 일본인을 위한 음식과 일본어로 된 메뉴가 준비된다. 1980년
대 말 파크 애비뉴에 위치한 최고의 호텔 월도프 아스토리아(The
Waldorf Astoria)의 숙박비는 도쿄의 3평짜리 비즈니스룸 숙박비와

비슷했다고 한다. 세계 최고의 호텔인 파리의 리츠(Ritz)호텔 스위트룸 숙박비가 도쿄의 사성(四星)급 호텔 숙박비 정도였다고 한다. "왜 이렇게 싸지?"라는 말이 당시 서방의 최고급 문화와 문명을 접한 일본인들의 공통적인 반응이었다. 어디를 가도 환영을 받는 최고의 손님이 바로 일본인이었던 것이다.

21세기에 들어 뉴욕과 파리의 고급 브랜드를 찾는 주된 고객이 중국인으로 채워지고 있다. 일본의 4050은 이미 한 세대 전에 유럽과 미국의 고급 부티크를 거쳐 갔다. 루이비통 가방은 한국·중국·대만 나아가 인도와 베트남인들도 사족을 못 쓰는 프랑스 고급 브랜드의 대명사다. 큼지막한 여행용 가방의 대명사인 루이비통이 아시아에 본격적으로 알려진 것도 1980년대 초 일본인들을 통해서다. 버블경제 당시, 현재 300만 원 선인 중간 레벨의 루이비통 가방은 하루 두 시간씩 대학생 아르바이트를 1주일만 하면 구입할 수 있었다고 한다. 한국에서 100만 원 이상에 팔리는 루이비통의 작은 지갑은 당시 중·고등학생용 선물 정도에 불과했다. 유럽이 유로 체제에 들어가기 전이라 지금과 달리 저렴한 가격이기도 했지만, 상대적으로 높게 오른 엔으로 '간단히' 살 수 있는 일용품 수준에 불과하기도 했다. 일본이 모델로 삼고 추구해온 서방 선진국이 사실 별 것 아니라는 생각에 자신감을 갖게 된다.

대미관(對美觀)은 당시 젊은이들이 경험한 자신감으로 인해 가장 크게 변한 부분이다. 이것이 단카이와 그 이전 세대가 확실히 구별되는 부분이기도 하다. 핵폭탄으로 일본을 초토화시킨 승전 국이자 점령군인 미국에 대한 이미지가 변했다. 뉴욕의 1980년대 는 들끓는 거지와 치안 부재로 악명이 높던 시기이다. 당시 뉴욕 에 간 일본인이라면 승전국 미국을 보는 눈이 크게 달라졌을 것 이다.

일본인이 터부로 받아들이는 것 중 하나로 '아카센(赤線)'이라는 말이 있다. 한국어로 풀이하자면 유곽(遊廓), 사창가(私娼街) 정도에 해당한다. 1946년 GHQ(연합군 총사령부)가 일본에 들어서면서부터 생긴 매춘의 현장인 것이다. 국가가 인정하는 공창(公娼)은 1946년 폐지되지만, 개인이 임의로 행하는 생계형 사창은 허용되었다. 일 본인 남성도 고객이었지만, 주로 미군 점령군을 상대로 장사를 했던 매춘 구역이 아카센이다. 말 그대로 붉은 선을 그어, 일반 거 주지나 상권과 구별하는 곳이었다.

특수음식점이란 타이틀로 영업이 허용된 아카센은 일본인이 숨기고 싶은 전후(戰後)의 어두운 자화상이다. 미군 보급 창고에 서 흘러나오는 담배와 술, 음식을 위해 여자들은 몸을 팔고 생계 를 이어야만 했다. 구로사와 아키라(黒沢明)와 더불어 일본영화계 의 거장인 미조구치 겐지(溝口健二) 감독의 대표작으로 「아카센 지 대(赤線地帯)」라는 영화가 있다. 1957년 작품으로, 패전국 일본에서 벌어진 여성 수난사가 어느 정도로 처절했는지 이 영화를 통해 짐작할 수 있다. 자신의 부인이 미군을 상대로 한 매춘에 나선다는 것을 알면서도, 그녀를 아카센으로 보내는 남편의 모습이 등장한다. 미군과의 전쟁에 나섰던 과거 구(舊) 일본군 출신의 남편은 실업난에 허덕이면서 부인이 벌어온 달러로 생활해간다. 우는 자식을 등에 업은 남편의 얼굴은 패전 후 귀국한 300만 일본군의 모습 그 자체이다. 정신적·육체적으로 이미 죽은 목숨이다. 단카이의 아버지다. 아카센은 1958년 법으로 금지되면서 역사 속에서 사라진다. 점령군이던 미국인이 거꾸로 일본인에게 손을 내민 것은 이후 30여 년이 흐른 뒤다. 아카센 폐지 이후 불과 한 세대만에 일본은 미국을 따라잡는다. 현재 4050은 그 같은 엄청난 미일역전극을 미국 현지를 돌아다니며 직접 경험한 세대들이다.

이념 논쟁이 없는
탈이념·무이념의 세대

4050의 특징 중 하나로 탈(脫)이념, 나아가 무(無)이념을 빼놓을 수 없다. 4050은 특별한 신념이나 정치적 확신이라는 것과는 거리가 멀다. 최근에 나타난 4050의 우향우 성향을 보면서 그들을 우익 이데올로기를 가진 세대라 말하는 사람도 있을 것이다. 필자의 판단은 다르다. 머릿속에 아예 아무 것도 들어있지 않은 상태로,

중국·한국에 맞서려는 과정에서 자연스럽게 우향우의 성향으로 기울었다고 볼 수 있다. 민족주의와 애국주의, 나아가 국가주의는 '무념무상(無念無想)'일 경우 쉽게 등장하는, 감성에 호소하는 이데올로기라고도 볼 수 있다. 덧셈·뺄셈을 되풀이한 뒤에 얻게 되는 전략적인 사고와는 무관한 경우가 많다는 게, 우향우 이데올로기의 특징 중 하나다. 음식에서 볼 수 있듯이, 강력한 맛은 혀에 녹는 순간 기존의 다른 섬세한 맛을 무력화시킨다. 감정에 쉽게 빠지는 사람의 특징 중 하나로 머리가 빈 경우가 많다는 점을 빼놓을 수 없다. 이념과 무관한 일본의 4050이 우향우로 빠지게 된 이유도 마찬가지다.

4050은 '헤이와보케(平和ボケ)'의 대명사로 불린다. 명사 '평화(헤이와)'와, 멍해져서 분별력을 잃는다는 의미의 동사 '보케루(惚ける)'가 결합된 말로, 국가적 차원의 평화나 안전 보장 전쟁에 관한 식견이 부족하거나 아예 없는 사람을 지칭한다. 평화를 지키기 위해 무엇을 해야 하는지, 전쟁과 안전보장 동맹은 어떤 의미를 갖고 있고 어떤 식으로 구체화되는지에 대한 논의나 관심이 전혀 없는 사람을 헤이와보케라 부른다. GHQ가 만들어준 평화헌법 속에서 아무 걱정 없이 살아온 세대가 4050이다. 적이 누구인지에 대한 개념도 없이, 미국이 만들어준 평화헌법을 통해 세상을 대한다. 국가관이나 안보 의식을 가질 이유도 배경도 없다. 버블경제에 익숙하기 때문에 빈부 문제나, 사회적 차별을 둘러싼 논

쟁과도 거리가 멀다. 스스로 원해서 이데올로기와 멀어진 '탈이념'이 아니다. 이데올로기가 필요 없는, '무이념' 환경이 4050의 성장 배경이라 볼 수 있다. 민주화 투쟁, 통일 운동, 경제적 평등이라는 수많은 이데올로기로 밤낮을 새곤 했던, 유신세대와 386세대가 이해하기 어려운 것이 일본의 4050이다.

빵 없이는 살 수 있어도, 이데올로기 없이는 살 수 없다는 말이 있다. 인간의 존재 그 자체는 빵이 아니라, 머리를 하나로 모아 행동으로 만들어주는 이데올로기에서 찾을 수 있다는 의미일 것이다. 아무리 헤이와보케라 하지만, 4050이 나름대로 중시하는 부분도 있다. 회사에서 출세하고 이성으로부터 인정받는 인물이 되는 게 4050이 지향하는 인생이다. 정치적 의미를 가진 이데올로기가 아닌, 생활의 가치관 속에서 자신의 꿈을 이뤄가는 식이다.

아베는 1954년 출생한, 4050의 머리에 속하는 인물이다. 우향우 정치인 아베는 버블세대에서 탄생한 첫 번째 총리이기도 하다. 아베가 보여준 '특별한 퍼포먼스'는 4050을 단카이나 늙은 장로 세대와 구별하게 만든 계기가 된다. 일본 국민 모두가 기억하는, 아베와 부인 아키에(昭惠)가 함께 연출한 부부애가 그 퍼포먼스의 내용이다. 아베는 두 번에 걸쳐 총리에 오른 인물이다. 1차 재임기간 중이던 2006년 당시, 부인과 함께 미국과 아시아 전역을 돌아다닌다. 당시 일본인이 처음으로 목격한 것은, 아베 부부가 비행기에서 내릴 때 보여준, 예전에 볼 수 없던 특이한 장면이다. 그들이 손을 잡고 함께 비행기를 내리는 모습이 텔레비전에 비쳐졌다. 아베는 기시 노부스케(岸信介) 전 총리의 외손자이자 아베 신타로(安倍晋太郎) 전 외상의 아들이다. 명문가에서 태어난 덕분에 일찍 정치계에 들어왔고, 덕분에 일본 역사상 최연소 총리로 입각한다. 젊은 총리 아베는 그동안 일본 정치인들이 금기시해왔던 부부간의 사랑을 보여주는 데 결코 주저하지 않았다. 아베의 부인이 함께 손을 잡고 비행기 트랩에서 내리는 장면을 보면서 단카이는 공과 사를 구별하지 못하는 유치한 행동이라 비난한다. 보통 외국을 방문할 때 부인을 뒤로 하고, 총리 혼자서 비행기 트랩을 내리는 것이 일본식이다.

그러나 아베의 트랩 퍼포먼스는 4050의 세계관으로 본다면 너무도 당연하다. 회사에서 출세하고 이성으로부터 인정받는 인물이 4050이 지향하는 인생관이기 때문이다. 삶을 논할 때 4050이 주문처럼 복창하는 것이 '스스로가 납득할 수 있는 인생(自分が納得できる生き方)'이다. 국가와 세계가 아니라, 주어진 세상 안에서 자신의 인생을 아름답게 만들어 가겠다는 식이다. 아베의 경우 정치인이라는 직업을 가지면서 헤이와보케에서 탈피했겠지만, 자신의 청춘기 역시 무이념이나 탈이념으로 점철돼 있었을 것이란 추측은 가능하다. 정치적인 의미에서 볼 때 청년기의 아베가 경험했을 만한 특별한 사건이 없기 때문이다. 미·일동맹 문제를 둘러싼 안보 논쟁, 베트남전쟁을 둘러싼 반미 투쟁, 냉전 사고에 입각

한 반공이나 반제(反帝) 투쟁도 앞선 단카이의 몫일 뿐 아베와는 아무런 관계가 없다.

언제부턴가 한국에서도, 성탄절이나 연말에 고급 호텔에서 묵으면서 샴페인과 부대시설을 즐기는 연인용 패키지 문화가 나타나고 있다. 버블세대가 가장 애용한, 1980년대 일본에서 탄생한 신종 문화 패키지다. 연말이 되면 사랑하는 연인과 함께, 호텔방에서 샴페인의 황제로 불리는 '돈페리뇽 모에 에 샹동'과 캐비어를 즐기는 것이 4050의 행복이다. 버블경제 당시 최대의 히트 가수인 야마시타 다츠로(山下達郎)의 '크리스마스 이브(クリスマス·イブ)'는 당시 아베와 같은 청춘을 찬미하는 축가인 동시에, 4050의 이데올로기가 무엇인지를 알 수 있게 만드는 노래다. 지금도 매년 연말 국영열차인 JR동해(東海)의 텔레비전 광고 음악으로 활용되는 곡으로, 버블경제 당시 터지고 넘친 돈페리뇽 샴페인을 떠올리게 만드는 시대의 초상화가 야마시타의 노래들이다.

4050세대의 인생 슬로건

심야 종일 방송이 나온 것도 버블경제 때이다. 밤 23시부터 새벽 5시까지 종일 방영되는 24시간 종일 방송 체제가 1980년대에 등장한다. 낮에 방송된 프로그램의 재방영이 아니라, 전부 새로 만

든 프로그램을 내보낸다. 현재 일본을 대표하는 아이돌 그룹인 AKB48을 만든 아키모토 야스시(秋元康)는 버블경제 당시 텔레비전에 등장한, 현재의 4050을 대표하는 문화인이다. 버블세대를 대표하는 가수인 톤네루즈(とんねるず), 이나가키 준이치(稲垣潤一), 사키야 겐지로(崎谷健次郎)를 유명인으로 만든 작곡가이자 프로모터가 아키모토다. 그리고 민주당 출신의 노다(野田) 전 총리, 외무장관 출신 겐바 고이치로(玄葉光一郎), 친한파라고 불리는 세이지(前原誠司) 모두가 '스스로가 납득할 수 있는 인생'에 주목한 4050 버블세대들이다.

4050의 청춘기는 하나만 열심히 파는 오타쿠 문화가 탄생된 시기이기도 하다. 잘 알려진 사실이지만, 팔방미인(八方美人)이라는 단어의 이미지는 한국과 일본에서 전혀 다르게 받아들여진다. 한국의 경우 이 단어는 두루 알면서 대부분을 만족시켜준다는 긍정적인 의미가 강하다. 일본은 정반대다. 한 가지도 제대로 못하면서 오지랖만 넓다는 부정적인 의미가 더 강하다. 한 가지에 집중해 최선을 다하는 것이 일본식 미덕이다. 일본이 노벨 화학·생리의학상에 강한 것은 결코 우연이 아니다. 하나만 파고드는 오타쿠 문화가 기초과학 분야와 접목되어 성과를 거둔 것이다.

4050은 외국의 환대를 받는 동안에도 하나를 파면서 열심히 배운다. 외국에서 본 새로운 것, 흥미로운 것, 아름다운 것들이 일본인을 통해 일본 안에서 진화된다. 버블 세대가 주목한 외국의

새로운 문화 가운데 대표적인 것은 음식이다. 주관적인 판단이지만, 특정 국가를 이해하는 최고이자 최선의 방법 중 하나가 음식 문화를 보는 것이다. 음식 문화를 이해한다면 그 나라의 절반은 알고 있다고 봐도 된다. 음식과 관련해 일본은 미식 대국 프랑스를 넘어선 나라로 평가되고 있다. 스시(すし)나 사시미(刺身)로 특징되는 일본 요리만이 아니다. 일본인이 개발한 프랑스·이탈리아 요리가 현지의 수준을 넘어선다고 한다. 증거는 레스토랑 평가서인 미슐랭 레드가이드에서 찾을 수 있다. 미슐랭 레드가이드의 고향인 프랑스보다 더 많은 스타 레스토랑을 가진 곳이 일본이다.

외국을 열심히 돌아다닌 4050은 음식과 와인, 치즈 등 기존의 일본인과 무관한 미식 세계에 정통하다. 도쿄에서 전 세계 요리를 발견할 수 있는 이유는 바로 유럽과 미국을 여행한 4050의 미식 세계가 일본 안에 정착됐다는 의미이다. 단카이는 500엔짜리 라멘이나 우동을 통해 자신의 청빈함을 자랑한다. 한국에도 소개된 나카노 고지(中野孝次)의 『청빈의 사상(清貧の思想)』같은 책이 단카이의 생각을 반영하고 있다. 4050은 다르다. 라멘, 스시보다 유럽황제의 요리와 프랑스의 최고급 와인에 더 관심이 있다. 일본을 대표하는 요리 프로그램으로, 현재도 전 세계 TV 어딘가에서 방영되고 있는 '요리의 철인(料理の鉄人)'은 4050의 세계관을 반영한 일본식 미식 문화의 결정판이라 볼 수 있다. 현재 청년층인 일본

의 2030은 이념으로 살아온 아버지뻘인 단카이가 아닌, 소프트하고 심플하게 살아가는 세련된 선배인 4050을 지지한다. 일본 젊은이에게 '청빈의 사상'은 세상과 담을 쌓고 살아가는 위선자의 잠꼬대로 받아들여질 뿐이다. 20세기 말 이미 버블은 끝났지만, 버블이 남긴 달콤한 기억과 향기는 21세기의 2030으로 이어지고 있다.

일본 헌법은 메이지유신 이후 무려 20여 년이 지난 1889년 2월에 제정된다. 외국을 열심히 돌아다니면서 배우고, 토론과 논의를 거듭한 끝에 일본은 헌법을 제정한다. 일단 헌법이 제정되자 곧바로 국력을 하나로 모아 외국으로 나간다. 결심하기까지 많은 시간이 걸리지만, 일단 결정되면 곧바로 행동으로 나가는 것이 일본인이다. 대한제국 성립 이후 불과 2년 만에 헌법을 만들어내는 한국 스타일과는 크게 다르다.

냉전이 끝나면서부터 시작된, 길고도 긴 일본의 헌법 개정 논의는 가까운 시일 내에 결말을 볼 것이다. 결정되는 순간 엄청난 속도로 일본 열도에 변혁이 일어날 것이다. 4050의 어제를 보면 오늘과 내일을 이해할 수 있다. 일본의 우향우는 변수가 아니라, 상수로 자리 잡을 것이다. 단카이에 익숙한 대응 논리는 이미 끝났다. 적을 안다고 해서 반드시 이긴다고 볼 수는 없다. 그러나 19세기 말에 겪었던 것처럼, 적어도 일방적으로 패하지는 않을 것이다.

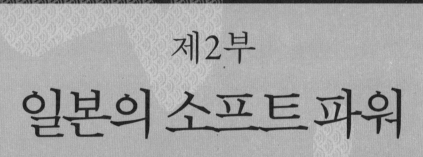

제2부
일본의 소프트 파워

제1장

일본문화
소프트 파워의 현장

일본에 가면 반드시 들르는 곳이 10여 군데 있다. 모두가 알고 있는 유명한 곳도 있지만, 혼자만의 비밀스런 장소도 있다. 도쿄 긴자(銀座) 거리는 빼놓을 수 없는 곳이다. 1km 떨어진 니혼바시(日本橋)에서부터 걸어와 긴자 거리에서 하루 종일 시간을 보낸다. 차량 통행이 금지되는 일요일, 즉 보행자 천국의 날이 좋다. 윈도쇼핑도 즐기고 책방에 들러 그동안 밀렸던 새 책도 한꺼번에 산다. 일본에서 처음으로 문을 연 커피점에 들러 750엔짜리 고급 커피도 마셔보고, 1950년대 풍 지하극장에 들러 '야한' 장면으로 화제가 됐다는 40여 년 전 흑백영화도 본다. 화장품 회사 시세이도(資

生堂) 본관 건물 내 레스토랑에 들러 1,500엔짜리 프랑스 요리도 맛보고, 뒷골목의 2평짜리 기모노(着物) 가게에 들러 300엔짜리 테이블 장식용 천을 구입하기도 한다. 자세히 들여다보면 신비롭고 새로운 것들로 가득 찬 곳이 긴자다. 긴자의 매력 중 하나는, 질적 수준에 비해 큰 돈이 들지 않는다는 것이다. 모든 것이 그러하듯, 모르면 모를수록 돈으로 해결하려 한다. 얼마나 많은 관심을 갖고 있느냐에 따라 맞춤형 가치를 찾아낼 수 있다.

긴자의 1번지에 해당되는 미츠코시(三越) 백화점은 필수 코스 중 하나다. 반드시 사는 물건이 있다. 잡화나 의류가 아니라, 먹는 것 종류다. 지하 2층과 3층이 주된 쇼핑장이다. 케이크·과자·초콜릿 구입이 미츠코시 백화점에 가는 중요한 이유이다. 일본인 특유의 섬세함이 배인, 사실상 예술 작품이라 불러도 손색이 없는 제품들이 매장에 늘어서 있다. 모양·컬러·맛, 모든 면에서 다양하고 입체적이다. 보통 하나에 300엔 전후로, 가격도 저렴하다. 매장에는 항상 사람들로 붐빈다.

백화점 내 지하 매장은 일본에서 탄생됐다. 일본어로 데파치카(デパ地下)라 부른다. 영어의 디파트먼트(Department:백화점)와 일본어 치카(地下)를 합성한 말이다. 데파치카의 주기능은 음식과 다과(茶果) 판매에 있다. 백화점의 원조인 서양에는 지하 음식점이 없다. 음식에서 풍겨나는 냄새로 인해 백화점 손님을 불쾌하게 만들 수 있다는 점에서 아예 비즈니스 대상에 포함되지 않았다. 냄새는 뜨거운

공기를 따라 위로 올라간다. 백화점 위층이 전부 오염되는 것이다. 굳이 음식점을 만든다면 백화점 꼭대기에 위치해야 한다. 일본은 그 같은 통념을 없애버렸다. 지하에 음식점의 냄새가 위로 퍼지지 않도록, 공기 정화 시설을 갖춘다. 데파치카의 핵심은 바로 '무취(無臭)'에 있다. 음식은 물론 술, 디저트, 도시락도 살 수 있는 곳으로, 1930년대 나고야(名古屋)에서 시작된다. 한국을 포함해 아시아 어디를 가도 데파치카가 넘친다. 비슷하게 보이지만, 자세히 보면 다르다. 최고급 백화점은 예외지만, 보통 지하의 음식 냄새가 매장 전체에 퍼져있다. 모양(型)은 따라할 수 있지만, 근본적인 가치관은 소홀히 여기고 넘어가는 것이다. 원조와 아류(亞流)의 차이다.

와인 테이스팅바(Tasting Bar)는 미츠코시 지하 매장에 '꼭' 들르는 이유다. 말 그대로 여러 종류의 와인을 조금씩 마시는 바(Bar)인데, 처음 들른 것은 5년 전이다. 이곳은 치즈 매장 바로 옆에 붙어있는, 두 평 남짓한 공간이다. 의자가 전부 다섯 개로 테이블은 하나로 이어져 있다. 와인글라스가 머리 위에 걸려 있다. 포도 배지를 단, 정장 차림의 와인 소믈리에(Sommelier)가 직접 서비스를 한다. 와인 판촉 홍보처럼 보이지만, 미츠코시 직영 매장 중 하나다. 긴자는 한때 세계 최고의 땅값을 자랑하던 곳이다. 상하이(上海)나 뉴욕에 눌려 어떻게 됐는지 모르지만, 아마 지금도 다섯 손가락 안에 들어있는 지역이 아닐까 싶다. '세상에서 가장 비싼 땅에 들어선, 세계에서 가장 작은 와인바'라는 게 처음 봤을 때의 느낌이다.

자리에 앉아 와인 테이스팅을 했다. 소믈리에가 추천한 화이트·레드·스파클링·디저트 와인 등이 늘어서 있다. 가격은 한 잔에 252엔부터 시작된다. 가장 비싼 것이 500엔대이다. 와인의 즐거움은 와인을 둘러싼 스토리(story)에 있다. 맛으로 즐기는 것은 10초면 끝난다. 스토리를 통해 새로운 기억을 만들어 나가면서 대화를 즐기는 것이다. 필자가 간 날의 소믈리에는 원래 주류 업체인 산토리(Suntory)에서 일했다는 50대 중반의 남성이다. 독립한 뒤 이탈리아 와인 전문 수입업에 종사했다고 한다. 1년의 반은 와인 헌팅을 위해 이탈리아 전역을 돌아다닌다. 테이스팅의 테마는 일본 요리와 중국 요리에 맞는 와인이다. 이탈리아 전문가답게

● 긴자의 미츠코시 백화점 내 지하 와인 바. 5명의 손님을 상대로 한, 세계에서 제일 비싼 땅에 위치한 가장 작은 와인 바.

해박한 지식과 경험이 돋보인다. 잘 모르면 조용히 앉아 배우는 것이 최상이다. 소믈리에에게 와인을 추천해 달라고 말했다. 레드 두 잔과 화이트 한 잔, 디저트 와인 한 잔을 마셨다. 언제나처럼 혀로만 음미하려 했지만, 무의식중에 와인이 목으로 꿀꺽 넘어갔다. 525엔짜리 치즈 세트를 시키자, 바로 옆 치즈 매장에서 치즈를 들고 온다. 소믈리에가 움직일 수 있는 공간은 한 평 남짓하다. 좁은 공간에서의 서비스지만, 손님 5명을 다루는 솜씨가 가히 예술적이다. 와인에 관련된 각자의 질문에 일일이 대응하면서, 잔도 닦고 추가 주문도 받는다. 너무도 바쁠 듯하지만, 손님들에게는 전혀 바쁜 기색을 안 한다. '가장 비싼 땅, 초미니 와인바'와 더불어, '세계에서 가장 바쁘게 일하는 소믈리에'라는 수식어가 하나 더 붙을 듯하다.

긴자 미츠코시 와인바, 아니 데파치카 매장은 일본이 가진 문화의 힘, 즉 소프트 파워(정보 과학이나 문화·예술 등이 만드는 영향력. 강제력보다는 매력을 통해 얻어지는 능력. 군사력이나 경제력을 뜻하는 하드 파워와 대응하는 개념이다 – 편집자 주)의 성격을 설명해 주는 본보기 중 하나다. 꽉 채워진 소규모 매장과 한 치의 낭비도 허용치 않는 서비스 공간, 엄선된 와인과 세계 와인에 대해 해박한 소믈리에. 저렴한 가격과 신속하고 친절한 서비스……. 일본발(發) 소프트 파워에서 떠오르는 이미지가 데파치카 와인 테이스팅바에 그대로 투영돼 있다.

일본발 소프트 파워에 대해 부정적이거나 거부 반응을 느끼는 사람들이 적지 않을 듯하다. 현실을 보자. 소프트 파워는 알게 모르게 한국 사회 구석구석에 스며든 상태이다. 서울은 그 어떤 도시보다도 일본 소프트 파워의 흔적이 강하게 밴 곳이다. 독창적 음식, 애니메이션, 패션, 노래, 춤은 이제 옛말이다. 텔레비전 드라마조차 리메이크(Remake)란 꼬리를 단 채 똑같이 베끼는 판이다. 10여 년 전만 해도 알게 모르게 흉내 내는 수준이었지만, 지금은 아예 저작권을 주면서 100% 똑같이 만드는 판국이다. 텔레비전 프로그램의 구성이나 무대 세트, 심지어 출연자들의 앉는 자세와 출연자 규모도 일본과 똑같다. 서울 강남에서 경험했지만, 일본 요리점에서 주문받을 때는 종업원들이 아예 일본어로 인사를 하기도 한다. 한류(韓流)가 일본인을 놀라게 한 것처럼, '일류(日流)'도 한국 사회의 저변을 장악한 상태이다.

생각하기 나름이겠지만, 일본의 소프트 파워가 한국에 퍼져 있다는 것을 나쁘게 규정할 이유는 없을 듯하다. 일본인 모두가 인정하는 얘기지만, 일본이 독자적으로 창조해낸 물건은 3개에 지나지 않는다는, 농담 같은 진단이 있다. 자동 세척 좌변기, 가라오케(カラオケ) 그리고 소니 워크맨이다. 3개를 제외한 나머지는 전부 서방에서 복사해 되파는 식으로 진화해 왔다는 것이다. 일본은 물론 한국과 중국에도 해당되는 얘기지만, 근대화 이후 아시아 대부분의 나라는 서양을 모방하며 성장해왔다. 인벤션(Invention: 창조)에 대한 몰이해가 아시아인이 가진 태생적 한계처럼 이야기된

다. 짝퉁과 모방 대국이란 오명과 함께, 최근에는 특허권 위반으로 천문학적인 벌금까지 내고 있다. 흉내 내고 따라가기에 바쁘지만, 서양인이 부러워하는 아시아만의 장점도 있다. 이노베이션(Innovation), 즉 개량 진화이다. 이미 만들어진 물건이나 생각을 다듬어서 사람들이 보다 편하고 값싸게 사용할 수 있도록 발전시키는 능력이다.

규격화된 햄버거를 만들고, 똑같은 모양의 맥도날드 체인점을 전 세계에 확산시켜 나가는 것은 미국이다. 그러나 햄버거의 맛을 개선하고, 아담한 규모의 체인점에다 서비스를 빠르게 개선해 가는 것은 아시아인의 몫이다. 서양이 인벤션에 강하다면, 아시아권은 이노베이션에 강하다.

짝퉁에 있어서는 이노베이션 없이 문자 그대로, 제품을 100% 똑같이 만드는데 총력을 기울이는 자세를 취한다. 물론 아무리 잘해도 원조(元祖)를 따라갈 수 없다. 크기나 양적인 면으로 세계 1위가 될 수는 있다. 그러나 짝퉁은 아무리 잘해도 2류 싸구려에 불과하다. '죽었다 깨어나도' 중국이 일류가 될 수 없는 이유는 문화와 의식 전반이 짝퉁에 빠져있기 때문이다. 중국은 아무리 잘해도 2% 모자라는 나라로 알려져 있다. 전 세계 최고급 브랜드로 무장한다 해도 '메이드 인 차이나'가 되는 순간 힘이 빠진다. 값싼 인건비를 통해 모자라는 부분이 보충된다. 쉽게 말해 '몸으로 때우는' 나라가 중국이다.

모방이기는 하지만, 이노베이션을 통한 모방은 다르다. 노력하면 원조 이상의 물건이나 생각을 창출해낼 수 있다. 언제까지 지속될지 의문이지만, 한국이 강세를 보이는 IT산업 전반이 그러한 본보기다. 애플이 모바일 태블릿의 원조인 것은 너무나 당연하다. 창조자의 권위와 영향력은 후발 주자들이 따라갈 수 없는 절대성역(絶對聖域)이다. 그러나 원조라고 해서 창조 이후의 모든 영역을 독식할 수는 없다. 이노베이션을 통해 인벤션을 넘어뜨릴 수 있다. 창조가 아닌, 모방 대국이란 점을 부끄럽게 받아들이는 문화가 있지만, 필자는 잘못된 생각이라 믿는다. 특화할 수 있는 영역이 다를 뿐이다. 믹서기는 서양 부엌이 가진 한계를 통해 탄생됐다. 서양인은 젓가락과 예리한 칼을 통한 요리가 불가능하다. 사과 껍질을 칼로 깎거나, 마늘 껍질을 제거한 뒤 요리하는 미국인은 극히 드물다. 한꺼번에, 한순간에 전부 갈아서 만드는 것이 서양식 요리법이다. 믹서기를 창조한 곳은 서양이지만, 믹서기와 손을 병행하면서 요리의 질을 높일 수 있는 곳은 아시아권이다. 언제부턴가 창조가 모든 것을 지배하는 듯하지만, 사실 하늘 아래 뚝 떨어진 창조는 극히 드물다. 흉내 내면서 열심히 배울 경우 이노베이션을 통한 재창조가 가능해진다.

일본은 이노베이션의 대국이다. 그 어떤 물건이나 생각도 일본에 들어가면, 이노베이션을 통해 일본화된다. 모방은 하지만, 짝퉁은 아니다. 100% 모방이 아니라, 이노베이션을 통해 120% 개량된 상품으로 만들어낸다. 크고 강한 것이 전부가 아니다. 5명의 손님을 위한 긴자 와인바가 그러하듯, 작지만 구체적이며 간단하고 값싼 것이 더 중요하다. 항공모함조차 성능을 개선한 경(輕)항공모함으로 만드는 나라가 일본이다.

뉴욕 청년의 트렌드로
자리 잡은 라멘

현재 서방 선진국을 달구는 일본 소프트 파워의 최고봉은, 단연 음식이다. 라멘(ラーメン)이 그 주인공이다. 라멘은 1980년대 닌텐도 전자게임과 같은 양상으로 퍼져나가고 있다. 기본적으로 알아야 할 것은 라멘에 대한 개념이다. 일본인들이 말하는 라멘은 스프와 면을 직접 만들어 먹는 음식을 의미한다. 비닐봉투 속에 든 인스턴트가 아니다. 이른바 핸드메이드 푸드가 라멘이다. 미국 내 라멘 붐의 주인공도 핸드메이드 라멘이다. 미국 내 아시아 음식의 대부분은 자국인으로 한정된다. 뉴욕의 한국 식당을 가보면 한국인이 대부분이다. 일본 라멘집은 다르다. 백인 젊은이들이 주류이고, 아시아권에서는 특히 중국인이 가장 많다. 일본인은 1할 정도이다. 2011년 한국에도 들어섰지만, 뉴욕 4번가의 라멘집 '잇푸도(一風堂)'는 미슐랭에 소개될 정도로 높은 인기를 끌고 있다.

● 뉴욕 맨해튼 웨스트 52번가에 늘어선 라멘 가게의 손님들. 아시아인 손님의 대부분은 일본인이 아닌, 중국계 손님들이다.

가끔 가서 보면, 점심·저녁 가리지 않고 손님들의 행렬이 도로 밖으로까지 이어져 있다. 돼지고기로 살짝 덮은 규슈(九州) 스타일의 미소(味噌: 일본식 된장)·돈코츠(豚骨: 돼지 뼈를 우린 진한 육수) 라멘은 최고 인기 제품이다. 뉴욕에는 현재 약 30여 개의 일본 라멘집이 있다. 잇푸도는 예외지만, 대부분의 라멘집은 손님 20명 정도를 받는 소규모 업소에 불과하다. 같은 면(麵)이라 해도 중국식 라면은 관심 밖이다. 가격차도 현격하다. 일본인 요리사가 일하는, 일본식으로 경영하는 라멘집만이 상한가를 친다. 대충 일본식 이름을 건 짝퉁 라멘집도 있지만, 어떻게 알았는지 파리만 날린다. 일본 라멘집은 미국인의 취향에 맞게, 양도 많고 국물을 뜰 수 있는 숟가락도 크게 만들어 제공한다. 젓가락의 끝 부분에는 얇은 홈이

파여져 있다. 면이 미끄러지지 않도록 고려한 것이다.

언제부턴가 일본 라멘은 와인이나 치즈처럼 받아들여진다. 뉴욕의 청년이라면 일본 라멘에 대한 해박한 지식을 갖는 것이 교양의 필수다. 요가, 자전거와 함께, 첨단을 달리는 도시 청년의 트렌드이자 상징물로 라멘이 뜨고 있다. 뉴욕 라면 페스티벌은 마치 프랑스 보졸레누보 오픈 이벤트처럼 여겨진다. 주목할 부분은 미국에서의 라멘 붐이 결코 '맛' 하나로 승부를 보는 것이 아니라는 점이다. 신속한 서비스와 친절한 분위기, 라멘을 만드는 요리사의 열정적인 모습, 세심하게 이뤄지는 조리 과정, 라멘의 시식기와 관련된 SNS 속 이야기들이 미국 청년들을 파고드는 것이다.

흑인의 서비스를 통한
소프트 파워 확산

일본의 소프트 파워는 한국과 비슷한 듯 보이지만, 조금만 구체적으로 들여다보면 아주 큰 차이점을 발견할 수 있다. 섞고 합쳐지는 멜팅(Melting) 또는 퓨전(Fusion)의 정도가 예상을 뛰어넘는다. 크게 보면 네 가지 측면에서 분석될 수 있다.

첫째, 뉴욕 라멘집에서 본 공통점이지만, 서비스를 담당하는 사람들이 다른 아시아계 음식점의 사람들과 크게 다르다. 흑인과 백인을 중심으로 한 현지인이 주류를 이룬다. 특히 흑인이 많다. 이들은 일본어로 라멘 주문을 받고, 주방을 향해 일본어로 복창한다. 흑인 서비스맨을 찾아보기 어려운 한국 식당과 크게 다르다. 일본 라멘집의 특징 중 하나로, 일본인이 직접 나서지 않는 것도 주목할 부분이다. 일본인은 주방 안이나, 식당 내 구석진 어딘가에서 서비스맨들의 움직임을 지켜보고 있다. 다른 모든 음식점에도 해당하지만, 뭔가 나름대로의 특별함을 연출해내는 라멘집이 인기를 끈다. 필자가 들른 워싱턴 라멘집의 경우 흘러나오는 흑인 랩 음악이 인상적이다. 흑인이 서비스를 하고 흑인의 랩까지 함께 즐기는 식문화가 라멘이다.

둘째, 맥도날드 같은 패스트푸드 문화와의 결합이다. 빨리 주문하고 곧바로 음식이 나오는 패스트푸드를 아시아의 핸드메이드 문화와 연결한 퓨전(Fusion)으로서의 라멘이다. 핸드메이드는 보통 천천히 서비스되는 슬로푸드란 이미지가 강하다. 일본 라멘의 경우, 내용은 슬로푸드, 서비스 방식은 패스트푸드 형식으로 이뤄진다. 음식을 주문하면 보통 5분 안에 나온다. 세계적인 차원에서 볼 때, 라멘은 맥도날드 햄버거의 상대가 될 수 없다. 그러나 맥도날드의 고향이자 최고 중심지는 지금 라멘 열풍에 빠져있다.

셋째, 저렴하고 양이 많다는 점에서 환영받는다. 뉴욕에서 제대로 된 라멘을 하나 먹으려면 최하 10달러는 줘야 한다. 양을 늘

리거나 작은 만두, 나아가 맥주를 한 잔 추가할 경우 20달러 선에 육박한다. 미국에 들른 일본인이 깜짝 놀랄 정도로 비싼 가격이지만, 미국 내 다른 음식 값에 비하면 싼 편이다. 맥주, 에피타이저, 메인이 포함된 20달러 범위 내 음식은 극히 드물다. 냉동 재료에다 무슨 내용물인지도 모르는 중국 음식조차 15달러는 줘야 한다. 맥도날드 햄버거조차 세트로 주문하면 10달러가 넘어간다.

넷째가 로컬푸드다. 라멘이 로컬푸드라는 점에 대해서는 의문이 가지만, 미국에서 받아들이는 라멘의 이미지는 슬로푸드와 로컬푸드이다. 홋카이도(北海道), 규슈, 오사카, 나고야로 이어지는 각 지역의 라멘이 뉴욕 한복판에서 팔리고 있다. 21세기의 현상이지만, 열혈 마니아 정도로 알려진 일본의 오타쿠는 프랑스와 미국에까지 상륙한 상태다. 이른바 라멘 오타쿠가 뉴욕에도 출현한다. 이들은 뉴욕의 10달러짜리 라멘집을 전전(轉轉)하면서 시식 유랑기를 모든 음식 사이트에 게재한다. 나고야가 어디에 있는지도 모르지만, 나고야와 규슈 라멘의 차이에 대한 토론이 음식 사이트에서 벌어진다. 로컬푸드로서의 라멘은 글로벌 인터넷 시대의 새로운 이데올로기로도 연결된다. '그린(Green)'이다. 20세기 냉전 때의 동서(東西) 이데올로기에 비견되는 시대의 키워드가 그린이다. 인스턴트가 아니라는 점과, 동양적 신비가 뒤덮인, '남김없이 먹어치울 수 있는' 음식이란 점이 그린으로 연결된다. 라멘이 세계 최고의 도시에 파고드는 이유이다.

김치와 기무치

김치가 세계 무형문화재에 등재됐다. 김치의 독창성과 우수성을 알리는 이유 중 하나로 '기무치(キムチ)'에 관한 얘기가 반드시 등장한다. 한국의 김치를 마치 일본식으로 바꿔서 자국의 음식처럼 선전한다는 것이다. 음식이 민족과 국가를 기반으로 한 것은 사실이다. 그러나 음식이 민족주의나 국가주의의 수단으로 사용될 필요는 없다. 햄버거 하나를 먹으면서 원조가 독일인지 미국인지를 따지는 사람은 아무도 없다. 김치가 한국만이 아닌, 일본에까지 넘어가서 현지 입맛에 맞게 진화됐다는 것은, 사실 자랑하고 환영할 사항이다. 일본의 스시(すし)나 마키(巻き)가 한국식 초밥이나 김밥으로 바뀐 것과 똑같다. 샌프란시스코에서 개발됐다는 매운맛의 캘리포니아 롤은 미국에 처음 가는 일본인들이 가장 먼저 찾는 음식 중 하나다. 톡 쏘는 맛의 스시는 일본에 거의 없다. 현지에 맞게 진화된 음식이 있다는 사실 하나만으로도 자국의 음식이 가진 경쟁력을 충분히 실감할 수 있다.

「뉴욕타임스」의 '음식과 와인(Dining and Wine)' 섹션은 젊은 뉴요커가 가장 즐겨보는 기사 중 하나다. 인기 순위로 본다면, 스포츠 섹션에 버금갈 정도이다. 태블릿과 모바일 사용자가 주목하는 글은 깊이가 있는 '읽는' 기사가 아니다. 선명한 음식 사진이 덧붙여진, 화보 스타일의 '보는' 기사다. 일본 관련 음식은 「뉴욕타임스」에 자주 등장하는 인기 기사 중 하나다. 한국 음식도 자주 등장하지만, 일본의 경우 '특별한 이유'로 인해 그 빈도와 정도가 한층 더 하다. '스토리텔링(Story Telling)'이 일본 음식을 인기 상승권에 올리는 이유다. 맛으로서의 음식이 아니라, 흥미로운 얘기와 메시지로서의 일본 요리인 것이다.

2013년 10월 17일, 대형 사진과 함께 소개된 '젓가락과 할레(Challah: 유태인이 먹는 빵)'란 기사를 보자. 유태인 남성과 일본인 여성이 오픈한 레스토랑, '샬롬 저팬(Shalom Japan)'이 그 주인공이다. 브루클린의 사우스 윌리엄스버그(South Williamsburg)에 있는 중가(中價)의 레스토랑이다. 테이블은 10개 남짓하다. 레스토랑 이름에서 보듯, 부부 모두가 주방장으로 나선, 유태 음식과 일본 요리를 섞은 퓨전음식점이다. 막 결혼한 두 사람의 연애 스토리와 함께, 전혀 다른 두 나라의 음식이 어떤 식으로 조화를 이루는지 설명해 주고 있다. 양도 많고 강한 맛의 라멘은 가장 인기 있는 요리 중 하나이다. 음식이 주(主)이기는 하지만, 두 사람을 통한 갖가지 스토리텔링이 기사 전면에 드리워져 있다.

2013년 11월 1일자 '음식과 와인' 섹션은 '뉴 스시 셰프(New Sushi Chef)'라는 제목의 글을 길게 실었다. 미국에서 일하는 3명의 젊은 스시 주방장을 소개하는 기사였다. 3명 중 한 명만이 일본인이고 나머지는 미국인과 프랑스인이다. 온몸에 문신을 한 미국인 주방장은 스시 만드는 것을 '가라테(空手)'에 비유한다. 문어를 부드럽게 만들기 위해 죽도(竹刀)로 내리치고 주먹으로 주무른다는 의미다. 프랑스인의 경우 자신의 레스토랑을 '도장(道場)'이라 부른다. 도를 갈고 닦는 곳으로서의 공간을 말한다. 음식을 만들 때 최선을 다한다는 의미이다. 세 사람의 스토리는 스시를 중심으로 한, 글로벌 시대에 어울리는 스토리텔링에 해당한다. 프랑스인이 만든 스시를 보면 밥을 덮은 생선의 크기나 두께가 엄청나다. 보통 일본 스타일에 비해 거의 두 배나 크다. 미국식 햄버거나 스타벅스의 커피와 마찬가지로 일단 양(量)으로 상대를 압도한다. 사진을 보면, 일본 스시처럼 담백한 음식을 만들어낼지가 의문이다. 그러나 상관없다. 제대로 된 정통파 스시를 먹어본 미국인이 거의 없기 때문이다. 일본인 입장에서 볼 때 미국 스시는 이국의 음식에 해당한다. 생선을 두껍게 써는, 한국식 스시도 이국의 맛이다. 핵심은 맛이 얼마나 좋은지, 전통을 얼마나 지키는지가 아니다. 얼마나 다양하고 재미있는 얘기가 음식 속에 들어있는지가 한층 더 중요하다. 스토리텔링 없이, 전통과 역사로 포장된 이념적인 음식은 '당신들의 관심'에 불과하다. 피자를 먹으면서 나폴리 역사를 구구절절 외우는 사람은 없다.

풀뿌리 소프트 파워

최근·필자가 경험한 21세기풍의 문화 중 하나로, '낯선 사람들과의 식사'를 들 수 있다. 전혀 만난 적이 없는 사람과 함께, 전혀 모르는 사람의 홈 파티에 초대돼 함께 식사를 하는 것이다. 전 세계적으로 화제를 불러일으키고 있는 홈메이드 음식 파티장인, '이트위드(eatwith)'를 말한다. 가정식 요리를 만들어, 인터넷을 통해 파티 손님을 끌어 모으는 방식이다. 간단히 말해 음식을 주제로 한 소셜 네트워킹이다. 주최자의 집에 직접 찾아가 함께 식사를 하면서 그곳에 모인 이방인들과 얘기를 나눈다. 파티를 열고 싶을 경우, 이트위드 홈페이지에 들어가 홈메이드 음식점을 오픈하면 된다. 언제 어디에서 어떤 음식을 얼마에 제공한다는 정보를 내면, 낯선 얼굴의 사람들이 몰려든다. 음식 값은 신용카드로 미리 지불해야 한다. 참가자는 10명 내외로 제한된다. 이스라엘 IT 전문가가 개발한 사이트로, 전 세계 30여 개국 정도가 오픈한 상태이다. 아직 한국엔 참가자가 없지만, 흐름으로 볼 때 가까운 시일 내에 등장할 것이 분명하다.

필자는 뉴욕에 오픈한 이트위드 파티에 관심이 많다. 음식과 함께 미국 젊은이들의 생각을 듣고 싶어서이다. 참가자들의 대부분은 20대, 30대다. 다양한 질문을 통해 청년들의 변화와 흐름을 피부로 느낄 수 있다. 파티장에 가보면, 미국 실업의 현황과 오바마 대통령의 인기가 어느 정도인지 쉽게 알 수 있다. 뉴욕의 이트 위드 파티의 주최자는 약 50여 개소에 달한다. 남미, 아시아, 동부 유럽, 프랑스 등 전 세계 요리의 집산지이다. 파티 참가비는 1인 당 20달러 선에서 50달러 선까지 다양하다. 알콜류는 직접 들고 가서 마실 수 있다.

뉴욕 이트위드, 아니 전 세계 이트위드 파티 주최자 가운데 최고의 인기를 누리는 곳은 브루클린에 있는 아이(Ai)라는 곳이다. 1주일에 거의 2번씩 파티를 여는 곳으로 일본인 여성이 파티를 주도한다. 아이는 일본어로 '사랑(愛)'이란 의미다. 남편은 미국인 으로, 자전거를 직접 만들어 파는 장인이다. 수천 달러짜리 수제 (手製) 자전거가 집안에 걸려있다. 참가비 43달러를 내고 아이의 파티에 참가했다. 왜 뉴욕 최고의 인기 파티장인지 알아보기 위해서였다. 이방인 참가자는 전부 12명이었고, 필자를 제외한 나머지 11명은 백인이었다. 남편도 자리에 앉아 대화를 함께 즐겼 다. 음식은 전부 6종류가 나왔다. 양파로 다져진 삶은 토마토, 일본식 순두부, 호박죽, 오징어 덴뿌라, 라멘, 디저트로는 일본식 단 팥죽과 일본차였다. 미국인 모두가 음식을 하나도 남기지 않고 비웠다. 식사가 이뤄지는 동안 셰프인 일본 여성에게 여러 가지 질문을 던졌다.

"왜 이트위드에 참가했나요?"

"건강한 음식을 알리고, 미식에 관한 서로의 정보와 생각을 교환하기 위해서입니다."

"어떤 식으로 메뉴를 결정하나요?"

"음식을 만들어 남편에게 테이스팅을 시킵니다. 조금이라도 거슬리는 맛이 있다면 제외하죠. 일본 음식을 자랑하는 것이 아니라, 미국인의 평균 입맛에 맞추는 것이 중요합니다."

"1주일에 한 번씩 파티를 여는 것이 결코 쉽지 않을 듯한데요."

"1주일 내내 준비합니다. 재료의 대부분은 유기농산물이에요. 맛 이전에 건강을 생각합니다. 맛은 미국인의 입맛에 맞추지만, 세계 최대 장수국 일본을 상징하는 음식으로서의 일본 요리를 선보입니다."

이트워드 파티는 소규모로 이뤄지는, 돈과 거리가 먼 음식 오타쿠의 모임이다. 미식은 현대인의 교양이자 철학이다. 살기 위해 먹는 것이 아니라, 먹기 위해 사는 시대에 접어든 지 오래다. 브루클린 일본 여성의 홈 파티는 「뉴욕타임스」를 비롯해 미국 대부분의 미디어와 유럽의 신문·방송에까지 알려져 있다. 필자가 간 날에도 독일 텔레비전이 취재중이었다. 작은 공간이지만, 혼자서 꾸준히 요리를 만들면서, 건강에 방점을 찍은 요리를 뉴욕에 알리고 있었다. 홋카이도 출신 여성이 연출하는 1인 풀뿌리 요리가 일본 소프트 파워의 진짜 힘인 듯하다. 필자가 다녀간 뒤에는 일본 된장 만들기 체험파티와 선술집 스타일의 이자카야(居酒屋)도 새로 오픈했다.

역사와 전통으로 버무려진
비빔밥

언제부턴가 잊을만하면 나타나는 '국내용 국제 이벤트'가 하나 있다. 모순되는 어감으로 와닿는 이벤트지만, 간단히 말하자면 '뉴욕 링컨센터에서의 바이올린 독주회'같은 것이라 보면 된다. 링컨센터 어딘가에 붙은 작은 연주회장의 대여료는 대략 시간당 1만 달러 정도다. 돈만 주면 누구나 빌릴 수 있다. 인터넷으로 세상의 모든 것이 투명해지면서 링컨센터 안에서만 통하던 수많은 천재 소녀들이 한순간에 사라져 버린다. 그러나 국내용 국제 이벤트는 좀 더 '통 크게' 진화해간다. 최근 자주 입에 오르내리는 이벤트들은 뉴욕타임스, 맨해튼 광고 그리고 세계 최고 5성급 호텔을 통해 나온다. 크게 보면 두 가지가 인상 깊다. 종군위안부나 독도영유권과 같은 역사·영토 문제에서부터 비빔밥, 김치, 한류로 특징되는 문화에 관한 부분이다. 필자의 기억으로는 그러한 뉴욕발 뉴스는 대략 한 달에 한 번 정도 터진다. 그 같은 소식을 접할 때마다 두 가지 의문이 생긴다. 도대체 누가 엄청난 광고비를 내는 것이며, 광고를 한 뒤의 효과나 평가는 어느 정도인가?

언제부턴가 비빔밥이 한국 소프트 문화의 주인공으로 자리 잡은 듯하다. 한식 체험이란 이름으로 이뤄지는 전 세계 고급 호텔에서의 이벤트를 보면 비빔밥이 중심에 서있다. 요리사가 아니라,

한국의 탤런트들이 비빔밥 자랑에 나선다. 관련 기사를 보면 두 가지 사항만이 눈에 들어온다. 탤런트의 우아한 미모와, 자랑스러운 한국의 역사와 전통이다. 음식에 관한 얘기가 아니라, 한국 역사와 전통이 고급 호텔 이벤트의 중심이다. 외국인 입장에서 보면, 밥 한 끼 얻어먹으러 갔다가 한국 역사에 관한 수업을 듣게 되는 셈이다. 소프트 파워가 아니라, 역사나 전통으로 버무려진 '하드 파워'로 무장한 비빔밥이다. 자랑스러운 역사와 전통을 얘기하는 것도 중요하지만, 어느 정도에서 그쳐야 한다. 흥미롭고 인상 깊은 스토리텔링이 필요하다. 음식 그 자체만이 아니라, 주변의 얘기가 없는 게 아쉽다. 3만 명이 넘는 주한미군과 비빔밥의 관계라든가, 비빔밥에 얽힌 미국 대통령의 '구체적인' 에피소드가 있다면 소프트 파워에 어울린다고 볼 수 있다. 외국인이 친근감을 느낄 수 있는, '그들의 얘기와 경험'을 통한 비빔밥이어야 한다.

전 세계 최고급 호텔은 링컨센터를 대신한, '국내용' 국제 이벤트의 무대이다. 국적 불명의 개량 한복을 차려입은 탤런트가 '비빔밥 넘버원'을 외치는, 그저 특별한 손님에게만 허락된 단발성 이벤트에 불과하다. 자기 만족형 국고 낭비 쇼라고 말한다면 지나친 평가일까? 전시성 대규모 비빔밥 이벤트보다, 10명이 겨우 앉을 수 있는 작은 공간의 상설화가 한층 더 중요하다. 무식할수록 돈이나 크기로 때우려 한다. 와인에 얽힌 작은 스토리보다, 와인이 얼마나 비싼지만을 최대 관심사로 삼을 뿐이다.

스토리텔링을 기초로 한, 작지만 오래 가는 힘이 소프트 파워의 진짜 의미이다. 청와대·지식경제부·한국관광공사가 앞장선 호텔 내 비빔밥보다, 1인 풀뿌리의 이방인 파티의 여운이 더 오래 가고 흥미롭다. 미국을 비롯한 선진국, 나아가 서울 강남에까지 확산되고 있는 일본 소프트 파워의 저력이다.

제2장

워싱턴을 무대로 한
일본 소프트 파워의 저력

워싱턴에서 이뤄지는 미·일관계의 중요성

한국인이 간과하고 있는 일본관(觀) 중 하나로 워싱턴에서 통용되는 미·일관계에 관한 부분을 빼놓을 수가 없다. 일본 내에서 얻어지는 정보가 아니다. 일본 밖에서 관찰되는 세계적 차원의 대일관(對日觀)이다. 일본, 한국 나아가 중국에서 본 일본이 아니라, 워싱턴에서 본 일본을 말한다. 언제부턴가 일본 내에서 벌어지는 막장 일본 관련 기사는, 3류 연예인까지 추적해서 보도하는 판국이다. 그러나 워싱턴에서 이뤄지는 미·일관계에 관한 뉴스는 해외토픽처럼 전해질 뿐이다.

싫든 좋든, 반미든 친미든, 워싱턴은 21세기 세계의 로마로 자리 잡고 있다. 예를 들어, 전 세계가 겁내는 제3차 석유 위기의 결정권을 쥐고 있는 곳도 워싱턴이다. 워싱턴이 이스라엘의 이란 공격을 허락하는 순간, 백악관이 시리아의 아사드 정권을 무력으로 타도하겠다고 결정하는 순간 제3차 석유 위기는 현실로 닥칠 것이다. 자국의 경제난 때문이겠지만, 오바마 대통령의 '강력한 억지력' 덕분에 아직 중동이 전화(戰火)를 면하고 있다. 수백만의 북한 주민을 먹여 살릴 수 있는 돈을 미사일에 쏟아 붓는 북한의 집착도, 따지고 보면 워싱턴의 관심을 끌기 위한 행동 중 하나다. 서울, 도쿄, 베이징은 결정권에서 멀리 떨어져 있다. 워싱턴이 응해줄 경우, 북한에 대한 전 세계의 반응이 달라질 것이란 사실을 잘 알고 있다. 2014년 봄, 우크라이나 사태 이후 '미국의 추락'이 화제가 되고 있지만, 중동 문제, 심지어 북한 미사일 건만 봐도 워싱턴은 아직 건재하다. 중국도, 러시아도, 유럽공동체(EU)도 결코 할 수 없는 절대 파워가 워싱턴을 기반으로 하고 있다. 미·일 관계, 나아가 일본을 대하는 미국의 자세가 왜 중요한지 알 수 있을 것이다.

노(No)라고 말할 수 없는 일본

미·일관계에서 핵심은 일본을 대하는 미국의 자세이다. '일본이 미국을 어떻게 보는가'의 문제는 당분간 크게 중시되지 않을 것이다. 한때, 일본이 미국을 어떻게 보느냐가 중시되던 시기도 있었다. 태평양전쟁이 일어나기 직전과, 1980년대 일본의 경제 공세 때가 그 같은 상황이라 볼 수 있다. 미국에 대해 '노(No)라고 말할 수 있던 때'이다. 전쟁에 지고, 1990년대 들어 일본의 버블경제가 터지면서 그들은 'No'라는 말을 입 밖에 낼 수 없게 된다. 미국의 의향에 맞추고, 미국과 함께 발을 맞추고, 미국의 논리에 박수를 보내면서 양국 관계를 유지하게 된다. 1990년대 이후 지금까지, 극히 예외적인 경우를 제외하고 일본이 미국에 대해 'No'라고 말한 적은 없다. 단카이의 아이콘, 간 나오토(菅直人) 전 총리가 후텐마(普天間) 기지 이전 문제를 둘러싸고 'No'하며 대들었다가, 그 후유증을 지금까지 치르고 있다. 워싱턴을 찾은 일본 민주당 정권의 정치인은 미국의 주류로부터 철저히 무시된다. 후텐마 기지 이전 문제를 백지화했던 민주당의 '원죄(原罪)'를 결코 용서할 수 없다는 입장이다.

수직 이착륙 수송기 MV22 오스프레이(Ospley)는 좋은 예이다. 사고 다발기이기 때문에 일본 주민들의 도입 반대가 남다르다. 그러나 자민당은 미국이 원하는 대로 오스프레이의 오키나와(沖繩) 배치를 서두를 수밖에 없다. 반미 정권인 민주당이 남긴 상처 때문이다. 자국민이 아니라, 미국의 의사를 존경할 수밖에 없는 것이 현재의 일본이다. 결론적으로 미·일관계의 핵심은 일본에 대한 미국의 자세와 입장으로 귀착된다. 미국이 주체, 일본이 객체다.

일본의 급속한 우향우 정책은 미국의 동의 없이는 불가능하다. 현재 이뤄지고 있는 일본 내 군사·외교 문제의 변화를 보면, 동의 수준을 넘어 적극적인 지지에 따른 것이라 볼 수 있다. 군사·외교 분야에 관한 일본의 능력은 사실상 미국에 의해 전면 통제되고 있다. 70여 년 전 일본은 미국과 전면전을 벌인 나라이다. 일본 특유의 조직력과 순발력을 누구보다도 잘 알고 있는 곳이 미국이다. 일본을 풀어 줄 경우, 또 어떤 일을 벌일지 모른다는 것도 잘 알고 있다. 상식적인 얘기지만, 미·일군사동맹은 구(舊)소비에트 공산권으로부터 자유 진영을 수호하자는 의도와 함께, 일본 자체를 묶어두기 위해 만들어진 것이다. 가속화되고 있는 일본의 우향우 방침은 미국의 동의, 나아가 그들의 전면적인 지지하에 탄생한 것이다.

21세기 들어 워싱턴에서 오랫동안 논의되고 있는 태평양 안보 구상 중 하나가, 한·미·일 3국 트라이앵글 시큐리티(US-Korea-Japan Security Triangle) 체제다. 미국을 중심으로 한국·일본이 공동전선을 구축한다는 의미이다. 북대서양조약기구 나토(NATO)의 아시아판에 해당한다. 워싱턴의 안보 관계자라면 누구 하나 예외 없이 찬

성하는 구상이다. 중국과 러시아가 가상적(假想敵)인 것은 너무도
분명하다.

한·미·일 3국 동맹론의 가능성과
일본의 부상

트라이앵글 시큐리티 체제는 밖으로 드러나지 않았을 뿐 사실 이
미 부분적으로 이뤄진 상태이기는 하다. 그러나 보다 적극적으
로, 아예 드러내 놓고 3국군사동맹 체제를 강화하자는 것이 워싱
턴의 생각이다. 2012년 6월 한국 국무회의에서 통과된 뒤 유보
된 한·일군사정보보호협정(GSOMIA)은 미국이 오랫동안 요구해온
3국군사동맹 체제의 서막에 해당한다. 인원 교류는 물론, 일본 전
투기와 잠수함이 한국에 들어갈 수 있다. 한국도 일본 오키나와
기지를 자유롭게 사용할 수 있다. 군사작전이나 방어 체제도 공
동으로 구상하자는 것이다.

　외형적이기는 하지만, 한국은 그 같은 생각에 반대하고 있다.
여러 이유가 있지만, 중국이 가상적(假想敵)이 되기 때문이다. 한반
도 통일을 생각할 때 중국을 한국의 적으로 돌리기는 어렵다. 3국
군사동맹 체제 속에서 일본의 역할이 강화될 수 있다는 점도 이
유 중 하나다. 3국군사동맹이 이뤄질 경우 미국이나 한국보다, 일

본을 통한 군사작전 체제 강화가 이뤄질 가능성이 높다. 지리적·기술적·군사적으로 많은 면에서 일본이 유리하기 때문이다.

과거사에 따른 국민 여론이나, 독도 문제 같은 것도 한국이 주저하는 이유 중 하나이다. 한·일군사정보보호협정(GSOMIA)이 '비밀리'에 통과되고, 협정에 따른 사후 약속도 독도 사태 이후 개점휴업 상태에 빠져 있다. 그러나 모든 '악조건(?)'에도 불구하고 워싱턴의 3국군사동맹 체제는 앞으로도 끈질기게 추진될 것이다. 중국이 팽창할수록 3국군사동맹 체제의 필요성은 높아질 것이다. 그러나 당장 중국이 항공모함을 띄우고 스텔스 비행기를 띄우는 상황에서 한국의 동의에 기댈 수만은 없다. 결국 워싱턴은 역내(域內) 일본의 독자적인 군사력 강화를 지지하게 된다. 미국이 통제권을 갖기는 하지만, 부분적으로 아시아에서의 일본의 군사적 역할과 기능을 인정한다는 의미이다.

워싱턴의 힘은 크게 두 개의 손을 통해 구체화된다. 주먹을 쥔 왼손과 악수를 하려는 오른손이다. 왼손은 국방성, 오른손은 국무성이다. 두 부처는 대외정책면에서 상극 관계라 보면 된다. 국무성은 대화를 통한 해결에 주력한다. 국방성은 일방적 원칙과 주장 선언을 통해 문제를 풀어나간다. 국무성은 볼펜을 쥐고 있고, 국방성은 총칼을 잡은 상태다. 냉전이 끝나면서 두 조직의 이견(異見)은 한층 심해진다. 아프가니스탄과 이라크에 대한 전쟁은 국방성의 전면적인 승리다. 북한과 이란에 관한 문제는 국무성이 아직까지 승기(勝氣)를 잡고 있다.

일본 우향우를 지지 · 지원하는
국무성과 국방성

일본의 우향우에 대한 입장은 어떨까? 놀랍게도 일본 문제에 대해서는 국방성 · 국무성 양쪽의 이견이 전혀 없다. 아니, 일본의 군사력 강화를 지지하자는 것이 두 조직의 입장이다. 양손이 박수를 치면서 일본의 우향우를 응원하고 있다. 중국 견제를 위해 일본의 군사력 강화가 절대 필요하다고 목청을 높인다. 부분적으로 볼 때, 경제대국으로 성장한 중국에 대한 고려와 배려가 없는 것은 아니다. 그러나 대세는 일본이다. 중국 견제를 위해 일본이 필요하다는 것이 워싱턴의 상식으로 정착되고 있다. 아시아에서 느끼는 중국과 일본의 모습은 워싱턴과 크게 다르다.

볼펜과 총칼, 즉 국무성과 국방성 모두가 일본의 우향우를 동의하고 지지하는 이유는 무엇일까? 일본을 믿을 만하다고 느끼는 것이 가장 큰 이유일 듯하다. 일본이 가진 군사적 능력만이 아니라, 일본인 자체에 대한 신뢰감이 워싱턴에 만연해 있다. 친일 감정이 워싱턴 이스태블리시먼트(Establishment: 기득권층 – 편집자 주) 사이에 널리 퍼져 있다. 친절하고 예의바른 일본인 특유의 국민성이 가장 큰 원인이겠지만, 일본이 그동안 쌓아온 친일 환경을 위한 투자야말로 친일 분위기의 가장 큰 배경이라 볼 수 있다.

한국과 중국처럼, 워싱턴은 일본이 총력을 기울이는 외교의 핵심지다. 다른 점은 총력의 내용이 외교 정치에 국한되지 않는다는 점에 있다. 상징적이고 대표적인 예로, 매년 4월초 워싱턴 포토맥 강변을 중심으로 한 벚꽃 축제를 빼놓을 수 없다. 매년 봄 일본 대사관과 문화원, 일본 관련 단체가 사람들로 들썩인다. 좀 과장하자면, 좁은 워싱턴 전체가 일본판이 된다. 포토맥 강변 주변만이 아니라, 스미소니언 박물관과 미국 의회, K스트리트 주변의 싱크탱크와 국제기구가 일본 기념관으로 변한다. 일본에서 1급 스시 요리사가 몰려와 일본 대사관이나 야외에서 무료로 음식을 대접한다. 전통 예술에 관련된 장인들도 몰려와 워싱턴 어딘가에서 일본을 알린다. 스시 리셉션에 초대받았는지, 일본 관련 행사에 갔다 왔는지 여부는 워싱턴에서의 역량을 시험하는 척도에 해당한다. 벚꽃 축제가 끝날 때쯤인 4월말이 되면, 1주일 이상 연휴가 이어지는 골든 위크(Golden Week)를 이용해 일본 정치인과 정부 관료들이 워싱턴에 밀려온다. 워싱턴 싱크탱크 내에서의 미·일 관련 정책 포럼과, 미국 정부 내 실력자와 정책담당관을 찾아가는 일본인의 행렬이 이어진다. 벚꽃 축제에 맞춰, 미술 전시회나 음악 경연대회, '본사이(盆栽-화분에 심은 관상용 나무-편집자 주)'와 다도(茶道)를 중심으로 한 미·일 청년들의 교류도 남다르다. 벚꽃 축제는 워싱턴만이 아니라 뉴욕, 샌프란시스코, 시애틀 등 미국 내 10여 곳에서 개화기(開花期)에 맞춰 순차적으로 열린다. 이 축제는 친일 분위기가 미국 전역으로 확산되는 계기가 된다.

중국의 판다가 소프트 파워의 최고 위치를 차지하고 있다고 하지만, 일본의 벚꽃 축제를 보면 상대가 안 된다는 것을 알 수 있다. 판다를 통해 중국에 대한 환상을 가지는 사람도 있을 것이다. 벚꽃 축제는 먹고, 마시고, 보고, 듣고, 생각하고, 즐기는 오감을 통한 소프트 파워다. 사람을 통해 이뤄지는, 피부로 느끼는 소프트 파워다. 어느 쪽이 더 효과적이고 오래 가는지 알 수 있을 것이다.

미국은 전 세계 민족과 인종이 모인 곳이다. 벚꽃 축제에 대한 미국 지도층의 관심이 특별한 것이 아니라고 말할지 모른다. 부분적으로 옳고 전체적으로는 틀렸다. 표에 목숨을 거는 정치인의 경우 마이너리티 축제나 행사에 어김없이 얼굴을 내밀 수 있다. 그러나 대통령 가족과 미국 정부의 핵심 요원들이 전부 나서서 마이너리티 축제에 관심을 쏟는 경우는 아주 드물다. 영국, 이스라엘 정도일까? 중국 정부는 틈만 나면 벚꽃 축제를 일본만이 아닌 아시아 전체의 축제로 만들자고 제안한다. 아시아 공존·공영뿐 아니라, 벚꽃 축제 기간중 노점에 나서는 사람과 참석자의 상당수가 중국계라는 점을 명분으로 내세운다. 일본 소프트 파워의 상징인 벚꽃 축제를 중국이 얼마나 부러워하는지 잘 알 수 있다.

1980년대의 일본어에 대한 투자

일본어는 일본이 워싱턴에 뿌린 친일을 위한 중요한 환경 중 하나다. 1980년대, 일본은 돈으로 뉴욕을 사버리겠다고 공언한 것만 아니라, 일본어를 미국인의 제2외국어로 만들려고 노력했다. 일본은 엔(円)의 위력을 통해 유능한 미국인들을 도쿄로 불러들인다. 각종 장학금을 주면서, 일본인과 함께 생활하며 배우는 일본어 교육에 주력한다. 일본어만이 아니라, 일본 문화와 일본인의 가치와 의식구조를 미국인에게 가르친다. 일본어를 배우는 미국인들은 누구 하나 예외 없이 친일 인사가 된다. 일본 유학파들은 일본과 관련된 일을 하면서 미국에서의 대일 관계를 직접 담당한다.

현재 자타가 공인하는 워싱턴 내 친일 인사는 국제전략문제연구소(CSIS)의 마이클 그린(Michael Green)이다. 1980년대 도쿄대학에서 공부한 일본통이다. 2001년 부시 행정부 당시 백악관 국가안보회의(NSC)에서 아시아 총책임자로 일한 인물이다. 한국의 신문·방송에도 자주 등장하는, 공화당이 정권을 잡을 경우 아시아 전체를 총지휘할 브레인이다. 한·미·일 3국군사동맹 체제 강화를 역설하는 안보통이기도 하다. 일본이 투자한 제1세대 친일 인사는, 현재 50대 중반의 연령층이다. 정책 결정에 관한 한 최고 선임자라고 볼 수 있다. 이들은 현재 국무성, 국방성, 싱크탱크,

● 워싱턴 CSIS 포럼에 선 아베. 그는 "일본은 2급 국가가 아니며 앞으로도 아닐 것"이라고 강조했다.

백악관 의회, 심지어 CIA나 비정부단체(NGO)의 아시아 관련 총사령탑으로도 일하고 있다.

참고로 중국어를 통해본 미·중 관계의 현황을 알아보자. 중국도 전 세계, 특히 미국을 대상으로 한 중국어 확산에 열을 올리고 있다. 바로 중국 정부가 집중 투자하고 있는 공자학원(孔子學院)이다. 일본이 한 세대 전에 시행한 일본어 국제화 정책을 그대로 본딴 것이다. 4년 전이지만, 필자는 워싱턴 근처 버지니아대학에서 이뤄진 중국어 학습시간에 참가한 적이 있다. 중국어를 배우기보다, 중국어를 대하는 미국인들의 자세를 알아보기 위해서였다. 그곳은 열심히 배워 중국을 알려고 하는 분위기가 넘쳐나는 공간이었다. 그러나 일본어 교육과 크게 다른 점을 하나 발견할 수 있었다.

먼저 교사의 질적 수준이다. 대학과 자매결연 관계를 맺은 중국인이 직접 와서 가르치지만, 그는 미국을 전혀 모르는 사람처럼 느껴졌다. 그냥 중국어를 가르치는 데만 열심이다. 교재에 중국문화나 역사에 관한 부분이 나오지만, 중국인 교사 자체가 그 부분을 잘 모르는 듯했다. 그냥 주입식 교육으로 필요한 말을 배울 뿐, 중국문화라는 차원에서의 교육과는 거리가 멀었다. 일본어 교육 체제를 흉내 내기는 했지만, 소프트는 없고 하드만 있다는 느낌이 들었다. 중국어를 배우면서 언어 소통은 가능하게 되겠지만, 친중 인사가 되기는 힘들 것이란 느낌이 들었다. 반대로, 티베트나 그 외의 인권 문제들로 인해 반중파가 되는 경우도 적지 않을 것이란 생각도 들었다.

세대별로 살펴본 중국통의 실체

미국인이면서 중국통이라 불리는 사람은, 세대를 기준으로 크게 세 가지 부류로 나눠진다. 마오쩌둥의 친구로 알려진 에드거 스노 같은 사람이 원조 중국통이기는 하지만, 그 같은 인물은 현재 세상에 없다. 키신저 박사 같은 사람도 중국통이라기보다는 국제

정치통에 가깝다. 미·중 국교수립에 관한 핵심인사라는 점 때문에 중국의 라오펑요우(老朋友: 오랜 친구를 뜻하는 중국어-편집자 주)로 인정받고 있지만, 중국 문제에만 주력하는 인물은 아니다. 에드거 스노, 키신저 박사가 선(線)이나 형(型)이 아닌, 점(点) 차원의 중국 연구가란 점에서 논외가 될 수밖에 없다.

중국통 1세대에 해당되는 것은 몰몬교 신자들이다. 베이징 주재 전 미국 대사이자 2012년 대통령 선거 후보자로 나온 존 헌츠먼 같은 사람이다. 존 헌츠먼은 한때 중국 정부로부터 방문비자도 받지 못한 반중(反中) 인물이다. 대사 재직중에도 파룬궁(法輪功) 등 인권 문제로 중국 정부와 날카로운 대립각을 세운 인물이다. 중국계 대사인 게리 로크를 제외할 경우, 존 헌츠먼은 역대 백인 미국 대사 가운데 중국어가 가장 유창한 인물이다. 중국어 실습은 타이완(臺灣)에서 이뤄졌다. 몰몬교 신자로서 중국어가 가능한 사람의 99%는 타이완이 제2의 고향이다. 1970년대, 미국은 선교 차원에서 '반공(反共) 국가' 타이완에 몰몬교도를 대량으로 파견한다. 1970년대 한국에서도 볼 수 있었지만, 말쑥한 양복 차림의 미국인 청년 2명이 한 조를 이뤄 돌아다니며 선교를 한다. 그들은 현지 선교를 원칙으로 하기 때문에, 중국어에 능통하다. 이들은 당시 자유국가 타이완을 통해 중국을 관찰하게 된다. 공산 독재 국가인 중국을 곱게 볼 수가 없다. 대통령 후보에 오른 몰몬교도 미트 롬니의 경우를 보듯, 제1세대 중국통은 공화당의 전통과 가치를 중히 여기는 반공주의자라는 게 특징이다.

2세대는 일본어를 배우면서 중국을 함께 연구한 사람들이다. CSIS의 마이클 그린 같은 사람이다. 원래 일본에 주력했지만, 중국이 커지면서 중국도 함께 연구하고 있다. 중국어가 가능한 사람은 극소수다. 한자를 읽을 수 있기 때문에 아시아 문화 전반을 이해할 수 있다. 특히 일본이 갖고 있는 엄청난 양의 아시아 관련 정보를 통해 중국을 이해한다. 결과적으로 일본이라는 스크린을 통해 중국을 들여다보는 것이다. 일본과 사이가 나쁜 중국을 좋게 볼 수는 없다. 사실, 워싱턴 내 한국 연구가의 대부분도 같은 부류 안에서 찾을 수 있다. 일본 연구자가 한국·중국을 함께 연구하는 식이다.

이미 고인이 됐지만, 국회의원 김근태씨가 10여 년 전 워싱턴에 들렀을 때의 일화이다. 당시 한 싱크탱크에서 열린 한·미정책포럼에서 미국인 연구원이 일본을 주체로 삼고 한국과 북한을 마치 변수인 것처럼 얘기하기 시작했다. 얘기를 듣던 김근태씨는 대화를 끊으며 "왜 한반도 얘기를 안 하고 일본얘기만 하느냐?"라며 불만을 터뜨렸다. 일리가 있는 반응이기는 하지만, 책임은 한국어 보급을 게을리 한 한국정부에 있다고 볼 수 있다. 당시 미국인 연구원은 일본어가 능통한 일본통이었다. 최근 들어 한국의 국익이 향상되면서 한국어를 기반으로 중국과 일본을 보는 사람도 생겨났지만, 대부분의 한국 전문가들은 일본을 기반으로 연구한 사람들이다.

3세대는 최근 미국에 정착한 대륙 출신 중국계들이다. 중국어는 물론 영어도 능통하다. 그들은 중국이 커가면서, 친중(親中)의 전위병으로 나서고 있다. 특히 일본을 적으로 돌리는 친중 자세는 크게 두드러진다.

그러나 이들은 아직 특별한 영향력을 발휘하지 못하고 있다. 1세대와 2세대가 결정한 대중 정책을 다듬는 수준의 일을 할 뿐이다. 작전 지휘관이 아니라, 명령에 따라 움직이는 보병이다. 시간이 흘러 언젠가 3세대가 전면에 나서겠지만, 기존 정책 결정자들 사이의 반중 정서가 일반화된 상태에서 친중에 선 중국계 3세대가 중요한 위치에 오를지는 의문이다. 냉전 당시 러시아계가구 소비에트 정책의 최고봉에 오른 경우는 극히 드물다.

전쟁 주범인 일본은 결코 잊지 않는다

일본에 대한 미국의 입장이 항상 '아낌없이 주는 나무'인 것만은아니다. 중국 견제를 위해, 미국의 국방비 부담을 줄이기 위해 일본을 '활용'하기는 하지만, 미국을 넘어서거나 독자 노선으로 가는 것까지 허용하지는 않는다. 일본의 근대화는 1853년부터 시작된다. 미국의 동인도함대의 흑선이 도쿄 만(灣)에 들어서 무언의 위협을 한 뒤 개국으로 이어진다. 이어 무려 2년이나 끈 미·

일통상교섭을 통해 국제 비즈니스에 관한 국제적 관행을 배운다. 23년 뒤인 1876년(강화도조약을 체결한 해 - 편집자 주) 미국으로부터 배웠던 방식과 과정을 조선에 그대로 응용한다. 흑선 출범 이후 81년 뒤에는 태평양전쟁에 돌입한다. 자신을 문명국으로 인도해줬던 나라를 공격한 셈이다. 미국 입장에서 보면 가르친 후배로부터 뒤통수를 맞은 느낌이었을 것이다.

일본의 반역은 이후 1980년대에까지 이어진다. 버블경제 때다. 일본은 총이 아니라 돈으로 미국을 사려했다. 버블이 터지면서 실패로 끝난다. 미국은 두 번의 '하극상(下剋上)'을 통해 많은 교훈을 얻게 된다. 일본을 마냥 믿을 수만은 없다는 사실과, 믿을 수 없는 일본이기에 한층 일본과 가까이해야만 한다는 점이다. 그냥 둘 경우 그들이 어디로 튈지 모르기 때문이다. 영화 「대부(The Godfather)」의 명대사 중 하나인 "친구는 가까이, 적은 더 가까이."와 같은 발상이다. 미·일군사동맹, 미·일경제교류에 관한 물적·인적 교류가 다양화되고 확산된다. 믿을 수 없는 일본에 대한 경계와 경고도 동시에 이뤄진다. 매년 12월 7일에 되풀이되는 특별한 행사는 미국인의 저변에 깔린 대일본관(觀)을 이해할 수 있는 좋은 예다.

12월 7일은 2001년의 9·11 테러사건 이상이라고 여기는, 미국인 모두가 기억하고 되새기는 날이다. 바로 일본의 제로전투기(제2차 세계대전에서 활약한 일본의 함상전투기를 말함 - 편집자 주)에 의해 진주만 기습 공격이 이뤄졌기 때문이다. 매년 그렇듯이 12월 7일에는, 진주만 공격을 다룬 특별행사가 미국 곳곳에서 열린다. 신문과 방송은 새로 발굴된 사진이나 자료를 근거로, 일본 제국주의 군대가 보여준 당시의 만행을 전 국민에게 알린다.

진주만 기습 공격에 관한 얘기는 일본인이 가장 피하고 싶은 과거 중 하나다. 근대화를 도와준 미국을 공격했다는 것도 미안하지만, 일요일 아침 7시 55분 선전포고도 없이 기습 공격을 했다는 것이 한층 더 부끄럽고 무안한 것이다. 당시 숨진 사람을 생각하면서, 12월 7일을 전후해 가능하면 일본어 사용을 피하려는 것이 워싱턴에 있는 일본인들의 분위기이기도 하다. '불타는 전함 아리조나(진주만 기습 공격으로 파괴된 미국 전함 – 편집자 주)'는 친일 분위기를 만들기 위해 일본이 뿌려놓은 돈과 노력을 물거품으로 만들어버릴 것이다. 360대의 제로전투기가 동원된 진주만의 비행(非行)은 기억 속에서 영원히 지워버리고 싶은 흉터다. 그러나 미국은 매년 되풀이해서 진주만 기습 공격에 관한 뉴스와 관련 행사를 진행하고 있다. 어린이 게임 소프트로도 개발해 판매하고 있다.

동남아시아의 대부(代父)로 등장하는 일본

중국에 대한 견제와 관련해 미국이 어느 정도까지 일본의 역할을 지지하고 지원할 것인지가 초미의 관심사다. 궁금증의 단서는 2012년 12월 10일에 이뤄진 필리핀 외무장관 기자회견에서 찾을 수 있다.

"필리핀은 일본이 군대를 보유하는 것에 찬성한다. 일본은 동북아시아 질서를 무시하는 중국을 견제하는 역할을 할 수 있다."

한국에서도 보도됐지만, 기자회견 내용을 들었을 때 필자는 두 가지 점에 주목했다. '외무장관'이 직접 행한 기자회견을 통해 일본군 부활을 지지했다는 점과, 발언 시기가 일본 총선인 12월 16일의 '6일 전'이라는 사실이다. 세상에 어떤 나라가 외무장관 입을 빌어 옆 나라, 그것도 한때 자신을 식민지로 만들었던 나라의 무장화를 지지하는 발언을 할 수 있을까? 총선 직전에, 일본의 특정 당에 유리해질 수 있는 발언을 정부 최고책임자가 하는 것도 상식 밖이다. 필리핀이 황당하고 정신이 없는 나라이기 때문일까? 필자의 생각은 다르다. 필리핀은 아시아에서 민주주의를 가장 먼저 도입한 나라다.

악연(惡緣)도 있지만, 우여곡절 끝에 미국과 가장 가까워지고 미국의 의향을 가장 잘 알고 있게 된 나라가 필리핀이다. 외무장관의 발언은 직·간접적인 미국과의 교감과 교류를 통한 것이라 볼 수 있다. 2012년 5월, 남중국 바다 주변 영토 문제로 중국과 전쟁 직전까지 간 곳이 필리핀이다. 중국의 위협을 피부로 느끼는 나라이기 때문에, 중국과 맞서서 싸울 수 있는 나라라면 어디든 좋다는 것이 필리핀 정부의 입장이다. 미국은 물론이고, 일본이 적임자로 떠오른 것이다. 중국 주변 국가로는, 민주화된 미얀마와 베트남 그리고 인도도 필리핀과 비슷한 입장이라 볼 수 있다. 1940년대 미국에 맞섰던 대동아공영권이, 21세기 중국에 맞서는 새로운 버전으로 진화하고 있다.

　미·일동맹관계를 논외로 할 경우, 한국에서는 센카쿠 분쟁을 통해 일본의 열세가 확연히 드러났다고 생각하는 사람이 많은 듯하다. 같은 시기에 터진 독도 문제로 인해, 반일로 나아가는 과정에서 중국을 응원하며 내려진 결론이다. 필자 역시 무력에 호소하는 군사력 차원에서는 중국이 우위에 선 것처럼 느껴진다. 그러나 소탐대실(小貪大失)이라고, 동남아시아 주변국들이 반중전선을 짜도록 만드는 데 혁혁한 공로를 한 것이 센카쿠다. 동남아시아 권역이 하나로 뭉친 것만이 아니라, 일본을 그들의 대부(代父)로 받아들이는 분위기를 낳게 되었다. 센카쿠를 무력으로 차지하려 한다지만, 미·일군사동맹, 나아가 아시아 제국의 응원이 배후에 있는 한 뾰족한 결과를 만들어낼 수가 없다.

　2012년 11월 26일, 「뉴욕타임스」는 '무기 수출에 나서는 일본'이란 제목의 기사를 내보냈다. 일본 정부가 동남아시아에 대한 무기 수출과 군사 지원을 활발히 전개하고 있다는 것이 골자다. 중국을 경계하기 위한 의도인 것은 물론이다. 캄보디아와 동티모르에 200만 달러를 보내, 현지 공병단(工兵團) 훈련을 지원하기 시작했다고 한다. 적은 액수지만, 2차 세계대전 이후 군사적 목적으로 일본이 외국을 지원한 첫 번째 케이스다. 필리핀 해상 보안을 위해 1,200만 달러의 군사용 장비를 판매하고, 베트남과 인도네시아에도 비슷한 장비의 수출을 계획하고 있다고 한다. 특히 베트남에게는, 일본제 디젤엔진의 잠수함 수출도 고려하고 있다고 한다.

일본제 디젤 잠수함은 성능 면에서 세계 제일 수준이다. 빠르고 소리가 나지 않기 때문이다. 중국제 디젤엔진의 경우 수는 많지만, 워낙 소음이 강하기 때문에 실전에 투입될 경우 전부 적발돼 피해를 입을 수 있다고 한다. 베트남이 자국의 바다를 보호하기 위해 일제 잠수함에 목을 매달고 있는 것이다.

「뉴욕타임스」의 기사를 보면 미국에 대한 얘기는 단 한 줄도 안 나온다. 그러나 미국의 허락 없이 일본제 무기를, 그것도 과거 식민지의 나라에 군사차관이나 지원을 한다는 것이 불가능하다는 것은 삼척동자도 다 안다. 원래 일본은 자국의 무기를 직접 수출하는 나라가 아니다. 미국과 합작을 해서, 부품을 보내 미제(美製)로 재포장한 뒤 외국에 수출한다. 직접 나서서 하는 것보다, 미국에 부품을 제공해서 2인자의 위치를 차지하는 셈이다. 전 도쿄 도지사 이시하라 신타로가 자주 하는 말이기도 한데, 일본은 독자적 기술력을 통해 대륙간 탄도탄을 1미터 오차범위 내로 명중시킬 수 있다고 한다. 미국이 일본의 독자적 무기 수출을 용인하는 것은 그만큼 중국의 위협이 커지고 있다는 것으로 해석할 수 있다. 미국이 눈뜨고도 어쩔 수 없는 부분들을 일본에게 맡기는 식이다.

가쓰라-태프트 조약(The Katsura-Taft Agreement)은 결코 만천하에 모습을 드러내면서 나타나지 않았다. 두 눈이 충혈 될 정도로 살피고 주의하지 않으면 눈뜨고도 당한다. 필자의 주관적인 판단이지만, 막장 일본에 쏟는 관심의 1할만 워싱턴 내 미·일 관계에 돌려도, 앞으로 한국에 닥칠 시련의 정도가 크게 약화될 것이라 확신한다. 베이징, 파리, 런던, 모스크바에 주재한 일본인 외교관과 기자들이 워싱턴에 몰리는 이유를 우리는 알아야 한다.

제3장

미국이 보는
중국 패권론의 실상

중국을 G2라 부르는 유일한 나라

중국을 미국에 이어 G2 또는 2극(極)이라 부르는 나라는 한국 밖에 없다. 중국이 미국에 비견될 수 있는 대국(大國)이라 보는 곳은 한국 미디어 밖에 없다. 덩치만 크다고, 힘이 세다고 세상을 이끌 수는 없다. 아무리 약하고 보잘 것 없어도 사람들의 마음을 끌어 들일 만한 소양과 덕이 있다면 리더가 될 수 있다. 중국이 세계의 리더가 되기를 원하는 것은 물론, 될 수 있다고 믿는 나라도 거의 없다. 중국 밖의 사람은 물론, 중국인조차 중국에 살기를 원치 않는다. 30년 경제 개방의 결과는 세계 최악의 환경오염과 빈부 격차다. 그동안 가려졌던 중국 내 어두운 모습이 한꺼번에 터져 나오고 있다. 굳이 서양식 기준으로 인권이나 자유를 말하자는 것이 아니다. 정치, 경제, 사회, 문화 등 그 어떤 측면을 봐도 중국에는 G2라 부를 수 있는 요소가 없다. 코끼리는 지구의 왕자일 수 없다. 중국은 자신의 내일조차 알기 어려운 나라다.

중국을 G2라 부르는 사람들이 자주 언급하는 부분 중 하나가 '황혼에 접어든 미국'이다. 미국은 실업과 경제 불황에 허덕이는 '추락하는 대제국'의 이미지로 그려진다. 연방정부 주도하의 경제 회생 정책이 한계를 가질 것이고, 퍼주기 식의 복지 때문에 미국의 경쟁력이 한층 약화될 것이라고 한다. 2025년, 2030년이란 구체적인 숫자와 함께, 중국이 미국을 누를 미래에 관한 책이 한국 서점에 널려 있다.

최근 언론의 양상을 보면, 미국 관련 기사보다 중국발 기사에 더 큰 비중이 실린다. 일단 베이징발 기사가 워싱턴발 기사보다 많다. 미국은 비관적 뉴스로, 중국은 구름 한 점 없는 창공을 향해 비상(飛翔)하는 용으로 그려진다. 서울에서 느껴지는 중국의 힘은 태평양 너머 불어오는 미국의 바람보다 한층 강하고 뜨겁다.

G2의 배경인 중국 패권론이 대세로 자리 잡으면서 주도권을 둘러싼 미·중 양국의 충돌 가능성이 점쳐지고 있다. 2012년 9월 취항한 중국 항공모함 랴오닝(遼寧)은 미·중 충돌의 서막처럼 느껴진

다. 오바마 대통령은 취임 즉시 미얀마를 비롯한 동남아시아 방문을 결정한다. 미국의 중국 포위 작전이 본격화됐다고 한다. 육지로 중국과 국경을 접하고 있는 나라는 모두 14개국에 달한다. 이 가운데 좋은 관계를 유지하고 있는 나라는 북한, 라오스, 파키스탄 정도다. 주변 모든 나라가 중국을 두려운 눈으로 바라보고 있다. 2013년 말 등장한 동지나해 상공에서의 방공식별구역(CADIZ)과, 2014년 1월부터 시행된 남지나해에서의 어업권 설정은 중국의 위협을 실감할 수 있는 증거들이다. 결국 아시아 제국(諸國)의 미국에 대한 의존도와 신뢰는 깊어질 수밖에 없다. 미국은 이미 2011년 7월 아세안 포럼을 통해 미국의 아시아에 대한 관심과 지지가 강화될 것이라고 강조했다. 현재 국방성은 종전에 5대 5로 유지되던 유럽과 아시아 해군력을, 2013년을 기점으로 4대 6으로 재배치한 상태이다.

문학적 수사에 빠진 중국과 한국

하늘에 태양이 둘일 수는 없다. 패권도 둘로 나눠질 수 없다. 중화사상으로 무장한 중국인들이 미국 주도하의 세계 질서에 순응할 리도 없다. 중국인이 미국인 정도의 생활수준을 유지하기 위해서는 지구 11개 정도가 더 필요하다고 한다. "왜 미국에게는 예스

(Yes), 중국에게는 노(No)인가?"라고 반문하는 중국의 추격전은 단 하나의 지구를 무대로 한 '혈투'라고 볼 수 있다. 구적(舊敵) 일본에 대한 집요한 적의(敵意)는, 미·일동맹 뒤에 있는 미국을 겨냥한 것 이다.

언제부터인가 한국 지식사회의 유행어로 정착된 '도광굴기(韜光崛起)'라는 말이 있다. 직역하면 칼의 빛을 감춘 채 참고 기다리다 가, 마침내 벌떡 일어나 맞서 싸운다는 의미다. 현재 중국의 상황 을 보면, 빛을 가리는 것이 아니라 밖으로 드러낸 채 세계를 상대 로 맞서겠다는 생각이 느껴진다. 도광굴기를 둘러싼 한국의 '낭 만적인 분석'과는 달리, 미국인이 보는 중국은 아직 '굴좌(崛坐: 무릎 꿇고 앉아 있는 상태 - 편집자 주)' 정도에 그치는 듯하다. 오랜 세월의 고 통을 이겨낸 뒤 벌떡 일어나는(起) 것이 아니라, 누워 있다가 '자 리를 찾아 제대로 앉는(坐) 정도'라는 분석이다. 칼의 빛을 숨기는 도광론도 동양적 가치관과 미덕으로 표현된 '시적(詩的) 이미지'에 불과하다고 본다. 중국 역사를 살펴보면, 칼을 차고 있으면서도 빛을 발휘하지 않은 적은 한 번도 없었다. 칼을 차는 즉시 그 힘 을 주변에 과시해 온 것이 중국의 어제와 오늘이다.

미국이 보는 중국관의 실상

중국이 아무리 G2의 자리를 원한다 해도 그 결과는 너무도 뻔하다. G2는 미국의 양해에 의해 결정되는 것이 아니기 때문이다. 오바마와의 결판을 통해 G2의 자리를 차지하겠다는 발상 자체가 세계의 상식과 어긋나기 때문이다. 미국은 민주주의 국가다. 누가 대통령이 되건 근본적인 변화는 없다. 민주주의에 대한 가치와 함께 원칙을 지닌 나라다. 중국은 다르다. 지도자와 각종 상황에 따라 원칙과 가치가 변한다. 법치(法治)가 아니라 인치(人治)의 나라가 중국이다. 중국 공산당의 미래만큼이나 예측이 불가능하다. 중국 국내 정치만이 아니라, 외교나 군사 문제도 '변화무쌍'하다.

1989년 천안문 사태 이후 일본 천황이 방문하길 거의 애원하듯 매달리고 원했던 나라가 중국이다. 당시 이뤄진 서방의 대중국 경제 제재를 천황 방문이라는 '깜짝 쇼'로 풀어나가기 위해서였다. 결국 1992년 아키히토(明人) 천황이 중·일수교 20주년을 기념하면서 중국을 공식 방문한다. 상하이(上海)에서는 시민들로부터 열렬한 환영을 받기도 한다. 이후 서방의 대중국 경제 제재가 풀린다.

최근에 외딴섬을 둘러싼 중국의 '힘의 외교'를 보면, 1992년의 화해 무드는 그 어디에서도 찾아볼 수 없다. 시진핑 정부 출범에 맞춰 벌어진 힘의 외교는 중국 외교의 예측 불가능성을 점치게 만드는 좋은 증거다. 사람에 따라 좌우되는 중국 외교의 특성은, 민주주의 국가라는 한국에서도 엿볼 수 있다. 그렇지만 아무리 심해도 중국만큼 극단적이지는 않다.

시진핑 정부 출범과 함께 미국 미디어에서도 중국 패권론에 관한 논의가 있기는 하다. 그러나 결론적으로 얘기해서, 미국을 능가하는 중국 패권론이 대세인 것은 아니다. 한국에서 볼 수 있는 중국 패권 대세론과는 거리가 있다. 미국에서의 중국론은 1970년대 일본, 20세기 말 유럽공동체를 잇는 '시대의 화두(話頭)'로 이해될 수 있을 뿐이다. 인도의 비약도 만만치 않다. 2016년 올림픽을 치르는 남미의 브라질도 주목할 나라이다. 미국이 보는 중국 패권론은 역사적 관점에서 본 세계관을 기반으로 하고 있다. 중국이라는 단일 변수를 통한 패권론이 아니다. 중국을 대상으로 하지만, 역사 속에 부침했던 수많은 제국의 경험과 교훈을 통해 패권론을 논의하는 것이다.

중국이 가진 인구와 국토, 지형적 위치를 고려할 때 한 세대 전의 일본이나 현재의 인도, 브라질을 넘어서는 나라가 될 것이다. 9·11 테러사건 이후 세계에서 불고 있는 반미 분위기를 고려할 때, 미국의 가상적(假想敵)인 중국에 대한 반사이익도 무시할 수 없다. 그러나 미국 입장에서 볼 때 중국은 근본적으로 미국을 능가할 세계의 패권을 쥘 수 없다고 본다. '굴기'를 원하는 중국인의 야심은 이해하지만, 굴기를 지탱해줄 허리가 없다는 것이 가장 큰 이유다. 허리의 핵심은 에너지, 즉 자연 자원이다. 허리를 움직여 활동하게 만드는 힘의 원천인 에너지가 중국 패권론을 대세로 만들지 못하는 가장 큰 원인이다.

『소프트 파워(Soft Power)』로 유명한 하버드대학 조셉 나이 교수는 미국이 중국을 누르는 이유, 중국이 미국을 따라 잡지 못하는 근본적인 원인을 가장 간단하게 설명하는 인물이다. 에너지 독립국으로서의 미국과, 에너지 식민국으로서의 중국에 관한 분석이다. 미국이야말로 세계에서 가장 안정되고 싼 에너지를 갖는 나라가 될 것이라는 것이 조셉 나이 교수의 전망이다. 2023년을 기준으로 할 때, 미국의 해외 석유 수입 의존도는 50% 이하가 될 것이라고 한다. 석유 외의 에너지는 전부 자급자족하는 에너지 독립국이 미래의 미국이다. 현재 전 세계 에너지 업계를 뜨겁게 달구고 있는 '셰일(Shale)'은 미국의 미래를 밝혀주는 블루칩이다.

셰일(Shale)이란 혈암(頁岩)을 의미하는 말로, 입자 크기가 작은, 진흙이 뭉쳐져서 형성된 퇴적암의 일종이다. 원래 가루로 깨 시멘트와 벽돌 재료로 사용했다. 에너지의 관점에서 볼 때 셰일은 가스와 석유로 나눠진다. 주된 것은 가스다. 미국에서 공전의 붐을 일으키고 있는, 가장 각광받고 있는 새로운 에너지원이 셰일 가스다. 2013년을 기준으로, 셰일 가스의 가격은 석유가의 16분의 1 정도에 불과하다. 운송시설을 이용해 외국에 수출한다 하더라도, 석유가의 4분의 1 수준에 머물 전망이다. 셰일 가스가 다량으로 생산된다는 말은 석유를 비롯해 에너지 가격이 전부 내려간다는 의미다. 2009년 미국의 가스 의존도는 전체 에너지 가운데 약 24.7%이다. 2020년이 되면 가스 의존도가 42%로 높아진다고 한다. 전체 소비 가스 가운데 약 50% 정도가 셰일에서 만들어질 전망이다.

셰일 석유 역시 최근의 비약적인 기술 개발과 함께 각광받는 에너지원이다. 2020년까지 셰일 석유의 생산량이 하루 평균 200만 배럴에 달할 것으로 추정한다. 10년 뒤 미국에서 소비되는 석유 에너지의 약 10% 정도이며, 현재 OPEC(석유수출기구) 하루 생산량의 7.5%에 해당되는 규모다. 결론적으로 미국의 석유 자립도가 50%를 넘어서면서 그 어떤 나라에도 없는 '원천적 경쟁력'을 갖게 되는 것이 10년 뒤 미국의 모습이라는 것이다. 시간이 흐르면 흐를수록 미국의 에너지 패권이 한층 강해진다는 것이 조셉 나이 교수의 분석이다.

중국은 어떨까? 중국은 시간이 흐르면 흐를수록 에너지 식민국으로 나아갈 운명이다. 올해 기준으로 대략해서 소비 에너지의 3분의 1정도를 외국에서 수입해야 하는 나라가 중국이다. 중국 관영 기관인 페트로 차이나(Petro China)에 따르면 중국은 2010년 기준으로 수요량의 50% 정도를 외국산 석유로 대처하고 있다고 한다. 하루 석유 필요량인 BPD(Barrels per day) 기준으로, 9.9백 만 BPD 가운데 5.3백 만 BPD가 중국산이다. 석유 소비량과 수입량은 늘지만, 중국산 석유 공급량은 계속해서 축소될 전망이다. 석유만이 아니라, 정제된 석유와 석탄, 목재 등 에너지에 관한 모든 것을 수입하는, 전 세계 에너지 수입대국이 중국이다.

전 세계 에너지의 수입대국인 중국

중국 에너지의 근본은 석탄이다. 바로 환경오염의 주범이다. 노천 광산에서 얻어지는 석탄이 한계에 달하면서 깊고 깊은 곳까지 지하 개발이 이어지고 있다. 그러나 공급이 수요를 따라가지 못하고 있다. 에너지에 대한 허기는 전 세계로 확산된다. 스탠포드 대학의 리처드 몰스(Richard Morse)에 따르면, 2010년 기준으로 전 세계 석탄 거래의 15% 정도를 중국이 차지하고 있다고 한다. 석탄에 대한 중국의 집념은 미국 본토에까지 확대된다. 2009년 중국이 미국에서 수입한 석탄은 약 38만 톤이다. 1년 뒤 2010년의 수입 규모는 약 4백만 톤이다. 1년 만에 11배 가까이 늘었다. 2010년 중국의 총 석탄 수입 규모는 1억 6,000만 톤 정도다. 미국으로부터의 수입 비율이 전체의 2.5%에 불과하지만, 중국에 대한 미국산 석탄의 수출 규모는 매년 최소한 100% 이상 늘어나고 있다. 중국은 2008년까지만 해도 석탄 수출국이었다.

2010년을 전후로 본격화된 중국의 미국산 석탄 수입은 앞으로 펼쳐질 두 나라의 에너지 판세를 읽을 수 있는 좋은 근거다. 중요한 것은 중국의 미국으로부터의 에너지 수입이 점차 확대될 수밖에 없다는 점이다. 석탄만이 아니라, 조셉 나이 교수가 말한 미국의 절대적 우위를 지탱해 줄, 셰일 에너지에 대한 수입도 확산될 수밖에 없다. 에너지 전문가는 중국도 미국에 버금가는 셰일 에너지 보유국이라고 한다. 문제는 물과 기술이다. 셰일 에너지는 정제 과정에서 엄청난 물과 고도의 기술력을 필요로 한다. 중국 셰일 에너지의 대부분은 물과 무관한 지역에 편중돼 있다. 셰일 에너지용 물만이 아니라, 식수와 농업 용수조차 절대 부족한 상태다. 자원은 있지만, 활용할 수가 없다.

아직 출발 단계지만, 미국이 셰일 에너지 개발에 나서면서 중국의 셰일 에너지 수입도 폭발적으로 늘어날 전망이다. 3·11 동일본 대지진 이후 미국산 가스의 일본 수출은 기하급수적으로 늘어나고 있다. 원자력 발전소가 중단되는 과정에서, 부족한 에너지를 미국산 가스로 대체하면서 가스 수출이 폭증한다. 미국산 에너지의 가장 큰 장점은 '안정적이고 장기적'이라는 데 있다. 가격이 아니라, 양이나 질적인 면에서 안심하고 장기적으로 사용할 수 있는 에너지가 '메이드 인 유에스에이(Made In U.S.A)' 에너지다.

중국의 에너지 보고(寶庫)인 중동의 미래가 불투명하다는 점을 감안할 때, 중국이 원하는 최적의 에너지는 바로 미국에서 찾을 수 있다. 미국은 그 같은 중국의 의도를 잘 알고 있다. 불행하게도 중국은 석탄 외에는 미국산 에너지를 수입할 수 없는 위치에 있다. 셰일 에너지 수출은 미국의 동맹국이나 경제 협력 체제하의 나라에만 제공할 수 있다. 그러나 중국은 이미 수차례에 걸쳐 셰일 에너지 수입 의사를 미국 측에 전한 상태이다. 미국은 중국의 요청을 받아들이지 않고 있다. 그러나 전 세계 에너지 전문가들은, 언젠가 미국이 셰일 가스의 중국 수출을 허가할 것으로 전망한다. 이유는 미국 내 셰일 에너지 생산자 보호를 위해서다. 그러나 모든 과정은 정부의 관여를 통해 철저히 통제될 것이다. 석탄에 이어 미국산 셰일 에너지가 중국을 먹여 살리게 되는 셈이다.

아무리 글로벌 시대의 경제라고 하지만, 전 세계 패권을 노리는 나라가 가상적의 에너지로 살아긴 예는 없다. 냉전 당시 소비에트가 미국의 적이 될 수 있었던 가장 큰 이유 중 하나는 에너지 독립국이었기 때문이기도 하다. 동부 유럽에 흩어진 위성국가들은 소비에트가 제공하는 에너지로 경제와 정권을 지켜나갔다. 소비에트의 주변국에 대한 에너지 제공이 중단되는 순간, 전부 위성권에서 벗어난다. 20세기 말 냉전 종식과 소비에트 몰락은 크레믈린이 쥐고 있던 에너지의 통제권이 무너지면서 빚어진 결과다.

총 에너지 소비량의 3분의 1을 수입하는 중국의 대외에너지 의존도도 그렇고, 미국산 에너지만으로 자국의 경제와 군사력이 증강하는 데는 분명 한계가 있다. 어느 정도 감당하기 어려워질 경우, 미국 정부가 수출을 제한할 수도 있기 때문이다. 산업혁명 이후 대부분의 전쟁은 에너지 확보 문제로 직결될 수 있다. 알자스와 로렌 지방의 석탄과 철강석은, 독일이 두 번에 걸친 세계대전을 일으킨 가장 큰 이유다. 동남아시아 석유 라인의 통제는 일본이 미국을 상대로 전쟁을 벌인 이유 중 하나이다. 평화시에는 서로를 돕지만, 위기시에는 상대의 목숨을 끊는 비수(匕首)로서의 역할을 하는 게 에너지다. 조셉 나이 교수가 말한 21세기 미국우위론은 과장이거나 백인 우월주의에 기초한 거만한 발상인 것만은 아니다. 역사가 증명한, '에너지의 이면(裏面)'을 통해 본 실증주의적 전망이다. 세계 패권은 군사력과 경제력 이전에, 에너지 패권에서부터 시작된다. 중국은 근본적으로 그 같은 패권에서 멀리 떨어져 있다.

아름다운 나라(美國)와 쌀의 나라(米國)의 차이

에너지 문제는 중국이 미국을 누르는 패권국이 될 수 없다는 사실에 대한 '객관적인' 이유에 해당한다. 한때 나름의 능력을 통해 세계 패권을 꿈꾼 나라들이 왜 중도에 탈락해야만 했는지를 설명해주는 근거다. 미국인이 보는 중국 패권론의 한계는 객관적 이유로 설명되는 것만은 아니다. 중국인 가슴 속에 남아있는 '주관적' 요소에서 답을 찾는 사람도 많다. 미국을 미국(米國)이 아닌, 미국(美國)이라 부르는 것이 미국과 중국의 충돌을 막는 주관적 배경이 될 수 있다는 것이다.

잘 알려진 대로 중국이 부르는 미국(美國)은 '아름다운 나라'라는 의미로 사용된다. '쌀의 나라'라는 뜻의 미국(米國)은 일본이 부르는 국명이다. '米國'과 '美國'은 미국을 어떤 관점에서 대하는지를 구별 짓는, 일본과 중국이 가진 대미관의 압축판이라 볼 수 있다. 한때 중국은 미국의 호칭을 베트남식 발음을 따 '후와구어(花旗国)'라 부르기도 했다. 성조기의 별을 꽃으로 보면서 부른 국명이다. 이후 아메리카를 음역한 '아미리카(亞美利加)'란 말이 도입된다. 아름다운 나라 '미국'이린 국명은, 아미리키의 '미(美)'를 후와구어의 이미지로 연결해 완성된다. 일본에서 통용되는 '쌀의 나라'의 유래는, 메이지시대 당시 아메리카를 '메이리칸(米利堅)'이라 부른 것에서 시작된다. 이후 중국식 명칭인 아미리카(亞美利加)란 말이 일본에 들어오지만, 일본은 원래 부르던 쌀(米)을 미(美) 대신 사용해 명칭을 '아미리카(亜米利加)'로 통용한다.

'쌀의 나라'라는 말에는 경제적 관점이 들어가 있다. 지금도 똑같지만, 근대화 이전에 쌀은 돈의 대명사다. 19세기 말 일본인이 미국을 둘러본 뒤 느낀 소감은 '쌀과 음식이 넘치는 풍요한 나라'로 집약될 수 있다. 경제 동물 일본의 모습은 지금이나 100년 전이나 똑같다. 이에 비해 중국은 감성적인 차원에서 접근하고 있다. 아름답고 화려하고 즐거운 나라가 미국이다. 일본처럼 돈의 관점으로 보지 않는다. 심성적·감상적·주관적 판단이다. 일본이 형이하학이라면 중국은 형이상학에 해당한다고 볼 수 있다. 흥미로운 것은 한국이다. 한국은 중국처럼 미국을 아름다운 나라, '美國'으로 대하고 있다. 중국 문화권의 영향이며, 반일(反日) 감정에 따른 당연한 결과라 볼 수 있지만, 한국이 처음 접한 미국의 이미지만을 본다면 '미국(美國)'이 아닌, '맥국(麥國)'으로 부르는 것이 옳을 듯하다. 한국전쟁 후 미국의 배급 식량으로 연명해야만 했던 한국인에게 비쳐진 미국의 이미지 때문이다. 그것은 밀가루다. 한자로는 '소맥(小麥)'으로 풀이되지만, 도움을 준 나라인 만큼 '소(小)'자를 빼고 맥국이라 불렀음직하다. 한국인의 눈에 비친 미국이 아니라, 중국인의 눈에 비친 미국(美國)이 한국에 정착된 것이다.

중국이 '아름다운 나라'로, 일본이 '쌀의 나라'로 부른 이유 중에는, 미국을 처음으로 경험한 사람들의 배경과도 관련지을 수 있다. 중국은 황제 측근의 권력자들이 미국을 처음으로 만나게 된다. 일본은 메이지유신을 지지하거나 직접 참가한 하급무사나 평범한 사람들이 미국을 처음 만난다. 1871년 12월 미국에 건너간 이와쿠라(岩倉) 사절단의 참가자는 20대 전후의 젊은 신진들이다. 노회한 권력자와 청년 지사(志士)가 보는 세계관은 다를 수밖에 없다. 미국을 아름다운 나라의 대명사로 신뢰하는 중국인의

'주관적 편견(?)'은 19세기 말만이 아닌, 1930년대 대일(對日) 항전을 통해 한층 더 굳어진다. 1972년 닉슨 대통령의 베이징 방문 당시 중국지도부가 비공식적으로 감사의 뜻을 표명한 '플라잉 타이거즈(Flying Tigers)'가 그 주인공이다.

'플라잉 타이거즈'는 전투비행단의 이름이다. 1930년대 중·일 전쟁 때 수세에 몰린 국민당을 지원하기 위해서 창설된, 미국 의용군(American Volunteer Group –AVG) 소속 부대이다. 서울 이태원에 가면, 국민당 정부의 상징인 청천백일기와 미국 국기가 함께 악수를 하는 그림이 그려진 점퍼를 볼 수 있다. 플라잉 타이거즈의 비행조종사가 입었던 AVG 전용 가죽점퍼다. 플라잉 타이거즈는 일본 일부학자들이 주장하는 진주만 공격의 근거이기도 하다. 미국이 국민당과 함께 일본군을 적대시한 상태에서, 자위 차원에서 진주만 공격에 나섰다는 주장이다. 그러나 미국정부는 AVG 요원을 국방성 산하의 공군요원으로 보고 있지 않다. 당시 루스벨트 대통령의 동의하에 정부에서의 자금이 비밀리에 제공되기는 했지만, AVG가 돈에 좌우되는 용병이기 때문에 이를 개인적 차원의 참전으로 규정한다.

장제스(蔣介石)에 의해 비호대(飛虎隊)라 불린 비행단은, 총 100여 기의 전투기와 100명 정도의 조종사, 200명의 정비사로 구성돼 있다. 조종사는 미국인 뿐 아니라, 프랑스, 영국, 이탈리아, 러시아, 독일인도 포함돼 있다. 목숨을 건 일인 만큼, 1개월 급료는 보통 사람의 1년분에 달했다고 한다. 플라잉 타이거즈는 중국인 모두가 알고 있는 신화적 존재다. 플라잉 타이거즈에 관련된 것은 중국과 미국의 우호관계를 상징 짓는 '신성한 유물'로 다뤄진다.

플라잉 타이거즈와 미국

플라잉 타이거즈는 중국이 미국을 '아름다운 나라'라고 부르는 근거 중 하나다. 서방 제국은 19세기 중엽부터 시작된, 중국에 가해진 고통의 주범들이다. 마약을 팔고, 땅을 뺏고, 역사적 유물을 강탈한 강도가, 중국인에게 비쳐진 서방의 모습이다. 미국은 그 같은 '더러운 역사'와 무관한, 극히 예외적인 나라다. 행운인지 불행인지, 유럽의 중국 침략이 본격화되던 19세기 중반의 미국은 자기 앞가림하기에도 힘든 시련기의 연속이었다. 1861년부터 5년간 이어진 남북전쟁과 이후의 뒤처리, 곧이어 서부 개발 등으로 외국에 눈 돌릴 틈이 없었다. 당시 독립 100여년에 불과한 신생국 미국은 중국을 괴롭히지 않은 유일한 나라로 남게 된다.

　1930년대 플라잉 타이거즈는 그 같은 '뜸한 관계' 속에서 이뤄진, 초유의 첫 만남이라 볼 수 있다. 중국인이 미국을 아름다운 나라로 계속 부르게 하는 배경이 된다는 것이다. 이미 80여년 전에 만들어진 친미(親美) 유전자를 감안해 볼 때 중국의 반미는 제한

적이 될 수밖에 없다는 것이다. 미국을 대표하는 지성 중 한 명인 일본계(日本系)의 프랜시스 후쿠야마 박사는 1930년대에 맺어진 미국과 중국 간의 우정은 국민당이나 공산당에 관계없이 양국을 하나로 이어주는 중요한 연결고리라고 말한다. 중국의 미국에 대한 신뢰의 출발점이 바로 플라잉 타이거즈라고 말한다.

만일 플라잉 타이거즈라는 존재가 없었다면, 1972년 이뤄진 닉슨 대통령의 베이징 방문도 그토록 전격적으로 이뤄지지 않았을 것이라고 한다. 아직까지 살아있는 키신저 박사는 플라잉 타이거즈와 닉슨을 잇는 21세기판 미·중 우호의 상징물이다. 1941년 12월 7일, 미국을 적으로 돌리면서 기습 전쟁에 나섰던 일본과는 전혀 다른 나라가 중국이라는 것이다. 패권을 위해 미국과 극단적으로 대립하는 일은 결코 있을 수 없다는 논리이다.

미국에서 볼 수 있는 중국관은 패권론이 아니라, 위협론 차원에 그치는 듯하다. 19세기 말 처음 등장해 이후 20세기 초 정착된 이른바 '옐로우 페릴(Yellow Peril)' 정도라고 볼 수 있다. 즉 황화론(黃禍論)이다. 유럽과 미국에서 조금씩 다른 의미로 통용되지만, 간단히 얘기하자면 엄청나게 몰려온 중국인들이 서양의 고귀한 문명과 문화를 파괴한다는 뜻으로 집약할 수 있다. 중국인의 끈질긴 생명력에 놀란 보호본능적 발상이라고 볼 수 있다. 황화론은 1920년대 미국 내 중국인들의 이민을 금지하는 법의 근거가 되기도 한다.

음모의 대명사 후만추

중국위협론을 상징하는 것으로는 서양인 모두가 알고 있는 유명한 소설 『닥터 후만추(傳滿洲: Fu Manchu)』를 빼놓을 수 없다. 영국 작가 삭스 로머(Sax Rohmer)가 쓴 17권에 달하는 시리즈 소설물이다. 소설 속 주인공 후만추는 원래 베이징에서 한방의(韓方醫)를 하던 인물이다. 19세기 의화단 사건에 휘말려 처자식이 백인에게 살해된 뒤 복수를 다짐하면서 세계 정복에 나서는 황당무계한 인물이다. 절대 총을 사용하지 않고, 고문을 통해 고통스럽게 사람을 죽이는, 음모와 계략에 능한 악당의 대명사이다. 소설만이 아니라, 영화·만화 등으로도 만들어진다. 길게 기른 콧수염과 긴 손톱, 가는 눈과 둥근 모자는 후만추를 특징 짓는 캐릭터다. 대머리로 나오지만, 영화 「캐리비안의 해적」 3편에 등장하는 중국 해적 저우룬파(周潤發: 주윤발 – 편집자 주)의 이미지를 떠올리면 된다. 구글이나 유튜브에 들어가 후만추를 찾으면 어떤 인물상인지 충분히 이해할 수 있을 것이다. 영화에 등장하는 중국인 이미지의 상당 부분은 소설 후만추의 캐릭터를 원형으로 한다.

후만추 시리즈는 1910년대 처음 출간된 이래 공전의 히트를 기록하면서 서방권의 베스트셀러로 자리 잡는다. 그러나 중국이 개방에 들어선 1980년대 이후 자취를 감춘다. 마오쩌둥(毛澤東) 모자를 쓴 중국 공산당이 만주인 복장을 한 후만추를 대신하게 된다. 흥미로운 것은 최근 시작된 후만추 복간 붐이다. 100년 전에 출간된 『후만추의 운명』을 시작으로 수십 권의 복간이 이뤄진다. 아마존(Amazon) 책 매장에 들어가 키워드로 'Fu Manchu'를 치면 1,025권의 책들이 나온다. 디지털로 만들어졌기 때문에 곧바로 다운로드해서 읽을 수도 있다. 황화론이 IT 시대를 통해 다시 부활한 것이다. 후만추가 패권론이 아니라, 위협 수준에 머무는 이유는 무엇일까? 너무도 간단한 얘기지만, 후만추가 소설이나 영화 속에서 한 번도 '작전을 성공시킨 적이 없는 인물'로 등장하기 때문이다. 머리 회전도 빠르고 재력과 능력을 갖춘 인물이지만, 잔인하고 의리가 없는 캐릭터가 후만추다. 세계 지도자감이 될 수 없는 인물인 것이다.

미국이 지닌 중국관은 100여 년에 걸친 미·중 역사를 통해본 중후장대(重厚長大: 무겁고 두텁고 길고 크다는 의미 - 편집자 주)형 분석이라 할 수 있다. 갑자기 한국의 신문과 방송을 뒤덮은, 시진핑과 '라오펑요우' 관계라고 하는 한국의 정치인·기업인·외교관을 통한 중국관과는 질적으로 다르다. 여담이지만, 개인적으로 잘 알고 있는 베이징 출신 40대 중반의 중국 외교관에게 21세기 중국인의 라오펑요우 개념을 물어봤다. "그런 거 등소평 이후 전부 끝났습니다. 장정(長征) 출신들이야 고생을 하면서 어쩔 수 없는 라오펑요우로 가지만, 결코 입으로 라오펑요우라 말하지 않았습니다. 입으로 꺼내는 순간, 가짜라고 보면 됩니다. 그런 것 지금 중국에 없습니다. 오직 피(血), 즉 가족만 있을 뿐입니다."

1992년 중국과의 국교 수교 이후 20년 이상의 시간이 흘렀다. 강산이 몇번 변하는 세월이지만, 경박단소(輕薄短小: 가볍고 얇고 짧고 작다는 의미 - 편집자 주)형 중국관은 과거나 지금이나 변하지 않은 듯하다. G2나 중국 패권론을 말하기 전에 한국과 쌓아온 지난 역사의 흔적을 더듬고 교훈을 찾아내는 것이 중요하다. 이것이 미국의 중국관에 관심을 둘 수밖에 없는 이유이기도 하다.

2020 도쿄올림픽과 한국

우화(寓話)인 '늑대와 양치기 소년'의 교훈은 단순히 '거짓말하지 말라'에 국한되지 않는다. 양치기 소년의 수하(手下)에 있는 양들의 운명이 거짓말 하나로 인해 한순간에 몰살될 수 있다는 것이 이 우화의 교훈 중 하나다. 양치기 소년 혼자가 아니라 양의 길잡이, 즉 리더의 판단이 정확해야만 한다는 것이 우화 속에 드리워진 진짜 교훈이다.

한국의 양치기 소년, 다시 말해 현재의 한국 지도자들을 보면 400여 년이 훨씬 넘은 임진왜란 당시의 모습을 떠올리게 한다. 최근 한국 신문을 보자. 임진왜란 2년 전인 1590년, 조선통신사

부사(副使)로 일본에 파견된 김성일(金誠一) 스타일의 '통 큰' 발언과 행동이 대한민국 방방곡곡에서 울려 퍼진다. 도요토미 히데요시(豊臣秀吉)를 "눈에 광채가 있고 담략이 남달라 보였다."고 보고한 정사(正使) 황윤길(黃允吉) 식의 정세 판단은 아예 뒷전에 밀려나 있다. "눈이 쥐와 같고 생김새는 원숭이 같으니 두려울 것이 없다."라고 말한 김성일의 '호연지기(浩然之氣)'가 커다란 활자와 함께 신문 한가운데를 차지하고 있다. 어느 장관은 일본을 '애'라고 표현하고, 한 여당 국회의원은 "한국을 얕잡아 보니까 세계무역기구(WTO)에 수산물 수입금지 조치를 제소하는 것"이라고 말한다. 만약 일본이 한국을 '애'라고 표현한다면 한국인은 어떤 식의 반응을 보일까? 과연 중국에 대해 '애'라는 표현을 쓸 수 있을까? 닳고 닳은 경제 동물 일본이 우리가 자신을 얕잡아본다는 감정에 사로잡혀 국제기구에 제소를 하게 될까?

일본을 두둔하자는 것이 아니다. 한국에 넘치는 양치기 소년들의 한바탕 퍼포먼스를 보면, 일본은 이빨도 머리도 없는 무기력하고 모자라는 나라처럼 보인다. 미국정부는 "일본의 집단적 자위권(Collective Self-Defense)을 적극 지지한다."고 공식화했다. 이와 관련한 심층기사가 쏟아져 나오고 정부의 대응책이 나온다고 한다. 집단적 자위권은 아베의 등장과 함께 이미 예정된 수순이다. '뭔가 일이 터졌는가' 식으로 대응하는 한국의 '때늦은 반응'이 신기하게까지 느껴진다. 늑대라고 외치는 것만이 능사가 아니다. 적절

한 타이밍에 맞춰 경계경보를 울리는 것이 더더욱 중요하다.

2020 도쿄올림픽과 감정적 정세 판단

2020년 도쿄올림픽에 대한 한국 내 반응을 보면, 김성일의 통 큰 세계관이 얼마나 위력을 발휘하고 있는지 알게 된다. 올림픽 유치 발표 이전은 물론, 올림픽 개최지로 공식 결정된 이후에도 2020 올림픽에 관한 제대로 된 분석과 전망이 거의 없다. 2020 도쿄올림픽은 바로 이웃에 위치한 나라에도 결코 적지 않은 영향을 줄 것이다. 스포츠나 경제만이 아니라, 외교·국방·사회·문화 등 입체적인 측면에서 도쿄올림픽의 열풍은 한반도에 미칠 것이다. 올림픽은 모두가 행복해지고 모든 것을 이길 수 있다는 윈윈 게임의 대표적인 본보기다. 세계 최대·최고 규모의 소프트 파워 경연장이란 점을 감안할 때 한국에도 긍정적인 영향이 밀어닥칠 것이다. 그러나 신문에 나타난 대부분의 기사는 부정적이고 음울한 내용으로 채워져 있다. 유치 결정이 내려지기 직전까지 한국 신문에 실린 기사를 살펴보자. '세계 네티즌 도쿄올림픽 유치 반대 서명운동, 동아시아 외교 마찰로 일본 2020 도쿄올림픽 유치 비상, 후쿠시마 원전 사태 일본 올림픽 유치 노력 위협……'

2020년 도쿄올림픽에 관한 자세는, 베이징올림픽 개최가 결정됐던 2001년 7월 당시 한국 내 여론과 크게 비교된다. '베이징올림픽이 한국 경제에 미치는 영향, 베이징 특수 머뭇거리면 화중지병(畵中之餠), 베이징올림픽 이후 중국의 변화와 한국의 대응, 베이징올림픽과 중국의 웅비(雄飛), 중국 관광 유치 확대 지원 방안, 베이징올림픽의 한반도 평화통일 효과……' 당시 상황을 인터넷으로 살펴보면, 글의 종류도 많지만 내용 또한 우호적이고 긍정적이다. 도쿄올림픽에 관한 부정적 기사는 유치 결정이 난 뒤 한층 더해진다. 방사능 피해와 지하수 오염 문제로 인해 올림픽 개최가 어려워질지 모른다는 식의 기사가 대세다. 좌 성향의 일본 단카이 지식인의 글이 마치 일본 전체를 대변하는 듯한 글로 둔갑해 한국에 전달됐다.

도쿄가 올림픽을 치르게 되면서, 2024년 올림픽을 준비해온 부산이 한숨을 쉬게 됐다는 뉴스도 있다. 스페인이나 터키가 도쿄를 누르고 2020년 올림픽 유치를 할 것이란 가정하에 부산올림픽을 준비했다고 한다. 도쿄올림픽 개최를 둘러싼 정세 판단 기준은 '눈의 광채나 얼굴 생김새'로 세상사를 이해했던 조선 주자학의 세계관과 비슷하다. 전 세계가 중국과, 소중국인 한국 중심으로 움직인다는 식의 세계관이다. 부산이 어느 선까지 나섰는지 모르지만, 올림픽 개최를 둘러싼 막후(幕後) 스포츠 외교의 흐름에 관심을 가졌다면 전혀 다른 대응책을 모색했을 것이다. 2020년의 올림픽 유치와 관련한 스포츠 외교의 하이라이트는 일본과 프랑스의 연대(連帶)다. 올림픽은 3회, 즉 12년 내에는 같은 대륙에서 치르지 않는다는 암묵의 룰(rule)이 있다. 프랑스는 줄기차게 올림픽 유치에 주목해온 나라이다. 2008년, 2012년 두 차례 올림픽 유치를 희망했지만, 베이징과 런던에 패한다. 일본도 프랑스처럼, 2008년부터 올림픽 유치를 희망한 이래 2016년과 2020년, 유치전에 뛰어든다. 파리는 이미 두 번이나, 도쿄는 1964년 올림픽을 개최한 유경험 국가라는 공통점을 갖고 있다.

유럽의 프랑스와 아시아의 일본은 적인 동시에 동지가 될 수 있다. 이유는, 12년 내 동일 대륙 내 올림픽 유치 금지라는 룰 때문이다. 두 나라는 동시에 결승에 올라가지 않는 한, 서로 도와주는 동지로서의 관계를 가질 수 있다. 2020년의 올림픽이 그러하다. 스페인, 마드리드가 올림픽을 유치할 경우 같은 유럽권인 파리올림픽 유치는 2032년 이후에나 가능하다. 프랑스는 스페인 타도에 가장 앞선, 일본의 친구로 변신한다. 스페인은 일본의 적인 동시에, 사실상 프랑스의 경쟁자에 해당된다. 일본은 프랑스의 지지를 기반으로 2024년 올림픽의 파리 개최를 적극 지지하겠다고 약속한다.

필자의 주관적 판단이지만, 특별한 이유가 없는 한 2024년 올림픽 개최지는 파리로 낙찰될 것이다. 일본의 지지를 바탕으로 한, 친일(親日) 국가들의 표가 프랑스로 몰리게 될 것이다. 2013년 9월 8일 일요일 아침, 아르헨티나 부에노스아이레스에서의

2020년 올림픽 유치 결정전에서 스페인이 1차 투표에서 탈락한 것은 바로 그 같은 막후 정치의 결과이다. 터키의 이스탄불은 사실 유치 결정전이 치러지기 직전부터 상대가 될 수 없었다. 터키 스스로가 올림픽 경기를 치를만한 능력이 없다고 고백할 정도였다. 이슬람 국가 터키에 대한 유럽의 보이지 않는 차별과 경계는 일본의 개최를 확신시켜주는 절대상수(絶對常數)였다.

한국 언론은 이미 올림픽 경기장을 90% 가까이 완성한 스페인의 마드리드, 무슬림국가로서 초유의 올림픽 개최국이 될 터키가 2020년의 주인공이 될 것이라 전망했다. 사실 전망이 아니라, 희망사항이었다고도 볼 수 있다. 일본이 유치국이 될 것이란 얘기는 국제올림픽위원회(IOC)의 최종발표가 있기까지 전무했다. 대부분의 한국인이 도쿄올림픽 개최소식에 대해 '깜짝' 놀랐던 것은 당연하다. 올림픽 개최지를 둘러싼 한국의 국제정치와 외교적 감각을 보면 해도 너무한다는 생각이 든다. 올림픽 개최를 결정하는 IOC 위원의 수는 전부 115명이다(2013년 6월 기준). 한국의 이건희 삼성그룹 회장도 그중 한 명이다. 주목할 부분은 IOC 위원의 대륙별 분포다. 유럽이 49명에 달한다. 아시아는 24명, 미국과 아프리카가 각각 15명에 불과하다. 사실상 유럽이 차기 개최지 결정권을 갖고 있다고 볼 수 있다. 초등학교 교과서에 나오지만, 1896년 그리스에서 시작된 근대 올림픽의 산파 역할을 한 인물은 피에르 드 쿠베르탱(Pierre de Coubertin)으로, 프랑스인이다. 올림픽에 관한 한 프랑스의 영향력이 얼마나 강할지 추정할 수 있을 것이다. 일본은 바로 그 같은 현실과 상황을 정확히 파악했다. 2008년 베이징올림픽 개최 이후 12년이 지난 2020년, 프랑스와의 막후 스포츠 외교를 통해 일본은 올림픽 유치권을 획득한다.

2020년 도쿄올림픽 유치는 방사능이라는 올림픽 역사상 전대미문의 난관(難關)을 극복한, 일본 외교의 승리다. 눈빛이나 얼굴 생김새가 아닌, 하늘 아래 공짜가 없고 일회성 감정과 거리가 먼 국제 무대에서의 정확한 판단에 기초한 승전보다. 올림픽 개최가 세계사를 뒤집어놓을 만한 일은 아니다. 그러나 작은 생선을 대하는 자세를 보면, 큰 생선을 요리할 능력 여부를 알게 된다. 도쿄올림픽 개최 문제를 찬미하자는 것이 아니다. 도쿄로 최종 결정될 때까지 보여준 일본과 다른 나라 사이의 막후 외교에 관해 무관심한 한국이 안타까울 뿐이다. 이미 게임이 끝난 뒤에도 이의(異意)를 달기에 여념이 없다. 일본이라는 나라는, 한국에 국한된 일본이라는 틀만으론 이해하기 어렵다. 국제 무대에서의 일본이라는 틀 안에서 그들을 이해할 때에만 답을 찾을 수 있게 된다.

김홍집과 중국공사

언제부터인지 모르지만, 중국은 한국인의 일본관을 결정하는 상

수(常數)로 정착된 듯하다. 'APEC 정상회의에 참석한 박 대통령, 중국의 시진핑과는 화기애애, 나란히 앉은 일본의 아베와는……' 이런 식의 기사가 자주 등장한다. 친구 관계로 접어든 한국·중국과 달리, 동북아 변방으로 전락한 일본이라는 식의 뉘앙스가 글 속에 들어가 있다. 일본을 분석하는 글 중 상당수가 중국발 신문에 의존하는 것도 최근 한국 언론에 나타난 현상 중 하나다. 특히 홍콩발 뉴스가 일본을 대하는 새로운 정보원으로 자리 잡고 있다. 중국관영 신화사 통신이나 인민일보를 인용한 기사도 많지만, 홍콩발 기사도 늘고 있다. 자유 언론의 냄새가 풍기는 지역이란 점을 고려해서 보다 빈번하게 인용되는 듯하다. 대략 「문예보(文藝報)」 「명보(明報)」 「대공보(大公報)」 같은 신문이 한국 신문에 자주 오르내리는 홍콩발 일본뉴스의 원천이다. 결론부터 말하자. 홍콩에서 발간되는 신문의 9할 이상은 친중 노선의 미디어이다. 중국이 말하고 싶은 것을 대변하는 공산당 미디어라 보면 된다. 홍콩밖에 서버를 둔 민권운동에 주목하는 「핑바오(苹報)」 이외에는 전부 관영매체다. 따라서 일본은 물론, 미국이나 세계 정세에 관한 모든 분석이 중국공산당의 지침에 따른 것이라 보면 된다. 2020 올림픽 유치 결정 회의가 이뤄지기 전 나온 '중국이 도쿄올림픽 개최 여부를 결정하는 키(Key)'라는 황당한 뉴스도 홍콩발 정보를 무차별적으로 수용한 결과이다.

　사실, 중국이 한국의 일본관을 형성하는 주된 상수로 자리 잡은 것은 어제 오늘의 문제가 아니다.

1876년, 조선은 일본의 무력 앞에 강화도조약을 체결한다. 중국이란 단 한 나라를 통해 세계를 상대해온 조선은 일본의 근대식 무기 앞에 무릎을 꿇었다. 그러나 1842년 아편전쟁에 패한 중국 역시 난징(南京)조약 이후 천천히 그러나 확실히 무너져가고 있었다. 조선은 조약 체결 후 일본의 권유에 의해 3차에 걸쳐 일본수신사를 파견하게 된다. 일본은 자신의 변화를 보여주면서, 일본식 개혁을 한국에 입식(入植)하려 했다. 물론, 친일파를 만들어 조선 내 일본의 위상을 강화하려는 것도 수신사 파견의 주된 목적 중 하나였다.

보통 상식을 갖춘 사람이라면, 당시 수신사 활동을 통해 일본 근대화의 비밀을 알아보는 것이 순서일 것이다. 그러나 당시 세계 흐름에 무심했던 조선의 지식인들은 일본에 가서도 '어제의 습관'을 버리지 못했다. 일본까지 가서도 중국을 통한 세계관에 매달린다. 대학 입시에 자주 등장하는 「조선책략(朝鮮策略)」이란 문건이 그 주인공이다. 김홍집이 주축이 된 제2차 수신사가 도쿄를 방문했을 당시 들고 온 문건이다. 잘 알려져 있듯이 러시아에 맞서기 위해, 친중(親中)·연미(聯美)·결일(結日)로 나아가야만 한다는 것이 「조선책략」의 중심 생각이다. 당시의 시대적 상황으로 볼 때, 세계에 눈을 뜬 지식인이라면 누구나 생각할 수 있는 정세관 중 하나이다. 「조선책략」의 저자는 황준헌이다. 일본 내 청나라

공사의 참사관이다. 청나라 자체가 이미 영국, 프랑스 등 유럽 열강으로부터 식민지화되고 있는 상황임에도 불구하고, 적(敵)은 유럽이 아닌 러시아라고 강변한다. 세계를 지배하던 영국이 만들어낸 국제 정세관에 기초한 판단이다. 영국의 세계관을 일본이 그대로 받아들이는 과정에서 도쿄에 머물던 황준헌은 반영(反英)이 아니라, 반러(反露)를 상식으로 받아들인다.

중국 외교관 황준헌의 세계관에 대해 이의를 달 의도는 전혀 없다. 도쿄의 청나라 공사관까지 찾아간 조선수신사의 방일 행적이 너무도 한심스럽게 느껴질 뿐이다. 수신사들의 도쿄 방문의 중심은 일본 근대화에 관한 노하우를 얻거나 국가 전략에 관해 연구하기 위해서가 아니다. 겨우 참사관급에 불과한 청나라 외교관 한 명을 면접해, 정세 분석 충고를 받은 것이 최대 수확물이다. 이미 일본 내에서 활동하던 미국, 유럽 등의 외교관을 만날 생각은 아예 없었다. 외국 정보에 대해서도 무심했다.

일본은 조선수신사 파견에 앞선 1871년, 107명에 달하는 외국 문물 시찰단을 구성한다. 시찰단의 대표인 이와쿠라 도모미(岩倉具視)의 이름을 딴, 이른바 이와쿠라(岩倉) 사절단이다. 무려 1년 10개월에 걸쳐, 미국을 시작으로 전 세계 10여 개국 이상을 탐험한다. 무기 제조, 공장 건설, 법률, 금융 교육과 같은 총론 차원의 문제만이 아니다. 처음으로 경험한 엘리베이터 시승기에서부터, 유럽의 가스등과 대량생산된 영국의 과자 맛에 관한 각론에 이르기까지, 서양 문물의 모든 것이 전부 기록된다. 결과적으로 19세기 말, 20세기 초 일본을 이끈 지도자 대부분이 107명의 시찰단에서 탄생한다. 가장 어린 나이로 시찰단에 참가한 이토 히로부미(伊藤博文)는 시찰중 목격한 독일헌법을 천황제로 연결한 뒤, 초대 총리에 오른다.

이미 130여 년 전에 발생한 조선수신사의 역사를 조상을 탓하는 근거로 삼자는 것이 아니다. 불과 5년 차이로 이뤄진 한·일 외국 문물 시찰단의 자세나 입장이 너무도 다르다는 점이 놀랍게 느껴질 뿐이다. 왜 당시 조선의 최고 지식인들은 일본을 넘어선 세계에 관심이 없었을까? 일본수신사 파견 이후 행해진 영선사 사절단은 왜 미국이나 유럽이 아닌 중국 톈진(天津)에서 무기 제조법을 배웠을까? 왜 조선은 끝없이 추락하는 중국에 집착했을까? 왜 군함이나 무기류 개발과 같은 부국강병 문제에 주목하지 않았을까? 이 모든 의문에 대한 답을 하나로 집약하기는 어렵다. 어렴풋하게 내릴 수 있는 답 중 하나로, 변방의 우물 안 개구리 수준에 머문 좁은 세계관이 이유일지 모르겠다. 밖에 나가는 순간 무용지물이 될지 몰라도, 국내용으로나 써먹을 수 있는 주관적이고도 감정적인 대응이 결국 식민지 역사를 만들었고, 나아가 한국전쟁으로 이어졌다. 그 상흔은 수십 년, 수백 년이 지난 지금도 이어지고 있다. 모든 것이 일본 제국주의의 탓이고, 나라를 넘긴 친일파의 잘못에서 비롯된 것일까? 냉전 당시 미국과 소비에트의 세력 팽창의 역사적 과정에서 어쩔 수 없이 일어난 약소국의 비극이 한국전쟁의 이유일까? 눈빛과 얼굴, 생김새로 세상을 판단하던 습관이, 과연 한국 역사의 무대에서 완전히 사라졌다고 말할 수 있을까? 역사가 말해주듯, 아무리 강력한 적을 만나도 승기(勝氣)의 출발점은 외부가 아닌 내부에 있다. 거꾸로 말하자면, 적은 항상 내부에 있다.

수산물 수입금지와 WTO

최근 일본의 한국에 대한 외교 방침 중 '국제기구를 통한 문제 해결'이란 방침이 두드러진다. 독도 문제를 국제사법재판소에서 다루자는 것에서부터, 2013년 초 한국정부가 내린 일본산 수산물 수입금지 문제를 세계무역기구(WTO)에 제소하려는 움직임 같은 것들이다. 국제법을 통해 한·일 현안을 해결하자는 논리다. 독도 문제에 관해 한국정부는 일본의 줄기찬 방침에 대해 묵묵부답으로 일관하고 있다. 한국의 주권이 미치는 사실상의 영토임을 감안할 때 굳이 국제법을 통해 다시 한 번 확인 받을 이유가 없다는 것이 묵묵부답의 근거라 볼 수 있다. 영토 문제엔 양보가 있을 수 없다. 그러나 사실상의 주권이 한국 내에 들어서 있는 상태라는 점을 감안할 때 긁어 부스럼을 만들기보다 침묵 모드로 나가는 것이 한층 지혜롭다고 볼 수 있다.

일본이 국제법을 통한 해결 방안에 집착하는 이유는 이길 수 있다는 확신을 갖고 있기 때문이라고 볼 수 있다. 독도 문제가 네덜란드 헤이그 국제재판소에 넘겨질 경우 과연 어떻게 될까? 국제법 전문가가 아니기 때문에 어떤 결과가 날지는 모르지만, 국제정치라는 관점에서 볼 때 그 결과는 결코 한국에 유리하지 않을 것이라 판단된다. 상식적이지만, 국제법은 강대국이 가진 또 다른 변형된 힘에 불과하다. 각종 자료나 문헌이 국제사법재판소에 제공되겠지만, 최종 결정권은 사람의 손에 달려 있다. 부정하는 사람도 있겠지만, 국제 무대에서 일본의 위상은 한국이 상상하는 것 이상이다. 2020년 도쿄올림픽은 프랑스와의 막후 외교만이 아니라, 일본이 가진 국제 무대에서의 위상을 적극 활용한 결과이기도 하다.

국제사법재판소는 작은 국제연합(UN)에 해당한다. 국제법 전문가만이 아니라, 실제 UN 출신 외교관들도 중책을 맡고 있다. 국제법만이 국제정치에 근거해 법을 집행한다는 의미다. 국제사법재판소의 핵심은 15명에 이르는 최고 재판관이다. 대륙별로 아시아 3인, 아프리카 3인, 중남미 2인, 동유럽 2인, 서유럽 5인이 구성원이다. 15명 중 5명은 유엔안전보장이사회 상임이사국 출신인물로 채워져 있다. 국제정치의 현실을 반영하듯 '결코' 공평하지 않은 힘을 배경으로 한 조직이라는 점을 알 수 있다. 일본의 위상은 어떨까? 현재 15명의 최고 재판관 중에는 '오와다 히사시(大和田恒)'가 있다. UN 일본대사를 역임한 인물로, 2012년 12월부터 최고 재판관으로 일하고 있다. 일본에 관심이 있는 사람이라면 오와다 재판관이 어떤 사람인지 쉽게 알 수 있을 것이다. 현재 일본 황실 황태자의 부인인 마사코(雅子)의 아버지이다. 국제사법재판소에서의 일본의 위상이 어느 정도일지 충분히 짐작할 수 있을 듯하다. 개별 국가의 이익보다 국제 평화와 번영을 위한 재판이라는 명분이 따르겠지만, 실제는 '주고 받는' 국제정치의 연장선에 있다고 볼 수 있다. 옳고 그른 것을 심판하는 것이 아니다. 모두를 만족시켜주는 결론은 무엇인가, 라는 것이 답이다. 독도 문제가 국제사법재판소에 올라갈 경우, 과연 한국을 만족시키기 위한 판결이 내려질 수 있을까?

WTO는 잘 알려진 대로 서방 선진국의 이해를 대변하는 국제무역 경제조직이다. 수산물 금지 조치에 항의하는 소송이 WTO에 갈 경우 최종 판단이 내려지는 것은 7명에 달하는 분쟁해결기구(DSB) 내 최고 상급위원들에 의해서다. 7명으로 구성된 국제경제 무대의 압축판이라 볼 수 있다. 한국은 역사상 처음으로, 지난 해 서울대 법학과 장성화 교수를 상급위원에 올리게 된다. 장 교수와 함께, 인도·벨기에·미국·중국·멕시코·남아공 대표가 최고 상급위원으로 활동 중이다. 한국 입장에서 볼 때 WTO에 간다 해도 해볼 만하다고 말할지 모르겠다. 천만의 말씀이다. 일본은 장 교수가 최고위원에 선출되기까지 무려 3명의 상급위원을 배출했다. 장 교수는 일본인 최고 상급위원의 후임으로 들어갔다. WTO는 최고 상급위원 아래에 각종 소위원회를 두고 있다. 분쟁이 발생할 경우 소위원회에서의 논의를 통해, 만장일치형 권고를 관계국에 통보한다. 만약 당사국이 소위원회의 권고를 무시한다면, 최고 상급위원에까지 올라간다. 아주 예외적인 경우를 제외할 때, 소위원회의 권고가 최고위원회에서 뒤집어지는 경우는 드물다. 일본은 소위원회를 구성하는 국제경제 법학자를 10여 명 정도 호위하고 있다. 한국은 거의 없다고 보면 된다.

1995년 5월 17일, 일본은 WTO를 내세워 미국과의 무역 전쟁에 들어간 적이 있다. 진주만공격 이후 맞이한 두 번째 미·일 전쟁에 해당한다고 평가된 사건이다. 미국이 일본산 자동차에 대해 100% 보복 관세를 물리자, 일본이 곧바로 WTO에 제소를 하게 된다. 이른바 슈퍼 301조가 일본 자동차에 부과된 것이다. 결국 양국은 협상을 통해 7월 19일 미국의 양보로 보복 관세를 철회하는 선에서 문제를 해결한다. 일본이 자체적으로 수출 물량 조절에 나선 것은 물론이다. 토요타가 미국 내 판매 자동차 1위 자리를 회피하는 이유는, 바로 1995년의 망령에서 비롯된 것이다. 자동차 보복 관세에서 비롯된 일본의 WTO 제소는 전후(戰後) 처음 등장한 '미국에 정면으로 대응한 사건'으로 평가된다. 면밀한 준비와 법적 해석을 통해 이길 승산이 크다는 전제하에 제소를 한 것이다. WTO의 출발점은 사실상 미국이 주도해 만든 국제무역 기구인 가트(GATT), 즉 관세와 무역에 관한 일반협정기구에 있다. 사실상 미국의 절대적인 영향권에 있는 WTO를 상대로 미국을 넘어뜨린 나라가 일본이다. WTO를 통한 국제무역 전쟁의 노하우와 전략·전술이 남다른 나라가 일본이다.

WTO 내의 일본인이 중립적 자세에서 벗어나 일본만을 일방적으로 응원하기는 어려울 것이다. 그러나 WTO 관계자가 많고 경제력이 강하며 실전 경험이 많다는 것은, WTO 내부의 지지기반도 강하다는 의미로 해석할 수 있다. 일본에게 유리한 판결을 내리도록 도와주는 친구와 우방이 많다는 의미이다. 더욱이, 일본산 수산물 수입을 금지한 한국의 관계장관은 스스로의 입으로 일본산 제품의 방사능 오염 정도가 기준치를 넘지 않는다고 고백한 상태다. 일본이 소송으로 나서지는 않았지만, 만약 일본이 WTO에 제소했다면 한국이 이길 가능성은 극히 희박했다고 볼 수 있다.

중국과의 연합

일본에 대응하는 방안으로 중국을 활용하자고 주장하는 사람들이 많다. 한국정부의 전반적인 외교정책의 핵심 기조와 비슷하다.

결론부터 얘기하자면 그 성과는 극히 일부에 그치는 수준이 될 것이다. 흔히들 오해하는데 국제 무대에서의 중국의 외교력은 한국이 생각하는 것만큼 그렇게 크지 않다. 아프리카에 도로와 교량을 건설하고, 각종 지원금을 제공한다고 하지만, 서방에서 이뤄지는 외교적 차원의 주고받는 결과로까지 이어지는 데는 한계가 있다. 구별할 부분은 파워와 영향력이다. 전 세계 각국은 외형적인 면에서 볼 때 모두가 공평하다. 특정 나라가 파워를 가질 수는 있지만, '파워=영향력'으로 이어지지 않는 경우도 많다. 예를 들어 UN에서 보는 중국의 영향력은 같은 사회주의 국가인 러시아에 비할 때 '새발의 피' 정도에 그친다. 북한과 같은 중국 주변 문제라면 어느 정도 영향력을 발휘할 수 있을 것이다. 그러나 시리아, 리비아와 같은 중동 문제에서부터 지구 환경, 저개발 지원, 문맹 퇴치와 같은 글로벌 이슈에 들어가면 한국보다도 낮은 수준의 영향력을 갖고 있을 뿐이다. 중국 스스로가 글로벌 이슈에 적극 나서지 않으려는 입장이기도 하지만, 역사적으로 볼 때 중국은 주고받는 식의 다자간 국제 외교 관행에 결코 익숙하지 못하다. 스스로 문제를 제기하기보다, 산전수전 다 겪은 서방외교 선진국의 리더십을 좇아가느라 정신이 없다. 국제사법재판소나 WTO에 간판을 내밀고는 있지만, 그냥 덩치만 클 뿐 맨주먹으로 호랑이를 잡는 식의 전략을 쓰거나, 전술에 무지(無知)하고 무심하다. 국제사법재판소나 WTO 내의 여론을 주도할 능력도, 의사도 없는 곳이 중국이다.

언제부턴가 한국은 대일외교의 출발점을 역사 문제에 두고 있다. 왜구(倭寇)가 날뛰던 조선시대 이후 1945년 해방이 되기까지 일본은 한국인 모두를 괴롭힌 가해자다. 역사 문제를 통해 일본의 과거사를 단죄하자는 것에 대해 반대하는 한국인은 아마 한명도 없을 것이다. 그러나 주의할 부분이 하나 있다. 모든 일이 그러하듯 지나치면 그 화가 스스로에게 되돌아온다. 역사 문제를 일본과의 모든 문제에 연결하여 대처하는 과정에서 곳곳에서 삐걱거리는 소리가 들린다. 어렵기는 하지만, 역사와 외교, 나아가 경제를 분리해서 대처하는 지혜가 아쉽다. 현재의 상황을 보면, 역사 문제를 해결한다는 명분하에 다른 모든 것들이 잔뜩 움츠러든 상태이다. 한국은 2016년 평창 동계올림픽을 준비하고 있다. 2020년 도쿄올림픽은 평창 동계올림픽 개최에 부정적이지 않을 것이다. 특히 동계올림픽 개최국인 일본의 과거 노하우가 한국에 전해질 수 있다는 점에서 평창과 도쿄의 연계와 협력은 절실하게 필요하다. 그러나 그 같은 논의나 생각은 한국의 신문 어디를 봐도 등장하지 않는다. 일본에 대한 박근혜 대통령의 '결연한 의지'가 드리워져 있는 상태에서, 주변 참모들이 쉽게 행동할 수 없기 때문일 것이다.

필자는 역사 문제가 무용하거나 무의미하다고 생각하지 않는다. 그러나 모든 한·일 간의 이슈를 역사 문제라는 틀 속에서 해결하려한다면 특별한 준비가 필요하다. 한국이나 중국에서나 받아들여지는 김성일 스타일의 큰소리가 아니라, 미국·유럽을 비롯한 서방 선진국을 움직일 만한 역량을 전제로 한 기반 조성이 우선돼야만 한다. 굳이 역사 문제를 핵심 이슈로 삼고 싶다면, '전부 아니면 전무(All or Nothing)'가 아니라, '조금 더 조금 덜(Much or Less)'이란 논리를 내세우길 바란다. 앞서 언급한 황윤길 같은 사람이 많으면 많을수록 힘없는 양들의 밤은 한층 더 평화로울 것이다.

제3부

진화하는 미·일동맹 2.0

제1장

동맹과 기습 작전으로 풀어본 미·일동맹 2.0

집단적 자위권 문제에 이어 중·일 충돌에 관한 얘기가 곳곳에서 터져 나오고 있다. 영해 침범과 긴급발진으로 대응하던 센카쿠 주변은 어느 틈엔가 중국제 핵잠수함 출현과 자위대의 낙도 탈환 훈련으로 분주하다. 일촉즉발의 위기 상황이 21세기 동지나해에 드리워진 것이다. 베이징과 도쿄를 타깃으로 한·중·일 간의 대량 살상 공격 시나리오는 최후의 스토리가 될 듯하다. 센카쿠 문제 와 관련해 일본이 서두르고 있는 것은 집단적 자위권의 '정착화' 를 의미한다. 총론으로서의 집단적 자위권은 이미 끝났다. '각론' 으로서의 집단적 자위권의 정착화가 이뤄지고 있다.

총론이 끝난 집단적 자위권

2013년 10월 말, 김장수 당시 청와대 안보실장이 급히 워싱턴을 찾았다. 한국정부가 원치 않을 경우 한반도를 집단적 자위권의 작전 범위에서 제외해줄 것을 이야기하기 위해서였다. 요구와 요청, 둘 중 어느 쪽인지 모르지만 늦어도 한참 늦었다. 미·일 간의 합의하에 총론을 끝내고 각론에 들어간 상태인데, 뒤늦게 나타난 한국이 총론을 거론하고 있다. 수직 이착륙이 가능한 전투기형 헬리콥터 오스프레이 대량 구입, 2014년 도입된 미제 고성능 무인정찰기 블랙호크, 60여 명의 고급 두뇌로 구성된 총리 직속 정보통합기구인 국가안전보장회의(NSC) 신설, 국가기밀 누설자를 감옥에 넣을 수 있는 특정비밀 보호법안 통과, 1967년 이래 지속돼온 무기 수출 3원칙의 대폭적인 수정, 센카쿠 주변 섬들에 대한 적극적인 방어선 설치…… 전부 집단적 자위권 정착화를 위한 각론에 해당한다.

집단적 자위권을 둘러싼 일본의 발 빠른 행보를 보면 크게 두 가지 단어가 떠오른다. 총론으로서의 동맹, 각론으로서의 기습이다. 동맹과 기습. 전혀 어울리지 않는 조합이라 생각하겠지만, 일본 역사를 살펴보면 왜 동맹과 기습이 집단적 자위권에서 연상될 수 있는지 알 수 있을 것이다. 근대사를 보면, 동맹은 일본이 군사 대국으로 나갈 때의 전제 조건에 해당된다. 동맹을 맺은 상태에서, 다시 말해 군사적 관계의 보험을 체결한 상태에서 외부로 눈을 돌린다. 멀리 뛰기 위해 먼저 기반을 튼튼하게 다지는 것이다. 외부로 눈을 돌리는 과정은 엄청난 속도로 이뤄진다. 일본이 자국의 목적을 달성하기 위해 구체적으로 움직일 때는 전광석화(電光石火) 작전으로 나아간다. 기습이다. 한순간에 상대방의 허를 찌르면서 빠른 시간 내에 목적을 달성하는 것이다. 협박이나 허풍으로 상대에게 경계심을 불러일으킨 뒤 돌진하는 식이 아니다. 비웃고 무시해도 불평불만 하나 없이 묵묵히 바라보기만 한다. 조용히, 마치 아무런 행동도 하지 않을 듯하다가 하루아침에 대규모로 나아가 적을 압도한다.

일본의 특징 중 하나지만, 총론과 각론이 결정될 경우 대열에서 일탈하는 일본인은 극히 드물다. 어제의 명분이나 논의가 한순간에 사라진다. 들끓었던 반대 목소리는 소리 없이 사라진다. 일본 사회 특유의 정체성(正體性)인 '공기'가 지배한다. 아베가 추진한 집단적 자위권은, 한동안 일본이 주장했던 '국제공헌론'을 유명무실하게 만든다. 유엔을 통한 국제사회에 대한 기여가 국제공헌론의 핵심이다.

1990년대부터 불기 시작한 국제공헌론은 반핵·평화·반미로 무장한 단카이 세대의 슬로건이기도 하다. 이미 역사 속으로 사라지고 있는 오자와 이치로(小沢一郎)의 저서, 『일본 열도 개조론』과 『보통국가론』에서 밝혀진 생각이다. 미·일관계보다는 유엔을 통해 국제 무대에 진출하고, 일본의 경제력에 맞게 군사적 책임을 다하자는 것이 핵심이다. 분쟁 지역에서의 유엔평화유지군 참전과 같은 것이다. 유엔이라는 글로벌 집단동맹을 통한 무력 증강이 목적이다.

오자와는 아베의 등장과 함께 정치적 재기가 거의 불가능해진 상태다. 반핵·평화·반미 세대에 먹히던 정책으로 일본 정치를 주도했지만, 단카이 세대가 70대로 접어들면서 현실 정치에서의 힘도 한순간에 빠져나간다. 버블 경제가 끝난 뒤 20여 년간 일본 외교·군사 분야의 키워드로 자리 잡았던 국제공헌은 집단적 자위권 등장과 함께 역사적 유물로 전락한다. 이젠 국제공헌을 통한 세계 진출이 아니라, 미국에 공헌하면서 일본의 이익을 확대하자는 것이다. 바로 집단적 자위권이다.

시진핑의 말을 끊은 오바마

"아베, 야스쿠니(靖国) 참배하면 한국·중국과의 관계 불안정해질 것."

2013년 11월, 커트 캠벨 전(前) 미 국무성 동아시아 태평양 담당 차관보가 밝힌 말이다. 일본의 한 신문사가 주최한 포럼에서 영상을 통해 이 말을 아베에게 전했다고 한다. 야스쿠니 신사를 참배할 경우, 일본이 아시아에 쌓은 소프트 파워의 성공이 퇴보

할 수 있다고 경고한다. 캠벨은 민주당을 대표하는, 워싱턴 최고의 아시아 전문가 중 한 명이다. 옥스포드대학 박사 출신으로 해군에서 근무한 뒤 하버드대학과 국방성, 백악관과 국무성 그리고 워싱턴의 싱크탱크를 거쳐 갔다. 언젠가 국무성이나 국방성 장관에 오를 것으로 예상되는 인물이다. 캠벨의 야스쿠니 참배 발언은, 아베의 우향우에 반대하는 친한·친중의 메시지처럼 보인다. 한국 신문은 아베에 대한 쓴소리라고 규정했다. 과연 그럴까?

캠벨은 100일 전인 지난 7월 17일에도 일본에 들렀다. 당시 일본 외신기자 클럽에서 동북아 정세에 관한 연설을 했다. 「아사히」에 난 당시 발언 내용을 살펴보자.

"시진핑 주석은 오바마 대통령과 만난 자리에서, 센카쿠에 대한 영유권을 주장하고 일본의 우경화에 대해 비판했다. 계속해서 일본을 비난하자, 오바마가 (시진핑의) 말을 끊으며 확실히 전했다. '그쯤해서 얘기를 그치는 게 어떻겠습니까(Let's stop you here)! 일본은 (미국의) 동맹국인 동시에 친구이자, 민주주의 국가입니다'라고 말이다."

캠벨이 전한 얘기는 2013년 7월 7일부터 이틀간 캘리포니아에서 열린 미·중정상회담 때 나온 얘기다. 시진핑이 미국과 동등한 대우를 해달라고 요구한, 이른바 신형대국관계(新型大國關係) 제안이 이뤄진 회담이다. 미국 주도하의 1인 패권이 아니라, 중국도 미국과 동등한 자격으로 세계 문제를 다루는, 이른바 '양대 패권국(G2)'으로 인정해달라는 게 시진핑의 요구였다. 양대 패권국으로서 중국이, 결코 양보할 수 없는 '핵심 이익'을 미국 측에 전달했다. 센카쿠 수복은 중국의 핵심 이익이라고 강조한다. 그러나 얘기를 듣던 중 오바마가 던진 말은 "멈추세요(Stop)!"이다. 중국 공산당 매체가 대대적으로 선전한 당시 두 사람의 사진을 보자. 시진핑의 얼굴은 시종 일그러져 있다. 오바마 역시 유쾌한 모습이 아니다.

캠벨의 발언은 미·중 정상이 만난 지 불과 1주일 만에 전해진 것이다. 핵심 이익을 강조하는 시진핑의 요구에 오바마가 정면으로 반대한 것이다. 대국이라 믿고 싶은 중국이 비밀 외교를 통해 일본을 욕하지만, 미국은 일본의 손을 들어준다. 미·중정상회담 3일 뒤, CIA의 스노든 홍콩 망명 사건이 터지면서, 신형대국관계 얘기는 아예 없던 걸로 끝난다. 한국 신문에 자주 실리는 '중국, 미국과 어깨 나란히……' 같은 얘기는, 워싱턴의 상식과 거리가 먼 소설에 가까운 얘기일 뿐이다.

몽골 대통령의 방문과 합의문

야스쿠니 관련 발언이 있기 5일 전인 2013년 10월 26일, 중국 베이징 천안문 광장 앞에는 몽골 국기가 휘날렸다. 몽골 대통령이 방문한 것이다. 몽골은 중국과 국경을 접한 나라다. 한국에도 보도됐지만, 몽골 대통령은 중국 방문에 이어 평양에도 들어갔다. 김정은과 만나지도 못한 채 돌아간 희한한 방문이었다. 흥미로운 것은 몽골 대통령이 시진핑과 만난 뒤 내놓은 양국 간 합의문이다. 여러 문건이 있지만, 핵심은 단 하나다. "양국 간의 핵심적 이익과 중대한 관계를 고려해, 그것과 관련된 어떤 식의 군사·정치 동맹에도 참가하지 않는다." 합의문은 두 나라의 문제가 아니라, '두 나라 밖'의 부분에 방점을 두고 있다.

행간(行間)의 의미를 새겨보자. 핵심적 이익이란 말의 의미는 센카쿠나 남중국해 영토 문제에 관한 부분이다. 영토 문제에 관해 중국과 아시아 제국(諸國) 간의 갈등이 깊어지는 상태에서, 내륙국가 몽골에게 다른 나라와 군사·정치동맹에 들어가지 말라는 것을 합의문에 넣었다. 일본, 미국, 아세안이 주도하는 반중(反中) 동맹에 끼지 말라는 것이다. 합의문은 사실 양국 간의 문제가 아니라, 중국이 몽골에 요구한 외교 지침서에 해당한다고 볼 수 있다.

일본을 대하는 캠벨과 몽골 대통령을 대하는 중국의 자세는 국제사회를 대하는 미국과 중국 양국의 기본자세나 인식 차이를 확연히 느끼게 만드는 좋은 예이다. 여러 각도에서 차이점을 설명할 수 있겠지만, 가장 중요한 것은 '동맹'에 관한 부분이다. 먼저 미국을 보자. 오바마의 발언 내용을 단어 하나 가감하지 않고 일본인에게 알린다는 것은 동맹국에 대한 예의다. 2013년 7월 초,

일본은 그 어떤 나라보다도 미·중정상회담에 주목했다. "1972년 닉슨 쇼크에서처럼, 미·중 이해관계에 맞춰 제 멋대로 요리하지 않을까? 일본이 왕따를 당하지는 않을까?" 당시 워싱턴 내 일본 인들은 비상이 걸린 상태였다. 외교관, 기자, 상사 직원들이 총동 원돼 회담 내용에 관한 정보에 매달렸다. 캠벨의 도쿄에서의 발 언은 목이 탔던 일본인들의 갈증을 한순간에 풀어줬다. 입안에 맛있는 최고급 요리가 들어왔다고 해서 이미 들고 있던 음식을 버리지는 않는다. 한 번 맺은 약속은 끝까지 간다. 일본의 모든 신 문이 캠벨의 발언을 주요 뉴스로 다룬 것은 물론이다. '그 어떤 나라보다도 견고한 미·일동맹'이란 타이틀의 기사가 일본 신문 을 뒤덮고, 중국에 대한 경계심이 한층 높아져 간다.

천상천하 유아독존의 나라

중국은 어떨까? 중국과 몽골의 합의문은 시선을 위에서 아래로 둔 수직적 관계에 기초해 있다. 좀 심하게 말하면, 몽골에게 일본, 미국과 군사동맹을 맺지 말라는 중국 측의 강력한 요구가 들어가 있는 것이다. 거꾸로 몽골이 중국에 대해 요구하는 내용은 합의 문 속에 없다. 몽골이 중국의 요구대로 해 준 것은 반대급부가 있 기 때문일 것이다. 장·단기적인 경제 지원과 협력이 이뤄질 것이 분명하다. 국제정치에는 공짜가 없다. 주는 것만큼 받는다는 점에서, 중국과 몽골의 합의문이 별 문제될 것이 없다고 말할지 모르겠다. 그러나 동맹에 기초한 미·일 관계와 비교할 때 큰 차이점이 있다. 동맹이란 것은 이념, 원칙, 의무, 권리 같은 뭔가 명문화된 규정을 기반으로 한 관계다. 상황이 일어나면 곧바로 법적 효력이 발생하는, 신뢰를 바탕으로 한 국가 간 계약서에 해당된다. 애매하거나 오해가 생길만한 규정은 평소에 만나 대화를 통해 다듬어 간다. 그러나 중국·몽골과 같은 관계는 다르다. 편의에 따라 만나고, 정치적 상황에 따라 달라지는 관계다. 유연한 관계라 말할지 모르겠지만, 거꾸로 말하자면 상황에 따라 180도 다르게 변신할 수도 있는 것이 양국의 관계인 것이다.

중국은 동맹 개념이 희박한 나라다. 유사시에 목숨을 걸고 서로를 도와주겠다는 발상이 애초부터 없다. 예외적인 케이스로, 사회주의 이념을 통해 냉전 당시 공산국 국가와 '잠시' 동맹 관계를 맺은 것이 전부다. 냉전이 본격화된 1950년, 한국전쟁을 계기로 구소련과 동맹에 들어가지만, 1979년 중국이 미국과 국교 정상화에 들어가면서 동맹은 파기된다. 중국의 유일한 동맹국으로 북한이 남아 있는 듯하다. 그러나 2013년 3월 중국 고위장성이 고백했듯이, 북한이 과연 중국의 동맹국인지는 의문이다. 당시 중국 장성은 중국군이 북한에 주둔하지도 않고, 유사시 지휘권과 관련해서 양국 간의 합의가 없다는 점을 들어 양국 간의 동맹을 부정했다.

　파키스탄·미얀마 같은 나라들이 중국과 군사동맹을 맺은 곳으로 언급되지만, 내용을 보면 단순한 군사 협력관계에 그칠 뿐이다. 냉전 역사에 밝다면, 동맹에 관한 무관심이 중국이 지향하는 비(非)동맹이념에서 비롯된 것이라고 말할 듯하다. 1960년대 중국은 자유 진영의 미국과 사회주의 진영의 구소련 어디에도 속하지 않는 제3의 길, 즉 비동맹운동을 주창한다. 비동맹운동과 중국의 희박한 동맹 개념을 연결하는 것은 부분적으로 옳지만, 역사적으로 보면 달리 해석될 수 있다.

　1793년, 조지 3세는 중국과의 무역 확대를 위해 영국 무역사절단을 베이징에 파견한다. 해양 대국으로 부상한 영국이 중국과 첫 대면하게 된다. 80세 생일을 맞은 건륭제(乾隆帝)의 무병장수를 바라는 영국 국왕의 친서가 전달된다. 황제는 수십여 명의 환관을 대동한 채 영국 사절단과 만났다. 베일에 가려진 채, 옆으로 누워서 사절단을 맞이했다. 사절단은 중국과의 무역 확대를 원한다는 조지 3세의 의사를 건륭제에게 전한다. 황제의 반응은 간단했다. "거부하겠다(No)."였다. "중국이 왜 당신들과 같은 작은 나라와 무역을 하겠는가? 우리는 전부 갖고 있다. 당신 같은 소국으로부터 수입할 것도 없고, 사고 싶은 것도 없다. 통상할 필요가 전혀 없다." 사실 중국은 당시 영국이 어떤 나라인지도 제대로 파악하지 못하고 있었다. 알고 싶지도 않았다는 것이 정확한 표현일지 모르겠다. 어느 정도 예상된 반응이었지만, 건륭제의 자세와 반응은 이후 중국을 이해하는 영국과 유럽의 '나침반'으로 자리 잡는다. 중국은 외부의 상황에 무심하고 알고 싶지도 않은, '유아 독존(唯我獨尊)'적인 나라라는 사실이다. 영국은 세계의 중심이 중 국이라고 믿는 것이 중국인의 세계관이란 사실을 첫 만남을 통해 알게 된다. 영국이 아편전쟁에 승리한 뒤 난징조약으로 중국을 무력화시킨 것은 건륭제를 대면한 49년 뒤의 일이다.

개국과 함께 동맹에 주목한 일본

미국 페리 제독의 흑선(黑船)은 일본 근대화의 동력(動力)이라 볼 수 있다. 1853년 7월 8일, 증기기관을 단 동인도함대 군함 4척이 도 쿄 앞바다에 들이닥친다. 바람에 의존하는 범선(帆船)이 아닌, 해 류를 거스르면서도 나아갈 수 있는 증기 철선(鐵船)이다. 겁에 질 린 일본 전역이 혼란에 빠진다. 일본은 당시 아시아의 대형(大兄) 중국의 침몰 소식을 잘 알고 있었다. 첨단 기술로 무장한 서방 제 국주의가 일본을 식민지 노예 국가로 만들 것이란 소문이 열도 전체에 퍼져나간다. 1년 뒤 페리는 다시 군함 9척과 함께 일본을 찾는다. 결론은 무조건적인 항복이다. 일본은 대항하다가 질 경우 자신들의 나라를 식민지로 만들 명분을 줄 수 있다고 판단했다.

곧바로 미·일화친조약을 맺는다. 1639년, 기독교 전파를 막기 위해 포르투갈 선박의 일본 입국을 금지한 이래 외국과 처음 맺은 조약이다. 완전히 개국을 한 것은 아니지만, 185년간 지속됐던 일본의 쇄국(鎖國) 정책이 막을 내린 것이다. 이후 4년 뒤인 1858년 7월 29일, 미·일수호통상조약(美日修好通商條約)에 들어간다. 관세 자주권이 없는 불평등 조약이다. 영국, 프랑스, 네덜란드, 러시아도 일본에 들어와 비슷한 통상조약을 체결한다.

동맹은 개국과 동시에 일본이 주목한 새로운 개념의 세계관 중하나다. 유럽과의 통상조약을 맺는 과정에서 일본은 자신과 비슷한 처지에 있는 나라를 연구하게 된다. 영국이다. 유럽 대륙 내의 국가에 비교하면, 자원도 없는 작은 섬마을에 불과한 나라가 영국이다. 유럽의 일본이라 그들은 해석한다. 사실 일본은 페리 제독이 오기 250여 년 전에 유럽의 사정을 잘 알고 있었다. 포르투갈과 네덜란드가 주된 정보원이었다. 특히 네덜란드발(發) 란가쿠(蘭学: 네덜란드의 서적을 통해 서양문물을 공부하는 것: 난학 – 편집자 주)를 통해 어학·천문학·의학 등에 관한 책과 도구들이 일본에 들어온다. 영국이 세계를 제패하고 있다는 것도 알게 된다. 이후 일본은 영국에 유학생들을 대규모로 보낸다. 일본 문호(文豪) 나쓰메 소세키(夏目漱石)도 영국 유학생 중 한 명이다.

일본이 영국을 연구하는 과정에서 알게 된 것은 크게 두 가지로 압축된다. 먼저 해군이다. 영국의 절대적 파워의 배경에, 세계를 넘나드는 강력한 해군이 있다는 것을 알게 된다. 둘째는 동맹이다. 영국은 유럽 문제에 직접 휘말리지 않으면서 국력을 키워나간다. 이 과정에서 동맹이라는 외교적 전략·전술이 큰 비중을 차지한다는 것을 알게 된다. 19세기 당시 영국은 이른바 '영광스런 고독(Splendid Isolation)'을 외교 정책의 근간으로 삼았다. 20세기식으로 얘기하자면 비동맹노선이다. 동맹을 통해 유럽 문제에 직접 끼어들기보다, 바깥에 서서 제3자 입장에서 세력 균형 역할을 맡겠다고 공언한다. 비동맹노선을 통한 영국의 동맹관은 일본에 큰 영향을 준다. 영국이 행하는 것과 같은 비동맹노선을 중시하는 것이 아니다. 영국을 비동맹노선으로 나서게 만든, 유럽 내 동맹 관계의 의미와 중요성에 주목한다. 영국과 유럽 대륙 간의 외교 관계를 지켜보면서, 현실로서의 국제정치에 눈을 뜨기 시작한다. 흥미롭게도, 영국이 영광스런 고독에서 벗어나 동맹노선으로 변신하게 된 것은 일본 때문이다. 바로 1902년 1월 30일 맺어진 영·일동맹이다. 일본이 역사상 처음으로 맺은 동맹 파트너가 영국이며, 비동맹노선을 고집하던 영국을 100여 년간의 고독에서 벗어나게 만든 것이 일본이다.

2013년 10월, 영국 외무장관은 일본의 집단적 자위권을 지지한다고 말했다. 당시 뉴스를 접했을 때 필자의 머리를 스친 것은 111년 전의 영·일동맹이었다. 서로를 잘 알기에 내려진 결정이라 볼 수 있다.

잘 알려진 대로, 영·일동맹의 계기는 러시아다. 일본은 1904년 청·일전쟁에서 승리한 뒤, 중국과 만주로 군인들을 투입한다. 일본의 세력 팽창을 두려워한 러시아는 곧바로 3국 간섭을 통해 일본의 숨통을 쥔다. 러시아는 독일과 프랑스를 끌어들여 일본이 독차지하려던 요동(遼寧) 반도를 빼앗는다. 중국의 의화단(義和團) 사건 이후에는 만주 곳곳에 러시아 군인을 주둔시킨다. 다롄(大連)까지 이어지는, 이른바 동청(東淸) 철도의 보호를 명목으로 한 것이다. 일본의 팽창을 사사건건 막는 것은 물론, 한반도와 일본에 대한 군사적 행동도 임박했던 시기가 20세기 초다. 일본은 당초 러시아와의 협상을 통해 서로 간의 이익을 보장받으려 했다. 러시아는 일본의 제의를 일축했다. 영국은 러시아의 급격한 팽창을 두려워했다. 독일, 프랑스까지 끌어들여 세력 확장에 나선 러시아는 영국에 대한 직접적인 위협이기도 했다. 유럽과 아시아에서의 이해관계가 맞아 떨어지면서 영·일동맹이 성립된 것이다. 영·일동맹은 이후 1923년 8월 17일까지 지속된다. 21년 7개월 간 동맹이 지속되는 동안 세계 무대에서의 일본의 파워는 수직으로 상승한다. 흑선에 놀란 지 70여 년 만에, 영국·미국·프랑스에 버금가는 열강으로 성장한다.

모든 것이 그러하듯, 한순간에 커지면 모든 게 순식간에 무너질 수 있다. 일본이 급성장하면서 주변국, 특히 태평양을 사이에 둔 미국과의 알력 다툼이 생긴다. 1차 세계대전 승리 이후 열린,

승전국을 대표하는 미국·영국·프랑스·일본 4개국 회담을 통해 영·일회담 무용론(無用論)이 제기된다. 당시 이미 미국은 급성장하는 일본을 우려의 눈으로 바라보고 있었다. 필리핀·마셜 군도와 같은 아시아 내 미국의 이권을 잠식하는 가상적(假想敵)으로 여기고 있었다. 만약 미국과 일본이 충돌할 경우, 영·일동맹이 미국을 적으로 삼게 될 것이라는 논리를 런던에 전한다. 영국은 자신의 아바타인 미국의 우려를 고려해, 영·일동맹 연장에 나서지 않는다. 1차 세계대전에서 승리한 일본이지만, 승전국 간의 외교에서는 패전국으로 전락한다. 곧이어 해군군축회담에서는 일본 해군의 규모가 미국, 영국의 7할 정도로 규제된다. 일본은 아시아 유색인종에 대한 서방의 차별로 받아들인다. 영·일동맹은 워싱턴에서 열린, 4개국조약으로 흡수되는 형식으로 사라진다.

영·일동맹에서 쫓겨난 일본은 서방 열강에 끼지 못하는, 아시아의 외톨이로 전락한다. 일본은 동맹이 갖는 장점과 힘을 피부로 경험했다. 혼자 있어서는 안 된다는 강박감이 군사·외교 전반에 불어 닥친다. 1917년 러시아혁명과 함께 시베리아를 넘어선 소비에트군의 활약이 다시 강화된다. 만주 전체로 영향력을 넓혀간 일본 육군은 중국에 이어 러시아에 대한 공격도 계획한다. 미국은 일본의 일거수일투족을 비난한다. 경제 제재와 외교적 고립이 시작된다. 이 같은 과정에서 일본은 새로운 동맹관계 구축에 들어간다. 1940년 9월 27일 이뤄진, 일본·독일·이탈리아와의

3국동맹이다. 영국을 대신해, 1차 세계대전 당시 구원(舊怨)이던 독일을 중심으로 한 동맹에 들어간 것이다. 이후 일본은 45개월에 걸친 태평양전쟁에 들어간다.

20세기 초 영·일동맹과, 1940년대 3국동맹을 보면 일본에서만 볼 수 있는 특이한 현상이 발견된다. 동맹 결성과 동시에 곧바로 무력 공격에 나서는 모습이다. 그것도 그냥 공격이 아니라, 한순간에 해치우는 기습 공격이다. 전 세계적으로 유례를 찾기 어려운, 발 빠른 병력동원과 작전이 동맹 결성과 함께 시작됐다. 일본이 근대 무기로 무장한 군사대국으로 등장한 것은 1905년 5월 28일 이후부터다. 아프리카 식민지 국가 정도로 알려진 아시아의 작은 섬나라가 최강 러시아의 발틱함대를 격파한 날이다. 유명한 도고 헤이하치로(東郷平八郎) 장군의 신화가 탄생된 해전이다. 일본 해군은 당시 질적·양적인 면에서 러시아의 상대가 될 수 없었다. 근대식 함선을 통한 실전 경험이 전무하고, 배의 수준도 유럽을 모방하는 수준에 그쳤다. 러시아 발틱함대가 일본을 공격하러 간다고 할 때 유럽의 모든 나라는 일본이 대패할 것으로 전망했다. 러시아의 식민지로 전락할 것이란 우려 속에 일본이 발행한 외채도 폭락한다. 하지만 이 싸움은 일본이 선박 3척이 침몰하고 117명이 사망한 데 비해, 러시아는 선박 27척의 침몰과 4,800여 명 전사, 그리고 6,100명이 포로로 잡힌 결과를 낳았다. 일본 해군이 일방적으로 이긴 해전이다.

러·일전쟁은 1904년 2월 8일부터 시작됐다. 한반도와 만주를 둘러싼 양국의 이해관계가 충돌하면서 일본의 기습 공격이 이뤄졌다. 목표는 당시 러시아 해군이 집결해 있던 중국 여순항과 인천 앞바다였다. 전쟁에 앞서 일본은 러시아에 대해, 이른바 '만한교환론(滿韓交換論)'을 제의한다. 일본은 한반도를, 러시아는 만주를 갖자는 것이다. 이름뿐인 대한제국은 자신의 운명이 어디로 향할지조차 알지 못했다. 러시아는 일본의 제의에 대해 추가 사항을 하나 붙여 요구한다. 만주는 러시아가 차지하지만, 39도선 이북의 한반도는 군사 중립지대로 만들자는 것이다. 39도선 이남만을 일본에 허용한다는 말이다. 일본은 군사 중립지대라는 것이 러시아의 한반도 진출을 돕는 또 하나의 다리가 될 것이라 내다봤다. 그래서 즉각 거부한다.

1904년 2월 6일, 일본은 러시아에 대해 국교 단절을 선언한다. 이틀 뒤 곧바로 여순항 공격에 나선다. 영·일동맹이 맺어진 지 2년 1개월 만에 러시아 해군기지를 전격 공격한 것이다. 결과론적인 얘기지만, 일본은 영·일동맹을 맺을 단계에서부터 러시아와의 전쟁을 고려했다고 볼 수 있다. 사실 러시아는 여순항 기습 공격을 당하기 직전, 일본의 제안인 만한교환론에 동의했다고 한다. 그러나 거꾸로 일본이 러시아의 요청을 받아들이지 않았다. 일본은 무력을 통해 한반도와 만주 전체를 손에 넣을 수 있을 것으로 내다봤다. 일본은 영·일동맹 후 2년 여간 러시아를 철저히 연구한다. 모든 정보는 영국에서 제공했다. 발틱함대 섬멸의 큰 이유 중 하나는 정보였다. 동맹국 영국과, 영국 휘하에 있던 연방국들이 보내준 함대 관련 정보가 대승(大勝)의 비밀이다. 러시아에 대한 기습 공격은 영·일동맹이라는 든든한 보험이 있었기에 단행할 수 있었다.

기습 공격은 1941년 12월 7일 이뤄진 일본 해군의 진주만 공격에서도 볼 수 있다. 일요일 아침 해가 뜨는 순간 진주만을 기습 공격해, 모두 94척의 배를 격침시키고 2,400여 명의 미군을 살상한다. 당시 일본군의 피해는 전사 64명, 비행기 손실 34대였다. 역시 압도적인 전과(戰果)다. 진주만 공격은 3국동맹이 체결된 지 15개월 만에 이뤄진 전격 작전이다. 미국이 일본의 공격을 기다렸다는 음모설도 있다. 진주만의 엄청난 피해를 생각한다면 그 같은 생각은 몽상에 불과하다. 루스벨트 대통령은 공격 가능성을 전혀 눈치 채지 못했다.

미·일동맹 2.0의 등장

동맹과 기습 공격을 일본 외교·군사노선의 특징이라고 할 때, 1951년에 맺어진 미·일안보조약, 즉 미·일동맹은 예외적인 케이스인 듯하다. 1945년 패전 이후 맺어진 미·일동맹은 일본이 적극적으로 나서 맺은 동맹이 아니다. 미국의 세계 전략 속에 추진된 수동적이고 수직적인 동맹 관계이다. 두 번 다시 일본을 군사 대국으로 나서지 못하게 할 감시자로서의 역할을 한 것이 미·일 동맹이다. 기습 작전은커녕, 일본이 주체적으로 나설 수 있는 군사적 권한은 극히 제한돼 있다. 그러나 아베가 총대를 멘, 2013년의 집단적 자위권은 기존 미·일동맹의 구도와는 전혀 다르다. 일본이 능동적인 군사 작전을 펼칠 수 있는, 주체적인 외교·군사노선이다. 동맹국인 미국을 도우러 나간다는, 이른바 미군 2중대에 근거한 군사 행동이지만, 과거와 같은 수동적 차원의 자위대와는 차원이 다르다. 아베 이전이 미·일동맹 1.0이라고 한다면, 집단적 자위권에 기초한 관계는 미·일동맹 2.0에 해당한다.

미국을 도우러 외국에 나갈 경우, 미국이 시종일관 일본군을 통제할 수는 없다. 자의적으로 움직일 수 있는 일본군의 행동반경이 커질 수밖에 없다. 물론 미·일동맹 2.0이라 해도 영·일동맹이나 3국동맹에서처럼, '독자적인' 기습 공격은 불가능하다. 그러나 미·일동맹을 위한다는 명목 하에서의 기습 공격은 가능하다. 아베가 주장하는 적기지 선제공격론, 즉 미사일을 발사하려는 북한에 대한 예방적 차원의 기습 공격이 그 같은 범주에 들어간다.

2013년 10월 16일, 하와이 진주만 기지에서는 집단적 자위권이 갖는 의미와 방향을 감지하게 해줄 새로운 역사가 창조됐다. 새로 취임한 태평양함대 총사령관, 해리 해리스(Harry B. Harris) 중장이다. 일본계 미국인이다. 일본에서 태어나, 미국인 아버지와 일본인 어머니 밑에서 자란 군인이다. 진주만 공격을 당했던 바로 그 자리 중심부에 서서, 태평양함대 총사령관 취임선서를 행한다. 이민 대국인 미국에서 흔히 볼 수 있는 상황이라 말할지 모르겠다. 필자는 전혀 다르게 본다. 왜 '지금 이 순간' 일본계 장군이 세계 최강 함대의 총사령관으로 취임하는가 하는 점이다. 해리스 중장은 일본어가 능통한 인물이다. 집단적 자위권은 물론, 미·일 동맹에서 해리스의 역할과 존재가 어떤 의미를 가질지 충분히 예상할 수 있을 것이다. 일본을 위해 일하지는 않겠지만, 적어도 일본을 이해할 수 있는 최적의 인물이 태평양함대 지휘봉을 잡게 된 것이다.

일본 드라마

2013년 9월 28일, NHK 드라마가 화제 속에 막을 내렸다. 일본 국민의 절대적인 인기를 끈 작품이다. 총 88회 시리즈물로, 일본인 모두가 아침 8시 15분에 텔레비전 앞에 모였다. 5개월간 방영된, 아침 연속드라마 「아마짱(あまちゃん)」이다. 도쿄에서 공부하던 여고생이 주인공이다. 어머니와 함께 바닷가가 인접한 고향에 갔다가, 그녀는 할머니의 뒤를 잇는 해녀(海女)가 되기로 결심

한다. 사투리와 시골의 인심이 드라마 전체에 묻어난다. 주인공을 영상화한 해녀 동영상이 전국에 알려지면서 얼떨결에 현지 아이돌로 데뷔한다. 이후 도쿄까지 진출해 지방의 아이돌을 모은 GMT47의 멤버로 활약한다. 고향 주민의 자랑이 된 것은 물론이다. 3·11 동일본 대지진이 터지면서, 노래하고 춤추는 아이돌로서만이 아닌, 행동하고 봉사하는 사람으로 변신한다. 현지 복구에도 참여한다. 아침 드라마의 이미지에 맞게 밝고 건강한 모습의 젊은 탤런트를 내세워 성공한 국민드라마다.

드라마 「아마짱」을 보면서 필자의 머리에 스친 또 하나의 NHK 드라마가 있다. 일본 드라마 역사상 62.9%라는 경이적인 시청률을 자랑한 「오싱(おしん)」이다. 1983년 4월부터 1년간, 297회에 걸쳐 방영된 아침 드라마다. 한국에서도 수입돼 방영된 적이 있다. 메이지시대 때 태어나 80대에 세상을 뜬 여인, 오싱의 실제 일대기가 드라마의 주제다. 근대화·태평양전쟁·패전 후의 일본을 살아간 역사의 증인으로 오싱이 등장한다. 가난으로 점철된 유년기와, 전쟁에 휘말리던 와중에서도 서로 돕고 살았던 중년기, 이후 패전과 함께 찾아온 고통 속의 노년기가 밀도 있게 그려진다. 1970년대 한국민들을 울린 태현실, 장욱제 주연의 「여로(旅路)」에 비견될 수 있는 드라마에 해당한다. 「오싱」은 일본만이 아니라 전 세계 68개국에 수출된, 일본을 대표하는 소프트 파워 상품이기도 하다. 세계 어디를 가도 「오싱」에 대해 느끼는 감동과

각종 이야기들이 퍼져있다. 40대 이상의 한국인이라면 「오싱」이라는 드라마를 한번쯤 봤거나 들었을 것이다.

오싱과 아마짱은 미·일동맹 1.0과 2.0의 차이를 알 수 있게 만드는 좋은 소재다. 오싱은 가난을 극복하면서 주변 사람들과의 대화와 협력을 통해 인생을 개척해 나간다. 일본인 모두가 공감하는 모두의 길을 제시하는, 모범 인생으로서의 오싱이다. 화려하고 잘난 것이 아니라 인간으로서, 일본인으로서의 정도(正道)라는 것을 오싱이 보여준다. 아마짱은 어떨까? 그녀는 결코 모두가 바라는 길에 들어서지 않는다. 해녀가 되겠다고 결정할 때, 아이돌로 나가겠다고 할 때 반대 의견이 밀려든다. 고등학생인 여주인공은 모두 혼자서 결정한다. 부모는 물론, 그 어떤 사람도 주인공의 의지를 꺾을 수 없다. 주변에 맞서면서 묵묵히 혼자의 인생을 개척하는 것이 21세기의 아마짱이다. 모두의 생각과 의견 속에서 길을 개척하는 20세기의 오싱과는 전혀 다른 캐릭터다. 오싱이 미국의 의지에 맞추는 미·일동맹 1.0이라면, 아마짱은 일본인 스스로의 의지를 강조하는 미·일동맹 2.0 어디쯤에 있을 것이란 느낌이 든다.

제2장

야스쿠니 신사를 보는
미국의 눈

세상이 변하고 있다. 세계적으로 통용되던 정치·경제·외교·군사적 패러다임이 빠르게 바뀌고 있다. 중요한 것은 변화 속도에 대한 적응 능력이다. 아무리 빠르게 변한다 해도 정신만 바짝 차리면 그 속도에 맞출 수 있다. 그러나 변하는 세상의 스피드에 맞서, 한국은 지금 어떤 인식하에 있을까? 세상이 엄청난 속도로 나아가고 있는데, 한국은 오히려 거꾸로 달려가고 있다. 전 세계가 한국을 중심으로 돌아간다고 믿고 있다. 세상이 한국을 어떻게 보는지에 대한 의문도, 새로운 것을 배우려는 적극적인 자세도 찾아보기 어렵다.

늑대를 늑대라고 받아들이지 않는
양치기 소년

흔히들 간과하기 쉬운 '늑대와 양치기 소년 우화'의 핵심 중 하나로, 과연 누가 늑대인지를 알아야 한다는 점을 빼놓을 수 없다. 양을 잡아먹는 늑대를 보고도, 착한 늑대인데 뭔가 이유가 있겠지…… 라고 생각하는 한, 늑대가 나타나도 소리칠 이유가 없다. 거짓말로 '늑대가 나타났다' 고함을 칠 경우, 그 피해는 기분이 상할 정도에 그친다. 그러나 피에 굶주린 늑대를 만났는데도 늑대가 아니라 믿고, 경고도 하지 않는다면 피해는 심각해진다. 순박한 양들의 몰살이다.

현재, 한반도 주변의 상황은 늑대 출몰의 전야(前夜)에 해당한다. 누가 늑대냐고 물을지도 모르겠다. 아마도 장년층 이상이라면 북한이라 답할 듯 하고, 청년층은 일본이라 말할지도 모르겠다. 필자는, 북한과 더불어 한반도 주변의 4대 강국인, 일본·중국·러시아·미국 모두가 잠재적 늑대라고 본다. 사실 북한 같은 늑대는 한눈에, 날이 선 야수(野獸)라는 것을 알 수 있다. 한반도 주변 4대 강국은 어떨까? 평소에는 양의 탈을 쓰고 있지만, 자국의 '핵심적인 이해관계'가 걸린 문제가 나타날 경우 한순간에 늑대로 돌변할 것이다.

늑대 출몰에 대한 얘기를 꺼내면, 21세기 대명천지에 100여 년 전의 험악한 역사가 과연 되풀이될까 하고 반문할 듯하다. 물론, 약육강식이 정당화되던 식민지 시대는 인류 역사에 다시 나타나기 어려울 것이다. 냉전 때의 상식인 이념전쟁이나 대리전쟁도 기대하기 어렵다. 제국주의에 바탕을 둔 19세기식 전쟁은 21세기의 문명과 기술을 통해 과거의 유산으로 변해가고 있다. 현재 전쟁을 벌이는 나라나 장소의 공통점 중 하나는 문명과 기술 수준이 낮다는 점에 있다. 그러나 독립국의 위치를 지키며 전쟁이 없는 나라는 되겠지만, 부분적으로 불편한 상황은 충분히 올 수 있다. 영해·영공·영토가 제한되면서 활동 범위가 위축되거나, 에너지 수송라인이 늑대에 의해 합법적으로 차단되면서 공장이 멈고 추운 겨울을 지내야만 하는 식의 미래다. 항상 불안해 하면서 주변국의 눈치를 봐야한다. 뭔가 능동적으로 행동에 나서려 해도 상대를 설득할 카드가 없는 무기력한 상황이 계속된다. 국내에서의 강력한 자존심과 무관하게, 밖으로 나가는 순간 2류·3류 국가와 국민으로 취급받을 수도 있다. 가장 큰 시련은 물론, 경제와 관련된 문제일 것이다. 2013년 말 기준으로, 3,500억 달러에 달하는 외환 보유고를 자랑하는 한국이지만, 늑대의 배신이나 무관심으로 한순간에 20세기 말 IMF시대로 돌아갈 수도 있다. 한국의 외환 채무액이 4,000억 달러를 넘기 때문이다. 한국은 지금 그 같은 불안한 가능성을 배경에 깔고 있는, 늑대 출몰 위험지대이다.

성탄예배에 불참하는 미국 대통령

한반도 주변 4대 강국을 잠재적 늑대라고 단정한 데 대한 근거가 무엇이냐고 물을 지 모르겠다. 서두에 밝혔듯이, 빠르게 변하고 있는 국제 정세가 바로 그 답이다. 4대 강국의 핵심적 이해관계가 충돌하는 상황으로 나아가면서 늑대의 본능이 나타나기 시작했다. 평화 시대에나 통하던 기존의 패러다임이 통하지 않는 비상사태가 한반도 주변에 어른거리고 있다. 2013년 12월 28일자 「뉴욕타임스」에 실린 작은 뉴스는 4대 강국의 맏형에 해당하는 21세기 미국의 상황을 이해할 수 있는 단서다. 바로 '성탄축하 의식에 참여하지 않는 대통령 가족'에 관한 뉴스다. 전통적으로 역대 미국 대통령의 연말 행사 중 하나는 가족과 함께 교회에 들르는 것이다. 그러나 버락 오바마 대통령은 예외였다.

오바마는 평소에 교회에 거의 가지 않는 것은 물론, 연말 성탄축하 행사도 빠진다고 한다. 2008년 말 대통령에 당선된 이래 지금까지 전부 18번만 교회에 들렀다고 한다. 8년간 대통령을 역임한 43대 부시 대통령의 경우 재임중 120번에 걸쳐 교회에 갔다고 한다. 클린턴 대통령도 100번 이상이다. 오바마가 기존의 대통령과 전혀 다른 배경과 생각을 가진 인물이라는 점에서, 「뉴욕타임스」의 보도를 대수롭지 않게 생각할지도 모르겠다. 청교도 국가 미국의 전통을 모르고 하는 생각이다. 신앙이 약한 인물도 대통령에 당선되는 순간 교회에 나가고, 가족과 함께 연말 성탄축하 행사에 얼굴을 내밀었다. 신에게 기도하고 회개하기 위해 가는 것이 아니다. 대통령 가족의 성탄축하 행사 참석은 미국의 화합과 전통을 보여주는 일종의 의식 같은 것이다. 한국 대통령이 연초에 국립묘지에 가는 것과 비슷하다.

　필자는 「뉴욕타임스」 기사를 보면서 21세기 미국의 변화와 상황을 새삼 실감했다. 세상이 변하는 것과 오바마가 교회에 안 가는 것이 무슨 관계가 있느냐고 묻는 사람들을 위한 답도 찾아낼 수 있다. 오바마가 무슬림 신자라거나, 종교를 믿지 않는 이단자라는 식의 얘기는 논외(論外)로 하자. 대통령이 연말에 교회에 안 간다는 것도 믿기 어렵지만, 교회에 안 가는 대통령 가족에 대해 비난의 화살을 보내지 않는 미국인의 의식 변화가 한층 더 놀랍다. 「뉴욕타임스」 기사의 댓글을 살펴보면 대략 8할 정도의 미국인이 "가고 안 가고는 오바마 개인이 내릴 자유!"라는 식으로 답하고 있다. 국가 원수라는 측면에서의 의무나 전통보다는, 개인에 대한 자유와 권리를 한층 중시하는 분위기다. 기존의 대통령에게서 찾아볼 수 없는 상황과 국민적 반응이 상식처럼 굳어지고 있는 것이다. 오바마와 대통령 가족의 신앙에 대한 미국인의 인식은 필자가 알고 있는 미국과 너무도 다르다. 뭔가 근본적인 차원에서 미국인의 의식 변화가 가속화되고 있다.

총을 뽑을 수 없는 카우보이

쿨(cool)한 대통령을 가진 미국인의 의식 변화는 외교 문제를 통해 나타난다. 최적의 예가 2013년과 2014년 동시다발적으로 터져 나왔다. 시리아, 쿠바, 이란 그리고 우크라이나에서다. 시리아 문제의 경우 일반 시민에 대한 독가스 살포에서부터 문제가 시작됐다. 당초 오바마 대통령은 인권과 정의라는 차원에서 시리아 무력 개입의 정당성을 국민들에게 알린다. 그러나 호언장담한 지 10여 일만인 2013년 9월 중순, 유엔을 통한 해결을 호소하면서 군사개입 방안을 포기한다. 러시아가 중재를 할 것이라고 말하면서 유엔에서의 평화적 방안이 시리아 문제 해결에 도움이 될 것이라 말한다. 책임지기 싫다는 의미다. 오바마가 방향을 튼 이유는 간단하다. 국민들의 반전 여론이 높고, 의회에서도 비준을 얻기 어렵기 때문이다. 이후 독가스 문제, 나아가 시리아 내전 문제조차 국제 무대에서 갑자기 사라진다. 시리아 무력 공격의 내용은 지상군 파견이 아니다. 멀리서 미사일을 쏘아 목표에 맞추는 식의 무혈(無血) 전쟁이다. 시리아는 5개 나라와 국경을 접하고 있다. 종교와 종파가 뒤엉킨 다민족 국가가 시리아다. 평화를 되찾지 못할 경우 중동 전체가 화약고로 변한다. 그러나 오바마는 반전 여론을 고려해 독가스에 대한 응징을 포기한다. 국민 여론과 의회의 반대가 원인이라 하지만, 지금까지의 전통을 보면 일단 대통령 명령으로 전쟁을 벌인 뒤 사후 의회 추인을 받아왔다. 오바마가 의회의 여론을 강조한 것은 원래부터 전쟁에 나설 의향이 없었다는 것을 의미한다. 무인비행기와 미사일 공격조차 사용 거부반응을 보이는 것이 2013년 말의 미국인, 의회 그리고 대통령이다. 3만 5,000명 이상의 미군이 주둔하는 한반도에서의 전쟁은 대량살상이 필연적이다. 한반도 유사시에 미국인과 의회, 대통령은 과연 어떤 반응을 보일까?

동지 이스라엘을 멀리하는 미국

쿠바의 경우, 단 한 장의 사진을 통해 빠르게 돌아가는 세상의 변화를 파악할 수 있다. 2013년 11월 10일, 남아프리카공화국에서 열린 넬슨 만델라의 장례식 현장이 그 무대다. 영결식 도중 오바마가 라울 카스트로 쿠바 국가의장에게 악수를 청한다. 짧은 순간이었지만, 손을 잡은 두 사람의 모습은 전 세계 미디어를 통해 보도된다. 사진은 오바마가 허리를 굽힌 저자세이고, 라울이 영접을 받는 것처럼 보인다. 미국 공화당과 보수파에서 난리가 난 것은 물론이다. 미국에서 쿠바는 악의 화신이다. 역대 모든 대통령이 쿠바 봉쇄정책을 시행해왔다. 오바마는 예외다. 백악관에 들어서는 즉시 쿠바 봉쇄와 비자 제한정책을 완화한다. 쿠바 출신 미국인들로부터도 비난을 받았지만, 계속 밀고 나간다. 마침내 아프리카에 가서 오바마 스스로 다가가 쿠바의 독재자에게 인사를 한다. 미국 대통령이 구원(舊怨)을 잊고 쿠바 국가의장과 악수를 한 것은, 역대 대통령 그 누구도 생각하지 못했던 역사적 사건이다. 상징적이기는 하지만, 쿠바혁명 이후 무려 54년간 계속된 양국 간의 험악한 관계가 해결될 기미를 찾을 수 있었던 빅뉴스였다.

이란 문제의 경우 시리아의 해결 방안과 거의 비슷하다. 이스라엘은 이란이 핵 개발에 나설 것이라 보고, 시종일관 군사적 대응을 요구한 상태다. 오바마는 줄곧 대화를 통한 평화적 해결을 고집한다. 2012년 대통령 선거 당시 이스라엘은 아예 오바마 낙선 운동을 대놓고 벌였다. 두 나라의 앙금이 가슴 깊이 새겨진 것은 물론이다. 이 와중에 2013년 11월 25일, 오바마는 이란 핵 협상 타결 소식을 발표한다. 이란이 6개월간 핵무기 개발 관련 프로그램을 동결 축소하는 대신, 서방측이 경제제재를 완화하고 동결 자산 일부도 해제한다는 타결안을 내놓은 것이다.

이스라엘은 강력히 반발했다. 이란이 약속을 안 지킬 경우, 핵 개발에 나설 6개월간의 시간을 허락하는 꼴이 된다는 것이다. 그러나 오바마는 귀를 막은 채 강행한다. 미국 의회와 미디어 그리고 경제계를 지배해온 그 유명한 이스라엘 로비도 오바마의 생각을 꺾지 못했다. 항상 이스라엘의 생각대로 움직여왔던 미국의 대(對)중동 정책이 마침내 180도 방향을 튼 것이다. 더 이상 미국에 의지할 수 없는 상황이 된 것이 이스라엘의 현실이다.

오바마의 중동 정책 변화는 '결코' 평화에 대한 확고한 소신 때문만은 아니다. 시리아·이란에서 보듯, 부전(不戰) 방침을 외교 정책의 최우선 과제로 잡는 과정에서 나타난 결론이라 볼 수 있다. 전쟁을 불사하는, 당근과 채찍이 병행되는 외교가 아니다. 어떤 식으로든 전쟁을 피할 수 있는, 당근으로 가득 찬 외교가 미국의 기본 노선이다. 세상에 전쟁을 원하는 나라는 없다. 필요악으로서, 평화를 확보하는 과정에서 무력 대응이 발생할 뿐이다. 그러나 미국은 아예 처음부터 무력 공격을 협상 리스트에서 제외한 상태이다. 전쟁을 원치 않는 수준이 아니라, 전쟁을 할 수도 없는 나라로 변해가고 있다. 세계의 경찰이라 불린 미국은 총을 쏘지 않는 카우보이로 변해가고 있다. 살인자와 강도가 날뛰어도, 손에 피를 묻히기를 두려워하는 겁쟁이 경찰이다.

실망이란 말이 갖는 의미와 배경

미국은 스스로 종이호랑이가 되기로 작정한 나라다. 한반도 주변 패러다임의 변화는 바로 이 같은 상황을 배경으로 한다. 그동안 카우보이 밑에서 숨도 못 쉬던 잠재적 늑대들이 한순간 한반도 주변에 출몰하고 있다. 총을 뽑을 수 없는 카우보이는 늑대가 변신해가는 상황을 그냥 방관하는 상태다. 2013년 말 발생한 아베의 야스쿠니 참배 문제는 늑대의 출몰이 그저 상상이 아니라 현실이라는 것을 증명한 좋은 본보기다.

원래 아베의 야스쿠니 참배 가능성은 50대 50 정도로 예상됐다. 주변국과 일본 내 지식인들의 우려를 고려해 총리가 직접 나서지는 않을 것이란 입장이 절반, 우향우 정치인 아베의 정치적 성향을 고려할 때 언젠가 직접 참배를 할 것이라 보는 입장이 나머지 절반이었다. 참배 보도 직후, 한국과 중국이 비난의 화살을 보낸 것은 물론이다. 미국은 어떨까? 한국의 신문과 방송을 보면, 워싱턴 전체가 전쟁을 미화하려는 아베의 행태에 반발한 것처럼 느껴진다. 필자는 다르게 본다. 아베의 행동에 맞선 의회 내 비난 결의안도 없다. 초당적 결의안, 상하 양원 결의안은 고사하고 그 흔한 소위원회 결의안조차 없다. 미국 상원과 하원은 티베트 문제나 북한 인권 문제에 대한 결의안을 주기적으로 내고 있다. 미국이란 나라를 전면에 내세운, 국가적 의지·의사라는 측면에서 보면 아베의 야스쿠니 참배 문제는 티베트 문제, 북한 인권문제보다 격이 낮은 이슈에 불과하다.

한국 신문에 크게 보도된 미국 정치인의 반(反) 아베 발언은 개인적 차원에서 인터뷰에 응하는 식으로 나타난 것에 불과하다. 스스로 작심해서 아베를 비난하거나, 의회 전체를 오가며 동료 의원들과 함께 미국의 의사로 표명하는 것과 전혀 다르다. 워싱턴 싱크탱크에서의 반(反) 아베 논의도 전무하다. 한국에 크게 실리는 반 아베 관련 글이나 싱크탱크 관계자의 발언을 보면, 워싱턴의 주류에서 멀리 떨어진 단체나 개인의 생각에 불과하다. 예상은 했지만, 상상 이상으로 침묵 모드로 일관했다.

필자가 판단컨대, 미국이 발표한 외교적 차원의 유일한 반응은, 주일 미국대사관에서 발표된 '실망(Disappointed)'이란 단어 하나에 불과하다. 한국에서도 크게 보도됐지만, 아베의 야스쿠니 참배 직후 곧바로 발표된 것이다. 전문을 보자. "일본은 중요한 우방이자 친구입니다. 그럼에도 불구하고, 미국은 일본의 이웃과 긴장 관계로 나아갈 수 있는 행동을 취했다는데 대해 실망하지 않을 수 없습니다(Japan is a valued ally and friend. Nevertheless, the United States is disappointed that Japan's leadership has taken an action that will exacerbate tensions with Japan's neighbors)." 필자는 주일 미국대사관의 연설문을 보면서 한반도 주변에 늑대가 창궐할 수밖에 없는 어두운 현실을 직시했다.

먼저 발표 장소를 보자. 워싱턴의 백악관이나 국무성이 아닌 주일 대사관에서의 발표다. 전 세계를 상대로 한 실망이 아니라, 주일 대사관 수준의 실망이다. 후에 국무성에서도 한국 기자들의 질문에 대한 답변으로 '실망'이란 말을 사용하지만, 주체는 캐롤라인 케네디가 대사로 있는 주일 미국대사관이다. 당연하겠지만, 아베의 야스쿠니 참배는 사전에 미국에 알려진 상태에서 이뤄졌다. 최소한 야스쿠니 방문 계획을 미국에 알려주면서 행동에 나섰다고 볼 수 있다. 아베의 그 동안의 결의를 보건대, 사실상 통보에 해당하는 메시지가 전달됐을 것이다. 미국 측은 즉각 어떤 식의 반응을 보일지에 대한 논의에 들어갔을 것이다. 그 결과가 주일 미국대사관에서 발표된 '실망'이란 단어다.

실탄 1만 발 사건과 야스쿠니 참배 강행

그렇다면, 외교적으로 볼 때 '실망'이란 말의 수위는 과연 어느 정도일까? 미국 국무성 웹사이트(www.state.gov)에 들어가 대사관 차원에서 발표한 '실망'이란 단어가 들어간 발표문을 찾아봤다. 가장 먼저 나오는 것은, 폴란드와 리투아니아 주변에 배치된 단거리 미사일 문제를 둘러싼 러시아에 대한 '실망'이다. 인권 상황이 악화되고 있는 중국에 대한 실망도 있다. 팔레스타인 자치구를 공격한 이스라엘에 대해서는 '깊이 실망(deeply disappointed)'했다는 표현을 사용하고 있다. 캐나다가 미국산 옥수수의 수입에 반대한다는데 대한 '실망'도 찾아볼 수 있다. 전체적으로 볼 때 '비난한다(condemn)'라는 표현보다 한 단계 낮은 외교적 수사에 해당한다. 보통 '비난한다'는 말은 미국의 적에게 던지는 표현이다. '실망'이란 말의 뜻은 문맥상 살펴보면, '서로 친구로 잘 알고 지내왔는데 미국과의 충분한 협의 없이 단독적으로, 또 일방적으로 결정한 행동에 대한 서운함'이 배인 용어로 활용된다. 다시 말해 다음번에는 서로 간의 충분한 협의를 통해, 친구로서의 우정과 약속을 지켜나가자…… 라는 뜻이 포함돼 있다.

주목할 부분은, 외교적 의미로서의 '실망'이란 말은 아베의 야스쿠니 참배 자체를 잘못됐다고 말하는 것이 아니란 사실이다. 친구인 미국과의 '충분한 협의 없이' 야스쿠니에 간 것이 실망이라는 의미다. 실망이란 말을 하기 전에 "일본은 중요한 우방이자 친구입니다."라고 강조한 것은 단순한 수식어가 아니다. 친구와 협의를 한 상태에서 야스쿠니에 갔다면 실망하지 않았을 텐데, 라는 여지가 문맥 속에 포함돼 있다. 한국 미디어는 미국정부가 실망했다고 발표하면서 야스쿠니 참배 자체를 비난했다고 말하지만, 내막을 보면 상황은 달라진다. '왜 혼자 결정해서 야스쿠니에 갔느냐'에 대한 실망감이, 백악관이나 국무성이 아닌 주일미국대사관에서 발표됐을 뿐이다. 미국의 반응은 찻잔 속의 태풍, 아니 미풍에 불과하다. 따라서 야스쿠니 참배를 인정한 것은 아니지만, 반대하거나 비난한 것도 결코 아니다.

아베 총리의 야스쿠니 참배 시기와 관련해서도 여러 가지 견해가 많다. 총리 취임 1주기가 가장 큰 배경에 있겠지만, 일본 천황의 생일 직후라는 점도 원인 중 하나일 듯하다. 필자가 주목하는 부분은 남(南) 수단의 한빛부대다. 한국 신문에도 보도된, 실탄 1만발 제공 사건을 말한다. 유엔 남수단임무단(UNMISS)에 참전한 한국의 한빛부대가 반군들의 위협에 처하면서 일본 자위대로부터 실탄을 빌려 받은 사건으로 2013년 12월 23일에 발생한다. 일본은 실탄 요청건과 관련해, 막 신설된 국가안전보장회의(NSC)를 개최한다. 집단적 자위권을 집행할 머리와 같은 조직이 NSC다. 한국의 실탄 요청건이 제1회 NSC의 중심의제가 된 셈이다. 곧이어 총리 주재하의 각의도 소집한다. 원래 무기 수출 3원칙에 따르면 일본은 한국에 실탄을 빌려줄 수 없다. 그러나 회의 결과, 적극적 자위권의 일환으로 한국에 대한 실탄 1만발 지원이 결정된다. 일본에서는 예를 찾아보기 어려운 신속한 결정이었다.

그러나 사태는 1만발 지원이 이뤄지는 즉시 터져 나온다. 일본 정부가 집단적 자위권의 일환으로 한국에 1만발을 빌려줬다고 발표하자, 한국 측에서는 이를 일본의 재무장을 위한 구실로 이용하고 있다고 비난한다. 한국정부는 일본 자위대가 아니라, 유엔을 통해 실탄을 빌렸을 뿐이라고 말하면서 1만발 반환을 즉각 명령한다. 한국에서도 할 말이 많았겠지만, 일본 역시 들끓었다. "한빛부대 책임자가 어렵다고 직접 전화를 해왔기에 이웃나라로서 평화헌법을 확대해가면서까지 즉시 도와줬다. 그런데 고맙다는 말을 하기는커녕, 일본을 전쟁광으로 몰아가고 있다." 자위대에 보관된 전화 통화 내용을 인터넷에 그대로 공표하자는 얘기가 흘러나왔다. 가뜩이나 반한(反韓) 정서가 넘치던 일본 내 여론은 한층 더 악화된다. "뭘 하든 반대하는 이상, 더 이상 한국의 얘기에 귀 기울일 필요가 없다." 반한 정서가 정치계의 대세처럼 흘러가기 시작한다. 한국과의 대화를 중시하려는 신중한 목소리는 한순간에 사라진다. 한빛부대 소동으로 일본 내 반한 여론이 비등하던 시기에 야스쿠니 참배가 단행된 것이다. 이후 한국 국방부에서 실탄 1만발을 곧바로 반환했다고 하지만, 일본 자위대는 아직 받지 않았다고 맞대응한다. 상황은 한층 악화된다. 2014년 1월 4일 관방성장관 스가 요시히데(菅義偉)의 발언은 일본의 기류를 읽을 수 있는 좋은 증거다. "일본의 입장을 버리면서까지 한국·중국과 정상회담을 할 필요는 없다."

한·일 정상회담 요청은 미국을 의식한 쇼?

아베는 틈만 나면 한국과 손을 잡으려 한다. 중국의 견제라는 측면에서 한국을 친구로 삼자는 것이 중요한 배경이겠지만, 다른 시각으로 해석될 수도 있다. 한·미동맹, 미·일동맹을 연결하는 한·미·일 3국동맹이란 차원에서의 돈독한 우의를 자랑하자는 것이 더 큰 이유다. 워싱턴에 보여주기 위한 일종의 '정치적 쇼'가 일본의 끔찍한 한국 사랑의 배경인 것이다. 미국은 틈만 나면 한·일관계 개선을 주문하고 있다. 서울과 도쿄에 들르는 미국 고관의 일상적 제의 중 하나가 한·일관계 개선이다. 중국을 견제하기 위해 미국을 중심으로 한국과 일본이 굳게 뭉쳐야 한다는 의미다. 한국이 내놓은 답은 '역사와 과거사'이다. 일본의 반응은 "조건 없이 우선 만나자고 아무리 말해도 만나주지 않는다." 정도로 집약된다.

논리적으로 생각해 볼 때 일본 총리는 물론, 총리 부인이 한류를 사랑한다고 외치는데도 불구하고 한국이 응하지 않으면 더 이상 한국과의 만남에 매달릴 이유가 없다. 일본 입장에서, 두 나라가 만나 얘기하지 않으면 안될 특별한 현안도 없다. 만난다고 해도 지금 당장 결정지어야할 양국 간의 이슈 역시 없다. 한국이 주장하는 '역사와 과거사'가 테이블에 오를 수 있겠지만, 일본 입장에서는 정상이 만나지 않으면 안되는 중요한 이슈가 없는 셈이다. 집단적 자위권을 통한 미·일동맹 2.0을 다지기 위한, 미국을 의식한 쇼가 한·일 정상회담 요청의 이면에 드리워져 있다.

아베의 야스쿠니 참배는 작은 늑대 일본의 우향우 노선을 가속화시키는 계기가 될 것이다. 한·미·일 3국 동맹을 고려해 다소 주저하면서 참배에 나섰지만, 앞으로 치러질 총리의 참배는 다른 각료와 함께 아예 당당하게 이뤄질 것이다. '실망'이란 말 한 마디로 대응한 미국은 일본의 우향우 노선에 대해 결코 반대하지 않을 것이다. 사실 야스쿠니 참배 문제가 터졌을 당시, 워싱턴은 후텐마 기지 이전 문제에 주목했다. 미국이 끈질기게 협의해온 후텐마 기지 이전 문제가 17년만에 타결된 것이다. 일본은

3,460억 엔을 들여 매립지를 개발해, 후텐마 기지를 이전시키기로 최종 결정했다.

통일 대박의 시나리오

총 쏘기를 포기한 카우보이의 어정쩡한 자세는 앞으로 국제 관계의 상식처럼 정착될 것이다. 기껏해야 무인비행기를 올려 적을 공격하는 수준에 그칠 것이다. 북한은 언제, 어떻게 될지 모르는 나라다. 핵도 갖고 있다고 한다. 북한이 무너질 경우, 북한이 불장난을 할 경우 한국이 기댈 언덕은 한국 자신밖에 없다. 그러나 한국 스스로의 힘으로 풀어나가기 어려운 험악한 상황이 주변 4대국으로부터 밀려올 것이다. 통일 대박이라 말을 하지만, 그 향방을 쥐고 있는 곳은 주변 4대국이다. 대통령이 발언한 즉시 마치 기다렸다는 듯이 장밋빛 미래에 관한 자료들이 터져 나온다. 통일이 되는 순간 한국의 주식이 급등할 것이라고 한다. 믿고 싶지만, 믿기 어려운 꿈같은 얘기다.

21세기 한국의 외교 현황을 보면, 일본과는 이미 멀리 떨어진 지 오래고 미국과도 관계가 점차 소원해지고 있다. 통일 한국이 중국의 이익에 어긋날 가능성은 0%라 말하면서, 중국에 대한 짝사랑도 깊어지고 있다. 그러나 중국이 한국의 통일을 지원할 이유를 찾기는 극히 어렵다. 중국 자신의 문제를 해결하기에도 급급하기 때문이다. 러시아도 마찬가지다. 통일은 중국이나 미국만이 아니라, 러시아와 일본 모두를 안심시킬 수 있는 부드러운 외교를 통해야 가능해질 것이다. 삼성전자 주식의 절반 이상이 일본 자본이란 점에서 보듯, 이웃을 적으로 돌린 채 통일 대박을 이루기는 극히 어렵다. 영토·영해·영공 팽창과 같은 군사적 팽창에 이어, 정치적·외교적 패권을 노리는 나라가 중국이다. 한반도 내부용이 아니라, 한반도 밖을 대상으로 한 한국의 미래상은 무엇인가? 통일 대박이 미래이듯, 과거의 역사 문제를 넘어선 주변 4대국과 그려갈 미래의 청사진이 아쉽다.

제3장

신지정학과
21세기 동아시아 동맹론

"일본이 집단적 자위권을 행사할 경우 세계 각지의 활동에서 주요한 역할을 할 수 있을 것이다."

2013년 10월 16일에 알려진 호주 외무장관 줄리 비숍의 발언이다. 이 발언은 도쿄에서 이뤄진 기자회견을 통해 밝혀졌다. 미국에 이어 호주정부도 일본이 추진하는 집단적 자위권을 지지한다고 밝힌 것이다. 집단적 자위권이란 말은 최신 시사용어처럼 느껴진다. 다소 어렵게 느껴질지 모르지만, 핵심은 간단하다. '일본의 동맹국인 미국이 공격을 받을 경우 일본도 함께 행동에 나선다'는 것으로 압축될 수 있다. 평화헌법에 묶여 열도(列島) 주변을 지키는 자위(自衛) 수준에 그치던 과거의 일본군이 아니다. 동맹 관계인 미국을 돕기 위해 세계 구석구석으로 활동 영역을 넓히겠다는 것이 집단적 자위권의 핵심이다.

상식적인 얘기지만, 미국은 현재 전 세계에 전선(戰線)을 가진 나라다. 멀리는 중동·아프리카·남미·유럽에서부터, 가까이는 한반도에 이르기까지 수십·수백 개의 크고 작은 전선을 갖고 있다. 미국을 도와 글로벌 차원의 작전에 들어가겠다는 나라가 일본이다. 구체적으로 어떤 범주에서, 어떤 작전을 펼칠지는 앞으로 미·일협상을 통해 구체화될 것이다. 전반적인 상황을 볼 때, 미국은 일본의 역할에 대해 큰 기대를 갖고 있다. 보다 적극적이고 광범위하게 집단적 자위권을 발휘해달라는 것이 미국의 입장이다. 한반도만이 집단적 자위권의 대상이 아니다. 한국에서는 우향우의 화신(化身) 아베가 군사 대국에 앞장선다는 식으로 이해하고 있다. 틀린 것은 아니지만, 시야를 좀 더 거시적으로 넓힐 필요가 있다.

태평양전쟁 당시 미국은 섬 하나를 탈환하기 위해 수천 명의 희생자를 감수해야만 했다. 일본의 재무장에 대해 가장 염려하고, 조심하는 나라가 미국이다. 일본 재무장은 미국의 지지나 협력 없이는 불가능하다. 일본의 집단적 자위권은 스스로 원해서이기도 하지만, 오래전부터 시작된 미국의 요청에 맞추는 형식으로 진화되고 있다. 집단적 자위권을 미국이 공식 지지한다는 뉴스가 보도됐지만, 한국 신문과 방송의 반응을 보면 놀라울 따름이다.

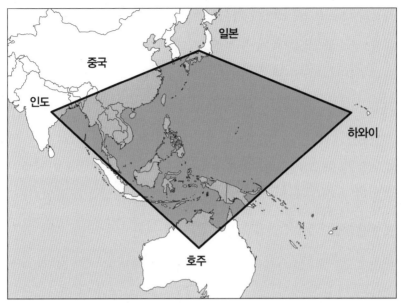

● 시큐리티 다이아몬드 작전 범위를 나타내는 그림. 인도-호주-일본-미국(하와이)을 연결하는 방어망이다.

'왜 미국이 일본을 지지하는가?'하는 식의 반응이 주류를 이루기 때문이다. 워싱턴의 상황을 안다면, 집단적 자위권의 배경에 미국이 있다는 것은 너무도 상식적인 사실이다. 굳이 놀란다면, 새삼스럽게 미국이 집단적 자위권 문제를 언급했다는 점이 이상스러울 뿐이다.

필자의 예측이지만, 가까운 시일 내에 또 하나의 아시아의 대국(大國)이 일본의 집단적 자위권을 지지할 것이다. 한국 언론이 또 놀랄지 모르지만, 세계적으로 볼 때 너무도 당연하게 받아들여질 상황이다. 주인공은 인도(印度)다. 인도는 아시아 제국(諸國)

가운데서도 일본과 가장 가까운 나라 중 하나다. 일본이 세운 괴뢰국 만주를 가장 먼저 승인했고, 태평양전쟁 후 전승국 논리에 의한 전범 처리에 반대한 나라가 인도였다. 한국인에게도 잘 알려진 시(詩),「동방의 등불」의 저자인 타고르는 친일 인도인의 대명사다. 백인에 맞선 전쟁을 성전(聖戰)이라 극찬한 시인이다. 언제부턴가 한국은 일본 연예인이나 한물 간 우익 인사의 일거수일투족에 모든 신경을 곤두세우고 있다. 그러나 정작 중요한 부분에 대해서는 너무도 쉽게 넘어간다. 인도가 '왜?'라고 반문할지 모르지만, 최근의 국제 정세를 보면 이미 그 답은 나와 있다. 한국 언론의 관심 밖에 있는, '다이아몬드(Diamond) 구상'이 바로 그 답이다. 원래 '민주주의에 기초한 다이아몬드 전략(Democratic Security Diamond)'이라는 긴 이름을 가진, 아베가 2007년부터 부르짖은 새로운 군사전략이다. 간단히 말해 미국 하와이, 일본, 호주, 인도 네 나라를 엮는 군사방어망이다. 미국의 동맹국이자, 다이아몬드 권내에 들어가는 한국은 협력 대상국에 포함되지 않는다.

　다이아몬드 구상의 작전 범위를 보면 그 의도가 무엇인지 쉽게 알 수 있다. 해상국가로 발돋움하려는 중국을 견제하기 위한, 4개국 간의 준(準) 군사협력 구도다. '민주주의에 기초한'이란 형용사가 다이아몬드 구상 앞에 붙는다는 것만 봐도, 1당 독재국인 중국을 겨냥한 집단방어망이란 것을 알 수 있다. 중국과 달리, 일본·인도·미국·호주는 민주주의 가치관에 기초한 이념의 동맹국이란 점이 강조되고 있다. 사실, 집단적 자위권의 출발점은 다이아몬드 구상권을 기반으로 하고 있다. 언젠가 전 세계로 나아가겠지만, 집단적 자위권이 시행될 최초의 무대는 다이아몬드 권내가 될 것이다. 센카쿠를 비롯해, 중국이 아시아 제국(諸國)과 해상 영토 분쟁을 빚고 있는 지역이다.

미국에 이어 호주, 이후 인도가 집단적 자위권의 지지자로 나서는 것은 너무도 당연한 수순이다. 사실 다이아몬드 구상을 둘러싼 일본의 외교력은 2013년 10월 초 인도네시아 발리에서 열린 아시아태평양경제협력체(APEC) 정상 외교를 통해서도 충분히 발휘됐다. 바로 당시 박대통령의 정상 외교에 가려져 한국 언론 대부분이 무관심하게 봤던, 일본·호주·미국 3국 간에 이뤄진 공동성명을 뜻한다. "남중국에서의 국제 질서를 무너뜨리려는 그 어떤 위압적인 행동이 있더라도 (우리는) 반대한다." 남중국 해상에서 패권을 노리고 있는 중국에 대한 노골적인 경고인 셈이다. 당시 전 세계 미디어는 오바마 대통령의 공석으로 인해 APEC에서 미국의 위상이 하락할지도 모른다고 염려했다. 미국이 없는 빈틈을, 중국이 발 빠르게 치고 나간다는 식의 글도 많다. 그러나 필자는 다르게 본다. 미국의 영향력이 줄어들 가능성은 있지만, 중국이 빈자리를 치고 들어간다는 것은 두고 볼 사항이다. 미국, 나아가 인도와 호주를 등에 업은 일본이 그 같은 상황을 인정하지 않을 것이기 때문이다.

지정학의 대두

21세기 동북아는 20세기를 풍미했던, 구시대 이데올로기의 대결장처럼 느껴진다. 역사의 아버지라 불리는 고대 그리스 헤로도토스의 저서, 『역사(Historiai)』에서부터 논의된 지정학(地政學: Geopolitics)을 말한다. 기원전 499년부터 50년간 벌어진 그리스와 페르시아 사이의 전쟁을 분석하는 과정에서, 지리적 환경이 민족과 국가 번영의 주된 요소로 떠오르게 된다. 지리와 정치를 연결하는 지정학은 제국주의 시대 이래, 20세기 냉전이 끝날 때까지 전 세계를 지배한 이데올로기로 자리 잡는다. 그러나 21세기 들어 글로벌 시대와 인터넷을 기반으로 한 IT혁명이 일어나면서 국제정치 무대에서 지정학을 찾아보기 어렵게 되었다. 다시 부활한 것은 21세기 동아시아에서다. 보다 구체적으로 보면, 일본·한국·중국 그리고 남중국해를 잇는 해상 루트를 말한다. 아베가 주장하는 다이아몬드 구상권을 중심으로 한 해상권이 지정학의 새로운 연구 테마로 자리 잡게 된다.

한국은 지정학의 영향을 가장 예민하게 느낄 수 있는 곳이다. 일제의 식민지, 냉전과 함께 시작된 한국전쟁은 지정학적 차원에서 해석될 수 있는 역사이다. 그러나 21세기 한국은 지정학이 몰고 올지도 모를 엄청난 광풍에 무관심하다. 박대통령 등장 이후, 주변국을 아우르는 한국의 중심 화두(話頭)는 역사 문제이다. 언제부턴가 한국에서 역사는 과거사를 의미한다. '역사=일제의 만행'으로 해석된다. '역사=왜 조선은 그때 무능했는가?' 같은 문제와는 거리가 멀다.

'왜 졌는가'에 주목하는 일본의 역사관

2014년, 일본인들이 말하는 역사는 '태평양전쟁 패전의 원인'이라는 식으로 해석될 수 있다. 왜 무모하게 태평양전쟁을 일으켜, 군인 230만과 일반 시민 80만에 달하는 일본인들을 죽음으로 몰아넣었나에 관한 문제가 아니다. 간단히 말해 '왜 졌는가?' 하는 문제에 관심이 모아진다. 미국을 적으로 세워서 어제의 치욕을 갚자는 것이 아니다. 혹시 일어날지도 모를 만약의 사태에 대비하는 과정에서, 태평양전쟁의 교훈을 얻어내자는 것이다. 과거사를 통한 반성, 나아가 군국주의에 대한 자랑도 아니다. 과거사를 통한 생존전략 확보가 최대의 현안이다. 사실 아베가 벌이고 있는 모든 외교·군사 정책의 초점은 '왜 졌는가?'에 대한 답을 찾아가는 과정이라 볼 수 있다. 집단적 자위권을 시작으로, 국가안전보장회의 창설, 미·일동맹을 축으로 하면서 확대되는 다자간 군사협력 체제, 사이버 시큐리티와 우주전쟁을 대비한 테크놀로지 향상, 해병대 창설 같은 것들은 '왜 졌는가?'에 대한 해결 방안에 해당한다. 종군위안부 문제나 전시(戰時) 노동자 보상에 관한 문제는 관심 밖이다.

'왜 졌는가?'라는 질문에 대한 답으로, 일본인이 가장 중시하는 것은 무엇일까? 하나로 결론지을 수는 없고 여러 가지로 해석될 수 있겠지만, 지정학적 관점에서 볼 때 일치하는 답이 하나 있다. 해상 보급루트에 관한 문제이다. 전쟁에 들어가기 직전 일본의 육군과 해군은 미국과 일본의 국력 차에 대한 조사를 벌였다. 1941년 기준으로 석유가 1대 70, 철강이 1대 18, 국민소득이 1대 13으로 절대 열세에 놓여있었다. 종합적인 차원에서 조사한 결과 일본과 미국의 국력 차는 무려 721배에 달했다. 정신이 나가지 않은 한 721배 큰 나라를 상대로 싸운다는 것은 있을 수 없다. 그럼에도 불구하고 육군과 해군이 개전(開戰)에 들어간 것은 동남아시아의 자원 때문이다. 일본 해군이 진주만 공격에 들어간 것은 1941년 12월 7일 아침이다. 육군은 곧이어 동남아시아로 진격한다. 믿어지지 않겠지만, 불과 6개월 만에 동남아시아를 지배하던 미국·네덜란드·영국·호주를 전부 밀어낸다. 서방이 400여 년간에 걸쳐 개척해 온 아시아의 식민지 역사를 한순간에 바꾼다. 한꺼번에 영국인 2만 명을 포로로 잡기도 한다. 일본군들은 포로들에게 왜 자살을 하지 않느냐고 물었다고 한다. 전쟁에 질 경우 자살하는 걸 당연하다고 교육받았기 때문이다. 당시 포로에 관한 유명한 영화 중 하나가, 데이비드 린 감독의 「콰이강의 다리」이다.

개전 후 일본은 승리할 것처럼 보였다. 721배나 큰 대국을 상대로 싸웠지만, 동남아시아로부터 전쟁 물자를 실어 나르면서 별 문제가 없을 듯 보였다. 그러나 상황은 1943년 급변한다. 보급선 차단이다. 일본이 진주만을 공격할 당시, 미국은 대서양에서 고전하고 있었다. 독일 잠수함 U보트가 유럽으로 향하던 미국 수송선과 함대를 공격하면서 해상전선이 동부 대서양에 집결된다. 일본은 그 틈에 동남아시아에서 승승장구한 것이다. 전쟁 후 1년이 지나면서 미국은 독일 U보트 공략에 나선다. 대형 호위함을 통한 수송과 공군기를 이용한 U보트 공격이다. 대서양의 제해권을 미국이 장악하면서 주력 함대가 다시 태평양으로 옮겨간다. 미국이 가장 먼저 주목한 부분은 해상수송선이다. 싱가포르-사이공-마닐라-타이완(臺灣)-도쿄로 이어지는 5,000km의 해상 보급루트 구축에 군사력을 총동원한다. 수송선 공격에 나선 것은 잠수함이다. 아인슈타인 박사가 개발했다는 S-J 레이더를 통해 원거리에서 수송선을 포착한 뒤, 어뢰를 날리는 방식이었다.

개전 당시 일본은, 총 600만 톤에 달하는 선박을 보유하고 있었다. 군용으로 300만 톤, 물자 수송용으로 300만 톤 씩 이분화되어 있었다. 일본은 매년 10%, 즉 60만 톤 정도가 적의 공격으로 침몰할 것으로 전망했다. 1차 세계대전 당시 영국이 당한 피해 규모에 기초한 통계다. 그러나 실제는 전혀 달랐다. 1941년 96만 톤, 1942년 169만 톤, 1943년 392만 톤의 선박이 물에 가라앉는다. 신형 잠수함이 개발되면서 일본의 해상 보급루트는 미국의 손에 넘어간다. 1945년 8월 15일 당시 남은 일본의 선박 보유 규모는 30만 톤에 불과하다. 95%가 미국의 공격에 의해 사라진 것이다. 몰살이라 보면 된다.

잘 알려진 대로 일본 육군 대신 아나미 고레치카(阿南惟幾) 장군은 패전 당일까지 1억 결사항전을 부르짖은 인물이다. 옥이 부서질 때 나는 아름다운 빛과 소리처럼 모두 함께 죽자는, 이른바 '옥쇄(玉碎)'를 마지막까지 주장했다. 해상 보급루트가 막히면서 해외전선에서는 불리하지만, 일본 내에서 싸울 경우 승산이 있다는 것이었다. 당시 일본 내에는 학도병 무장 군인을 비롯해 150만의 병력이 존재했다. 1억 명 모두가 상륙하는 미군 한 명씩만 살해해도 이길 수 있다는 것이 아나미 장군의 생각이었다. 정상이라 볼 수 없는, 거의 반 정도 미친 판단이지만, 당시 육군 지도부 중 상당수는 1억 옥쇄를 믿었다. 항복 소식이 알려지자 육군의 일부는 쿠데타에 나서기도 했다. 반면 해군은 전함 격침과 보급선 차단을 통해 패전이 임박했다는 사실을 피부로 느끼고 있었다. 시골 출신이 주축인 육군은 바다 너머 벌어지는 현실에 둔감했다. 아나미 장군은 천황이 포츠담선언 수락을 명령하자, 곧바로 집에 돌아가 자결한다. 8월 15일 아침 7시 10분이었다.

중·일 충돌은 예정된 수순

태평양전쟁 당시 한반도에서는 기아자가 거의 없었다. 그러나 일본 열도에서는 기아자가 속출했다. 해상 보급루트가 차단되면서 식량을 옮기지 못해 빚어진 비극이다. 일본 군인은 물론, 일반 국민들도 해상 보급루트가 차단될 경우 어떤 결과가 생길지를 몸으로 체험한 셈이다. '왜 졌는가?'에 대한 답으로 해상 보급루트 확보에 대한 중요성이 상식처럼 정착된 것이다. 2012년 9월 11일, 일본정부는 센카쿠 열도 내 3개 섬을 20억 5,000만 엔에 구입한다. 원래 이시하라 신타로 전 지사가 구입하겠다고 말했지만, 정부가 대신 구입한다. 이후 일본과 중국은 길고도 긴 영토 분쟁에 들어간다. 일반적으로 센카쿠 문제는 섬 주변의 자원 개발을 둘러싼 분쟁으로 받아들여진다. 베트남·필리핀에서의 해상 분쟁처럼, 중국이 남중국해의 자원 개발을 독점하려는 상황에서 발생한 것으로 받아들여진다. 일본은 다르다. 중국이 조직적으로 벌이는 해상 보급루트 차단이란 차원에서 이 문제를 해석한다. 멀리 중동의 석유를 비롯해, 아프리카와 동남아시아의 자원과 식량 수송을 차단하려는 차원의 도발로 이를 받아들인다. 일본인 입장에서는 사활이 걸린 문제다. 일본의 급작스런 우향우 바람은 일본 내 우익의 발현이라기보다, 중국의 잠재적 위협에 대응하는 과정에서 나타난 결과로 볼 수도 있다. 센카쿠의 위치를 보면 일본으로 향하는 해상 보급루트와 일치한다. 그것을 중국이 차지할 경우 주변에 대한 무력시위와 함께 일본의 생명선이 위협받게 된다. 일본으로서는 절대 양보할 수 없는 마지노선이다.

센카쿠 문제에 대한 중국의 입장도 강경하다. 센카쿠는 지도상으로 볼 때 타이완에 가깝다. 타이완 본토는 논외라 하더라도, 부속 도서에 대해 중국령이라 주장하는 것은 나름대로 근거가 있다. 그러나 일본을 GHQ(연합군 총사령부)로부터 해방시킨, 샌프란시스코 조약 체결 당시 센카쿠는 일본의 영토로 확정됐다. 중국 공산당은 자신이 참석하지 않은 샌프란시스코 조약을 따를 수 없다고 말한다. 중국 자신이 참석하지 않은 상태에서 이뤄진 전승국만의 조약을 받아들일 수 없다는 것이다. 국제법에 따르면 중국의 주장은 억지에 불과하다. 그러나 중국인들은 국제법이 아닌, 중국식 세계관으로 문제를 해결하려 한다. 경제 성장이 한계에 달하고 중국 내 모순이 표면화되면서 반일 민족주의는 좋은 소재로 등장하고 있다. 중국 역시 센카쿠에 대해 조금의 양보도 있을 수 없는 것이다.

결론적으로 보면, 중국과 일본은 가까운 시일 내에 충돌할 수밖에 없는 운명에 들어서 있다. 정부 차원의 계산된 충돌이라기보다, 우발적인 분쟁으로 비화될 가능성이 높은 곳이 센카쿠다. 중국의 군부는 마오쩌둥 이래 계속된, 단위(單位) 차원의 전술·전략에 익숙해 있다. 항공모함을 사들이고 최신 짝퉁 비행기를 만들고 있지만, 종합적이고 입체적인 중앙 통제식 군사전략에 익숙하지 못하다. 베이징의 명령이 아니라, 세상 물정 모르는 지방의 군인들이 주축이 된, 단발적이고 자극적인 형태의 분쟁이 센카쿠에서 일어날 가능성이 높다. 만약 군사적 충돌이 벌어질 경우 주변에는 어떤 일이 벌어질까? 집단적 자위권은 미군을 도우려는 일본군의 충정에 그치지 않는다. 거꾸로 해석하면 일본이 도와줄 테니, 미국도 일본을 책임져야만 한다는 의미이다. 미국이 자동으로 개입하게 된다. 그 같은 상황에서 한국은 어떤 입장을 취할 수 있을까? 센카쿠로 이어진 해상 보급루트는 일본만이 아니라, 한국 역시 공유하는 해상라인이다. 센카쿠에서의 무력 충돌이 장기화하는 과정에서, 지금까지 한국이 한 번도 경험한 적 없는 보급루트 차단이 발생할 경우 어떤 대응책을 고려할 수 있을까? 극단적으로, 센카쿠가 영원히 중국 손에 넘어간다고 할 때, 머지않아 직면하게 될 한·중 국경 분쟁에는 과연 어떤 영향을 미치게 될까?

지정학이 다시 무대에 오르고 일본이 미군의 2중대로 나아가고 있는 것이 현재의 상황이다. 한국의 미래를 안전하게 만들어줄 유효한 카드는 무엇일까? 과거사 문제를 통해 일본으로부터의 '도게자(土下座: 땅에 엎드려 고개를 조아리는 가장 강도 높은 사과의 방법 – 편집자 주)'를 받는 것이 지금 한국이 안심할 수 있는 길일까? 유일한 길은 동맹 관계다. 한국이 쌓아온 미국과의 60년간의 군사동맹만이 현재의 어두운 무대를 밝혀 줄 등불이다. 바쁠수록, 정신이 없을수록, 변수가 복잡하게 움직일수록 기본과 원론으로 돌아가야한다.

제4부
태평양 전쟁의 유산

제1장

사익(私益)으로 점철된
일본 미디어

"일본을 중요한 이웃이라고 말한다면, 일·한 대화에 임하면서 일
방적인 양보만을 요구하지 말라(日本を重要な隣国と言うなら日韓対話に取り組
み一方的譲歩を求めるな)!"

광복절 다음날인 2013년 8월 16일, 「요미우리(讀賣)」의 사설이
다. 구체적인 내용을 살펴보자.

"종군위안부에 관한 보상은 1965년 일·한 청구권협정을 통해
법적으로 해결된 것이라는 게 일본의 입장이다…… 역사 인식 문
제로 일본에게 일방적인 양보를 요구하면서 대화를 거부하는 식
의 한국 쪽 행동이 고쳐졌으면 한다……."

「요미우리」의 사설은 박대통령의 광복절 연설을 분석한 뒤 내린 일본의 답장에 해당된다. 잘 알려져 있듯이 「요미우리」는 발행 부수 넘버원을 자랑하는 신문이다. 2013년 7월 기준으로 하루 985만부를 발간한다(일본ABC협회). 국제 문제에 별로 관심이 없는, 국내 지향적인 생활대국 일본의 입맛에 맞추는 신문이 「요미우리」다. '읽을거리(讀)를 판다(賣)'라는 신문사 이름에서 보듯, 튀지 않고 적을 만들지 않으면서 모두를 만족시켜주는 팔방미인형 신문에 해당한다. 기사는 물론 사설의 경우 가능하면 중립적 자세에서 양시론(兩是論)에 그치는 것이 「요미우리」의 논조이다. 리버럴을 지향하는 아사히와 비교해, 「요미우리」를 극우 미디어로 해석하는 사람도 있지만, 잘못된 평가다. 보통 일본인들은 별로 치우치지 않은 중도우파 노선의 신문으로 받아들인다. 참고로, 「아사히」의 발행부수는 767만부이다. 「요미우리」보다 220만부 정도 적다.

팔방미인형 「요미우리」지만, 8월 16일 사설은 날카로운 각을 세운 전혀 다른 모습이다. 박대통령의 대일관을 조목조목 부정하면서 정면으로 맞대응한다. 훈계까지 하는 듯한 느낌의 문장도 발견할 수 있다. 그동안 간헐적으로 박대통령의 대일관을 비판하는 기사가 있었지만, 이날 사설은 아예 작심을 하고 하나하나 맞대응한 듯 느껴진다. 내용도 내용이지만, 사설의 타이틀 또한 상당히 도전적이다. 그동안 북한과 관련된 기사에서나 볼 수 있던,

아래로 향한 시선이 곳곳에 드리워져 있다.

'한판 붙자'는 느낌의 「요미우리」 사설은 「산케이(産經)」처럼 극우 미디어의 논조라 생각할 지 모르겠다. 일본 지식인이 신뢰하는 아사히를 보면 그 같은 극단적인 반응이 없다고 강조할 듯하다. 현재의 흐름을 잘 모르는 얘기다. 2013년 8월 30일 「아사히」에 실린 글을 읽어보자. 타이틀은 "방위성은 항공모함이 필요하다면 정정당당히 건조해야할 것이다(防衛省は空母が必要であれば堂々と建造すべきだ)." 군사전문가인 기요타니 신이치(淸谷信一)라는 인물이 쓴글이다. 헬리콥터 이착륙이 가능한 호위함 건조의 경우, 여론에 굴복해 어정쩡한 규모로 만들지 말고 아예 대규모 항공모함 급으로 만들자는 것이 글의 핵심이다. 군사전문가가 볼 때 당연한 결론이겠지만, 그 같은 주제가 아사히를 통해 알려졌다는 것은 극히 이례적이다. 분규 지역에서의 난민수송과 같은 국제적인 공헌을 위해서도 항공모함이 필요하다는 「아사히」다운 논조가 나오기는 하지만, 항공모함이 난민을 위한 선박이 아니라는 사실은 천하가 다 아는 상식이다.

「아사히」의 '일탈(逸脫)'은 군사 문제만이 아니라, 한국에 관한 부분에도 적용된다. 2013년 7월 13일, 웹 게시판 니찬네르(ニチャンネル)를 통해 일본 전역에 빠르게 퍼져간 글이 있다. 서울에 거주하는 자유기고가 하라 미와코(原美和子)란 여성이 쓴 현지 리포트다. 제목은 '박 정권의 4개월과 험악한 일·한관계(パク政権の4カ

月と険悪な日韓関係)'다. 내용을 보자. "(한국 정치의 경우) 정책 실패나 스캔들이 표면화할 경우, 독도 문제나 역사 인식 문제를 꺼내 (일본에 대해) 도발적인 발언을 반복해왔다…… 반일적인 입장을 취하면서 정권의 위기를 타개하려는 것은 역대 정권의 상투적인 수단이다…… 한국의 매스컴이 정권의 입장이나 언동에 발맞춰 움직이는 한, (반일로 점철되고 왜곡된) 사태는 앞으로도 계속해서 반복될 것이다……."

글만을 읽는다면 「아사히」가 아닌, 「산케이」 지면인 줄 착각할 지경이다. 니찬네르를 비롯해, 반한 웹사이트는 서울발 리포트를 '아사히, 마침내 혐한(嫌韓) 선언'이라 표현하면서 대대적으로 선전했다. 반미·친한·친중 논조가 강한 「아사히」가 마침내 한국을 제대로 알기 시작했다는 식으로 선전한다.

「아사히」에 실린 두 개의 글은 사실, 신문 자체가 아닌 웹사이트에서 운영하는 '웹 논좌(Web 論座)'라는 코너에 실린 글이다. 정식 기자가 아니라, 전문가나 현장의 젊은이들 사이의 의견을 나누는 곳이다.

「아사히」의 입장과 다른 글이 나올 수도 있다고 말할지 모르겠지만, 일본 조직의 생리를 잘 모르는 생각이다. 일사불란(一絲不亂)은 일본 조직의 특성이다. 특히 신문·방송에서 기본원칙과 어긋나는 말을 하거나 그런 입장을 가진 사람은, 곧바로 현장에서 사라진다. 일본은 개인이 아니라, 집단으로 움직이는 사회다. 기발하고, 좋고, 정확하다 하더라도 조직의 방향과 어긋날 경우 결과는 뻔하다. 두 사람의 글이 아사히 상부의 지시를 받아 이뤄진 글은 아닐 것이다. 그러나 적어도 편집국 담당기자들이라면 내용이 아사히의 방침과 다르다는 것을 금방 알 수 있다. 보통 편집 과정에서 내용을 삭제·첨가하게 된다. 그러나 가감 없이 그대로 글을 내보내고, 반한 사이트에서 박수를 치면서 난리를 쳐도 이를 수정 없이 그대로 게재하고 있다. 두 사람 모두 이후에도 계속 글을 쓰고 있다. 필자는 아사히에 실린 글의 내용에 대해 왈가왈부할 생각은 없다. 「산케이」에서 친한·친중 기사가 나올 수 없듯이, 「아사히」에서 반한·반중 기사가 나올 수 없다는 암묵적 상식에 주목할 뿐이다. 그러나 「아사히」의 두 기사를 보면, 그 같은 생각은 이미 시대착오라는 감을 지우기 어렵다.

한국에서는 신문 방송을 '언론(言論)'이라 표현한다. 일본은 언론이란 말보다, 미디어라는 말을 사용하다. 언론이란 말속에는 신념과 이데올로기를 지향하는, "입에 칼이 들어와도 말은 똑바로 하겠다."는 뉘앙스가 들어가 있다. 좀 과장하자면, 지사형(志士型) 논객이 일하는 곳이 언론사다. 미디어는 이데올로기와는 거리가 멀다. 말 그대로, 정보를 전해주는 전달자의 역할을 하는 것이 미디어다. 이데올로기나 특정 가치관으로 무장할 필요도 없다. 'Must나 Should'로 일관하는, 주관은 빼고 객관적으로 상황을 알려주는 기능인이 필요할 뿐이다. 따라서 일본에서 신문·방송 분야에 일한다고 하면, 보수가 좋은 곳에서 일하는 샐러리맨 정도로 받아들여진다. 태평양전쟁을 전후해 언론이란 말이 유행했지만, 일본이 평화대국이자 세계 굴지의 경제대국으로 자리 잡으면서 언론은 미디어로 변해간다. 워싱턴에 머물면서 일본기자들과 대화를 나눌 기회가 많지만, 그들 대부분은 스스로가 미디어 회사에서 일하는 샐러리맨이라는 인식을 갖고 있을 뿐이다. 언론인으로서의 사명감이나 희생은 아예 없다. 정보에 대한 개인적 호기심을 통해 기사를 만들어 나간다. '펜은 칼보다 강하다'고 믿는 언론인으로서의 일본 기자는 70년대 이전에 입사한 장년 기자에 국한된다.

미디어 샐러리맨에게 가장 중요한 것은 진급과 봉급이다. 민주주의 쟁취를 위한 펜의 힘을 믿기보다, 승진하고 살아남는 것이 가장 중요하다. 그렇다면 범위를 넓혀 샐러리맨 기자 차원이 아닌, 전체 조직으로서의 미디어가 가진 최대 관심사는 무엇일까? 공정 보도나 빠른 정보, 민주주의 쟁취, 나아가 소수자 보호 같은 것을 열거할지도 모르겠다. 정답은 경영, 즉 돈이다. 신문사를 유지하고, 미래에 대한 투자를 통해 사세(社勢)를 확장하는 것이 조직으로서의 미디어가 갖는 최대 관심사다. 일본 미디어는 그 같은 경제 논리에 충실히 대응하면서 조직을 확장해온 모범생에 해당한다.

「아사히」의 미묘한 변화와, 「요미우리」의 각을 세운 사설은 지금까지의 '전통'을 충실히 이행하는 좋은 예에 불과하다. 결론부터 얘기하자. 변화된 일본은 변화된 미디어를 필요로 한다. 거기에 맞추지 못하면 도태될 뿐이다. 3·11 동일본 대지진 이후 마치 약속이나 한 듯 우향우로 발맞춰 나가는 1억 2,000만 열도의 공기에 답하는 과정에서, 천하의 「아사히」마저 변하고 있다. 우향우에 맞출 경우 돈으로 연결되지만, 거기에 맞추지 못하거나 정반대로 나갈 경우 돈과 멀어지게 된다는 의미다. 핵심은 발행 부수다. 우향우로 변해가는 일본인에 얼마나 잘 맞추느냐가 승패의 조건이다.

잘 알려져 있듯이 일본 최대의 정론지로 알려진 「아사히」는 해가 갈수록 왜소해지고 있다. 반핵·평화·반미·친중·친한으로 무장한 아사히는 전후(戰後) 태어난 단카이의 나침반에 해당한다. 중심 세력이 무대에서 물러나면서 「아사히」 역시 내리막이다. 종이 활자 대부분이 하향세로 돌아서는 것이 전 세계적인 현상이지만, 「아사히」의 하강세는 일본 미디어 중에서도 특별하다.

1930년대 전쟁 전야(前夜)의 일본 언론

현재 일본 미디어의 흐름을 보면 1930년대의 상황과 너무도 비슷하다는 느낌을 지울 수가 없다. 공기에 편승하면서 위상을 지키고 확장해나가는 미디어 생존 전략이다. 1930년대 일본 미디어의 출발점은 만주사변이다. 잘 알려져 있듯이 1931년도의 만주사변은 본토의 명령과 무관하게 이뤄진, 관동군의 작품이다. 정확히 1931년 9월 18일 발생한 남만주철도 폭파사건이 만주사변의 명분으로 활용된다. 철도 보호를 명목으로 남만주를 장악하고 있던 1만여명의 관동군은 중국인이 범인이라 발표한다. 곧바로 본국으로부터 만주 침략 재가를 얻어낸다. 확전(擴戰)을 통해 불과 6개월만에 만주를 장악한 뒤, 이후 6년 뒤 아예 중국 대륙 전체를 상대로 한 침략에 나선다. 만주국 포기와 중국 침략 중지와 같은 미국의 요구를 거부하면서, 진주만 기습 공격에 돌입한 것이 이후 일본 제국주의의 자화상이다.

1931년 만주 침략은 일본 미디어의 흐름을 근본적으로 바꾼 결정적 사건이다. 만주 침략을 기회로, 모든 미디어가 한순간 극우 프로파간다로 돌변했기 때문이다. 일본 정치학자들은 1912년부터 1926년에 이르는 14년간을 '다이쇼 데모크라시(大正デモクラシー)' 기간이라 표기한다. 다이쇼란, 메이지와 쇼와(昭和)를 잇는, 근대화 일본의 제2대 천황을 말한다. 메이지를 통해 국가적 틀을 완성한 뒤, 서구 헌법에 기초한 보통선거·인권·민주주의·여성·문화·출판·언론·사회운동에 관한 자유가 광범위하게 받아들여진다. 일본 미디어가 제자백가(諸子百家), 백인백색(百人百色) 시대를 맞은 시기가

다이쇼 데모크라시다. 1917년 러시아혁명을 통해 확산된 사회주의 사상도 이 기간 동안 일본 전역에 퍼져나간다. 식민지 한국에 흘러들어온 각종 문예사조나 사회주의 운동도 다이쇼 데모크라시를 배경으로 한 결과물이라 볼 수 있다. 서구를 풍미하던 언론 자유의 열기가 일본 열도 전체에 퍼져나간다. 정부와 특정 정치가를 비판하고, 군부를 비난하는 것쯤은 아무 것도 아니었다. 당시 선봉에 선 미디어의 쌍두마차는 「아사히」와 「마이니치(每日)」다. 특히 「아사히」는 정부와 군부의 정책과 정치를 사사건건 부정하는, 가장 영향력이 강한 신문이었다.

미국에 의해 개방된 일본이 미국을 적으로 삼게 된 출발점은 두개의 군축(軍縮)회의에서 비롯됐다. 1921년의 런던조약과, 1930년의 워싱턴조약이다. 일본 해군의 규모를 미국·영국에 비교하여 대략 7할선에서 통제하기로 한 국제 조약이다. 군부·국민들이 제국주의 강대국의 횡포라고 조약에 반대했지만, 「아사히」와 「마이니치」는 군축을 적극 지지하는 글을 계속해서 내보낸다. 국민 부담을 줄이고 전쟁이 아닌 평화를 통해 문제를 해결하자는 것이 당시 두 신문사의 지론이었다. 정부가 군부의 불만을 무릅쓰고 조약에 비준한 것은 두 신문의 전폭적인 지지가 있었기 때문이다.

21세기 「아사히」조차 부러워할 당시의 언론 자유 분위기는 만주사변에 들어서면서 180도 바뀌게 된다. 가장 앞장선 곳은 「아사히」였다. 아사히 지국 가운데서도 가장 리버럴한 곳으로 알려진 「아사히 오사카」 신문이 하루아침에 논조를 바꾼다. 군비 확산이나 전쟁에 대한 반대 논조를 대신해, 만주 침략 찬성과 군비 증강에 대한 사설이 등장한다. 만주 침략 한 달째로 접어든 1931년 10월 중순이다. 이후 변신은 「아사히 도쿄」를 비롯해 전국으로 확산된다. 「마이니치」도 마찬가지다. 다이쇼 데모크라시가 언제 있었냐는 듯, 일본 미디어 전체가 한 목소리로 군국주의 선전대로 전락한다. 그 같은 목소리는 1945년 8월 15일 패전 때까지 이어진다.

일본 국민 모두가 놀란 「아사히」와 「마이니치」의 변신은 어떤 배경 하에서 나타난 것일까? 정부나 군부가 언론 탄압에 나서면서 어쩔 수 없이 굴복한 것일까? 아니다. 외부 간섭이나 강압도 없지는 않았겠지만, 편집진과 경영진 스스로가 내린 결정이 더 큰 원인이다. 편집진과 경영진 가운데 굳이 주역을 찾으라면, 펜을 잡은 편집진이 변신에 더더욱 적극적이었다. 이유는 바로 경영, 즉 '돈'에서 찾을 수 있다. 돈은 크게 두 가지 차원에서 신문사의 목을 조른다.

첫째, 라디오 보급이다. 1930년대는 라디오가 일상적으로 보급된 시기다. 신문을 대신해, 최첨단 테크놀로지인 라디오 뉴스에 대한 관심이 한층 높아진다. 애청자가 늘어나면서 신문 구독자가 줄어들고, 광고도 줄게 된다. 21세기 종이 활자가 아이폰에 대해 갖는 위기의식 이상의 공기가 당시의 신문업계에 불어 닥쳤다. 흥미롭게도 국영라디오 NHK는 라디오를 통한 중계방송으로 만주사변의 상황을 보도했다. 유튜브를 통해 지금도 들을 수 있지만, 마치 축구 중계하듯 이뤄진 전쟁 방송은 일본 국민 전체를 우향우로 만드는 최적의 흥분제로 자리 잡는다.

반대 세력에 대한 적극적인 불매운동은 리버럴 신문을 코너를 몰아세운 두 번째 이유다. 사실, 리버럴 신문에 대한 반감은 만주 침략 이전부터 느낄 수 있는 '일상적인 흐름'이었다. 규모는 작았지만, 찬성자가 있는 만큼 반대하는 사람도 존재했다. 만주 침략 이후 부분적인 전시체제로 돌입하면서 상황은 달라진다. 라디오 덕분이기도 하겠지만, 리버럴 신문을 매국노라 부르는 사람들이 급증한다. 특히 재향군인회 활동이 활발하고 군부대가 있는 지역으로부터의 불만이 강력했다. 「아사히 오사카」가 쓴 군부에 대한 비판 기사는 흩어져 있던 불만 세력을 하나로 모으는 계기가 된다. 이들은 편집국에 찾아가 기자들을 협박하는 것은 물론, 전국의 「아사히」를 곤궁에 빠뜨릴 계획을 발표한다. 논조를 바꾸지 않을 경우 무기한 불매운동에 들어가겠다고 협박한다.

20세기 역사를 보면, 미디어 업계의 발전이 전쟁과 함수관계에 있다는 것을 알 수 있다. 전쟁이 터지면 신문 발행 부수가 급증하고 텔레비전 시청자도 늘어난다. 전황에 대한 궁금증이 신문 윤전기를 24시간 돌리게 하고, CNN 종군여기자 크리스티안 아만

푸어 같은 글로벌 스타도 만들어낸다. 그러나 만주사변 후 「아사히」의 발행 부수는 거꾸로 내려갔다. 라디오 보급도 큰 이유지만, 불매운동과 더불어 경영 악화가 가속화된다. 1929년 세계적 공황이 시작되면서 매달 평균 4~5만부의 구독자가 「아사히」 구독을 끊는다. 광고도 일시에 줄어들고, 「아사히」 기자에 대한 살해 협박이 전국에서 벌어진다. 「마이니치」 역시 비슷한 상황에 빠졌다.

이 같은 분위기속에서 도쿄 본사의 「아사히」 편집국장은 군부와의 만남을 자청한다. '상황을 제대로 파악하기 위해서'라는 명목이었지만, 이미 회사 방침이 내려진 상태에서 이뤄진 통과제의에 불과했다. 군부가 만주 침략의 정당성을 열거하자 「아사히」 편집팀들은 마치 기다렸다는 듯한 반응으로 답한다. "그동안 잘 몰랐던 부분에 관한 실체를 알게 됐다." 곧바로 군부에 대한 적극적인 지지를 표명한다. 대의명분은 '국익(國益)'이다. 나라의 이익을 위해 모두가 함께 국난을 극복하자는 것이 「아사히」의 새로운 이념이다. 편집국장의 일사불란한 움직임에 따라 하루아침에 공기가 역전(逆轉)된다.

만주 침략을 찬미하는 사설과 관련 기사가 지면 전체에 들어선다. 흥미로운 것은 당시 공기가 급변하는 가운데 나타난 편집국 기자들의 분위기다. 리버럴의 대명사였던 만큼, 뭔가 화끈한 반대 투쟁이 있을 법하다. 현실은 정반대다. 대부분은 변화된 공기를 그대로 받아들인다. 국익을 앞세운 회사의 방침에 일본 최고 지식인들이 묵묵히 따라간다. 일본의 모든 신문·방송이 국익을 앞세운 홍보 프로파간다로 변신한다. 원래 목적했던 경영, 즉 돈이 뒤따른 것은 물론이다. 전쟁 시기별로 판매된,「요미우리」「아사히」「마이니치」3사의 총 발행 부수를 보면 1931년 400만부에서, 1937년 중·일전쟁 때 700만부, 1941년 태평양전쟁 때 800만부로 급신장한다.

늦바람이 더 무섭다는 말이 있지만, 군부와 공동운명체에 들어간 미디어는 군부조차 겁을 낼 정도의 극우 논리로 무장한다. 대표적인 것은 1933년 3월 28일 이뤄진 국제연맹(国際連盟) 탈퇴다. 스위스에 본부를 둔 국제연맹은 만주국이 일본의 괴뢰정부라면서 즉시 만주를 포기하라고 결의한다. 당시 일본정부는 국제연맹과의 협상을 통해 타개책을 마련할 수 있을 것으로 전망했다. 총리 사이토 마코토(斉藤実)는 협상안 속에 연맹 탈퇴라는 카드를 아예 배제했다. 일본 해군도 총리의 생각에 동의했다. 그러나 스위스에 간 외무장관 마츠오카 요스케(松岡洋右)가 일본군의 만주 포기에 반대하면서 결국 상황은 국제연맹 탈퇴라는 최악의 선택으로 치닫는다. 이유는 당시 일본 국내에서 들끓었던 여론 때문이었다. 국제연맹을 비난하면서 즉시 탈퇴할 것을 요구하는 대중 집회가 연일 이뤄졌다. 제국주의 본령인 서구인들의 억지 논리에 따르지 말고, "일본 독자적으로 당당하게 세계를 개척해 나가자!"라는 구호가 여론의 중심에 선다.

당시 1억 일본 국민 전체를 극우로 몰아세운 주범은 미디어다. 일본 전국에 흩어진 132개사의 신문·방송사가 '만주를 절대 넘겨줄 수 없다'는 결의안을 만들어 정부에 올린다. 「아사히」「마이니치」와 같은 리버럴 미디어도 가세한, 일사불란한 극우 행렬이다. 국제연맹에 동조한다는 것은 지금까지 흘린 만주에서의 피를 헛되게 만드는 매국노 행위라고 규탄한다. 결국 사이토 총리는 열도의 모든 미디어가 주장하는 탈퇴 여론에 굴복한다. 마츠오카 외무장관은 탈퇴 선언 후 도쿄에 돌아왔을 때의 심정을 이후 자서전을 통해 남겼다. "국제연맹 탈퇴라는 악수(惡手)를 낳은 인물로 귀국 후 암살될지도 모른다고 생각했다. 도쿄에 도착하는 즉시 나를 영웅으로 대접하는 일본의 분위기가 너무도 놀라웠다."

태평양전쟁 이전의 상황을 21세기 일본과 비교한다는 것이 어불성설(語不成說)일지 모른다. 미디어의 사설이나 기사를 통해 극단적인 상황과 비교한다는 데 대해 반감을 갖는 사람도 있을 것이다. 우향우 바람은 곧 사라질, 일부에 그치는 미풍이라 보는 사람도 있을 것이다. 필자는 전혀 반대 입장이다. 「아사히」와 「마이니치」는 역사 문제에 관해 한국의 입장을 이해하는 중요한 친구들이다. 그러나 이들 리버럴 신문의 대변신도 가까운 시일 내에 이뤄질 가능성이 높아지고 있다. 더불어 기존의 우향우 논조의 미디어들은 한층 더 강력한 '우(右)'의 목소리에 집착할 것이다. 문제는 그것이 얼마나 변할지, 언제 변할지에 달려 있을 뿐이다.

1931년 일본인들이 리버럴 미디어를 매국노라 부르고, 기존의 우향우 미디어를 극우로 몰아세운 계기는 아주 사소한 곳에서 출발했다. 만주 침략이 이뤄지기 80여 일 전인 1931년 6월 27일 발생한 나카무라 대위 살해사건이다. 육군참모본부 소속의 나카무라 신타로(中村震太郎)가 중국군에 체포돼 살해된 사건이다. 그는 농업기사로 위장해 스파이 활동을 벌이던 중 채포돼 잔인하게 처형된다. 당시 「아사히」 「마이니치」를 제외한 모든 미디어는 잔인하게 난도질된 나카무라의 시신을 사진으로 처리해 보도한다. 일본 국민들의 피가 거꾸로 흐르게 된다. 중국에 대한 응징을 요구한다. 관동군의 만주 침략은 그 같은 분위기 속에 탄생된 복수극이다. 한 장교의 죽음을 적나라하게 보도하는 과정에서 열도의 공기가 전쟁으로 나아가고, 미디어도 한순간에 변한 것이다.

기우이기를 바라지만, 곧 닥칠지도 모를 일본 미디어의 극우 행렬도 돌발적 사건을 계기로 확산될 가능성이 높다. 일본의 극우세력은 그 같은 상황을 기다리고 있다. 이시하라 신타로 전 도쿄 도지사가 즐겨 말한, "북한 대포동이 일본 열도에 날아와야 일본인들이 비로소 정신을 차릴 것이다."라는 말의 의미와도 상통한다. 현재 일본의 공기를 보면, 대포동이 아니라 아주 작은 사건만으로도 열도 전체가 극우 열풍에 휩쓸릴 듯하다. 역사 무대에서 사라지고 있는 단카이에 의지한 우향우 견제가 아니라, 눈앞에 나타난 '냉정한 현실'에 대응하는 것이 한층 지혜로울 듯하다.

무조건적인 비난, 심지어 훈계를 곁들인 처방은 대안이 될 수 없다. 한국 근대사가 보여준 '어제에 발맞추는 대응'은 백전백패의 지름길이다.

일본 군사외교 변천사

줄로 이어 만든 모래위의 집

'팔굉일우(八紘一宇)'라는 말이 있다. 서기 720년에 완성된 『일본서기(日本書紀)』에 나오는 말이다. 문자 상으로 보면, '여덟 개의 줄을 하나로 엮어 하나로 만든 집'으로 풀이된다. 일본인들은 '도의적으로 세계를 통일해서 하나의 집처럼 만들자'라는 뜻으로 해석한다. 노년의 한국인이라면 팔굉일우를 듣는 순간, '무운장구(武運長久)'라는 말을 연상할 듯하다. 무사(武士)로서의 행운이 계속 이어진다, 즉 전쟁에 나가서 죽지 않고 살아 돌아온다는 의미이다.

팔굉일우, 무운장구는 태평양전쟁 때 아시아 전역을 지배하던 슬로건이다. 1970년대 한국의 승공통일, 총력안보와 같다고 보면 된다. 출정식에 나선 군인만이 아니라, 전사자(戰死者) 추모식에 모인 가족과 마을 사람들 모두가 복창하던 전쟁 당시의 주문이다. 팔굉일우가 태평양전쟁에 임하는 국가적 대의명분으로, 무운장구는 전장(戰場)에서 살아남으려는 개개인의 신념과 같은 역할을 했다. 영화에도 자주 등장하지만, 무운장구의 염원을 담은 일장기는 전쟁 수호신으로 받아들여질 정도였다. 배에 차고 있으면 총알도 뚫지 못한다고 믿었다. 70여 년 전의 상황을 되돌려보는 이유는 팔굉일우의 21세기판 슬로건이 최근 재등장했기 때문이다. '자유와 번영의 활(自由と繁栄の弧: The Arc of Freedom and Prosperity-이하 AFP)'이라는 구호이다. AFP는 아베가 추진하고 있는 일본 외교의 기본 이데올로기에 해당된다.

대동아공영론의 허상

1868년 메이지시대 때 탄생된 신조어로 '이기면 관군, 지면 반군'이란 말이 있다. 300여 년간 에도시대를 이끈 도쿠가와(德川) 막부와 지지 세력들이 천황 지지파에게 패하면서 탄생된 말이다. 명분·정의·도의·정통성과 관계없이, 전쟁에서 이기면 모든 가치

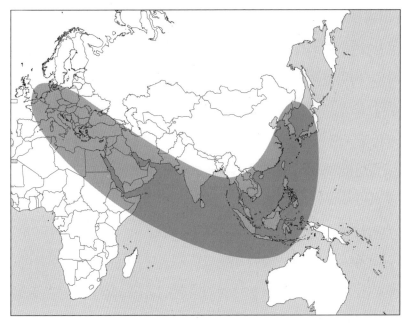

● 일본 외무성이 밝힌, 자유와 번영의 활의 구도. 한국은 어중간한 상태로 그려져 있다.

를 독점할 수 있다. 태평양전쟁에서 패전한 일본은 도쿄전범재판을 '관군'인 GHQ(연합군 총사령부)에 의한 심판으로 받아들였다. 졌으니까 관군에게 단죄를 당하지만, 전쟁을 둘러싼 정의와 도의는 일본에 있다고 믿었다. AFP는 1945년 패전 이후 처음으로 나타난, 일본이 생각하는 국제정치 속의 명분·정의·도의 그리고 정통성의 근거다.

팔굉일우(八紘一宇)는 원래 일본에 머물던, 20세기 초 유행한 일본인만의 가치관이었다. 1941년 12월 진주만 기습에서 시작된 태평양전쟁은 팔굉일우의 위치를 격상시키는 계기가 된다. 이른바 '대동아공영론(大東亞公營論)'의 출현이다. 이것은 전선(戰線)이 아시아와 태평양 전체로 확산되면서 전쟁의 명분이자 정통성의 근거로 자리 잡는다. 진주만 공격 직후 이뤄진 제국회의에서 당시 총리 도조 히데키(東條英機)는 대동아공영권 건설을 위한 근본 방침을 발표한다. "대동아 제국(諸國)과 민족이 자신의 땅을 기반으로 하면서, 일본을 중심으로 한, 도의에 기초한 공존공영의 질서를 확립해 나가는 것이 대동아공영론이다."

대동아공영론은 상호협력과 독립존중을 기치로 내걸면서 아시아 전체로 파고든다. 식민지에 있던 필리핀·인도네시아·미얀마·베트남·인도 같은 대부분의 아시아권 나라는 대동아공영론을 독립의 기회로 받아들인다. 아시아 민족주의자들은 동양제국 일본을 백인제국주의자를 물리치는 구원군으로 해석한다. 그러나 그같은 상황은 한순간에 그쳤을 뿐, 실체가 곧바로 드러난다. 필리핀은 맥아더 장군을 총독으로 한 미국 식민지였다. 일본군에 쫓기던 맥아더는 "반드시 다시 돌아오겠다(I shall return)."란 말과 함께 마닐라를 떠난다. 점령 이후 일본군은 필리핀 내 반대 세력을 무자비하게 학살한다. 대동아공영권은 일본을 1등 국민, 나머지는 3등 열등 국민으로 만드는 구도였다. 모든 가치는 일본이 독점했다. 필리핀 전역이 반일 게릴라로 들끓게 된다.

일본을 적극적으로 알리기 위한 AFP

AFP가 최초로 등장한 것은 2006년 11월이다. 현재 부총리이자, 당시 외무장관이던 아소 다로(麻生太郎)를 통해 AFP가 세계 외교 무대에 등장한다. 당시 총리는 아베다. 아소와 아베는 친척 관계인 동시에, 정치적·이념적으로 맺어진 평생 동지이다. 아소가 곧 아베고, 아베가 곧 아소라고 보면 된다. AFP는 아시아에 한정되던 대동아공영권을 넘어 국제적인 차원에서 논의된다. 북구유럽에서 시작해 중부와 동부유럽, 중앙아시아와 중동, 인도와 동남아시아를 연결해 동아시아로 이어지는 광범위한 형세(形勢)다.

대동아공영권과 달리, AFP는 일본을 주체로 내세우지는 않는다. 주목할 부분은 평화와 번영을 구현하기 위한 구체적인 방안에 관한 부분이다. 민주주의·시장경제 활성화와 인권·자유에 기초한 인류의 가치를 확산시켜 나가는 과정에서 AFP가 성공할 수 있다고 강조한다. 특히 정부 지도자 간의 교류와 무역 투자, 나아가 정부개발원조(ODA)에 대한 확대를 각론으로 제시하고 있다.

당시 외무장관 아소는 일본이 추구하는 가치관 외교의 의미를 설명하기 위해 직접 책을 저술하기도 했다. 『상식적으로 볼 때 말이 안 되는 일본(とてつもない日本)』이란 제목의 책으로, 곧바로 베스트셀러로 떠올랐다. '상식적으로 볼 때 말이 안 되는 일본'이라는 제목 때문에 일본을 비판하는 책처럼 느껴지지만 사실은 정반

● 일본예찬론은 최근 일본 서점의 베스트셀러로 등장하는 내용 중 하나다.

대다. 비(非) 서구권에서 가장 문명화되고 민주주의 이념을 충실히 실현하고 있는 일본이, 왜 자국의 생각을 세계에 자랑하고 알리는데 인색한가 하는 것이 '말도 안 되는'에 포함된 비난의 근거다. 욕이 아니라, 칭찬이다. 세계 평화를 위한 유엔 평화유지활동군(PKO) 파견, 선진국일수록 더 환영받는 일본문화, 세계를 향한 일본의 정부 개발 원조와 같은 인류 발전에 공헌하는 활동을 보다 조직적이고 활발하게 펼쳐나가자는 것이 책의 핵심 내용이다.

AFP는 아베 내각이 퇴진하고 2007년 9월, 후쿠다 야스오(福田康夫)가 총리로 등장하면서 잠시 사라진다. 후쿠다가 한국과 중국을 중시하는 아시아 중심 외교에 역점을 두면서 잊혀져 간다. 그러나 2008년 9월, 아소가 총리에 오르면서 AFP는 다시 탄력을 받는다. 2012년 12월 26일 발족된 아베 내각은 부총리인 아소의 AFP를 가치관 외교의 중심으로 삼는다.

9개월 만에 15개국을 방문한 아베

아베는 발로 뛰는 외교로 유명하다. 취임 20일째 되던 1월 16일부터 3일간 베트남·태국·인도네시아 3국을 방문했다. 이어 2월 2일 워싱턴으로 날아간다. 3월 30일에는 몽골에 갔다가 다음날 돌아온다. 4월 28일 러시아 방문을 시작으로 4월 30일 사우디아라비아, 5월 1일 아랍에미레이트(UAE), 5월 2일 터키 방문에 나선다. 그리고 5월 24일부터 3일 동안 미얀마에 들른다. 6월 16일 하루 동안은 폴란드를 방문한다. 현지에 모인 유럽원자력공동체(EAEC) 가입 예정국인 체코·헝가리·슬로바키아 수뇌 등 4개국의 수뇌와 정상회담에 들어간다. 이어 다음날 G8이 열린 영국 자치령 북아일랜드로 향한다. 영국과 북아일랜드 양국의 정상은 물론, G8에 모인 정상 모두와 만난다. 7월 25일 말레이시아, 26일 싱가포르, 27일 필리핀으로 이어지는 동남아시아 방문에 다시 나선다. 취임 8개월 만에 무려 15개 나라를 방문해 정상회담을 갖는다. 같은 기간 한국의 박대통령은 중국과 미국의 정상과 만났을 뿐이다. 전 세계 정상들 모두와 비교한다 해도 아베만큼 외국을 열심히 돌아다닌 정치가가 없을 듯하다. 마일리지 정산을 하면, 세계적 순위에 오를 만한 인물이 아베다.

전 세계를 돌아다닐 수 있는 힘과 정열도 놀랍지만, 아베가 보여주는 방문 스타일도 남다르다. 몇몇 나라를 제외하면, 거의 대부분의 공식 방문 일정이 하루 만에 끝난다. 오전에 도착해서 오후에 회담을 끝낸 뒤 곧바로 다음날 새벽에 이동하는 스타일이다. 어울려 마시고 즐거운 시간을 보내는 만찬이나 파티는 없다. 아베는 술을 전혀 못한다. 방문국의 정상과 만나 의견을 나누고 앞으로의 계획을 잡은 뒤, 곧바로 다음 행선지로 날아간다. 평일이 아닌 주말을 이용한 방문도 많다. 3일간 방문한 미얀마의 경우, 금요일에 가서 일요일 심야에 돌아온다. 다음날 월요일 아침 총리실에서의 기자회견에 임한다.

너무도 당연한 사실이지만, 아베의 방문외교는 AFP라는 가치관 외교를 배경으로 한다. 2013년 7월 26일, 싱가포르 등 동남아시아 3개국 방문에 앞서 벌어진 내·외신 합동기자회견에서 아베가 한 말이다. "(방문 목적은) 아세안의 활력을 일본의 경제 부흥에 연결시켜 나가자는 데 있습니다. 또 하나는 자유와 민주주의, 기본적 인권과 법의 지배라고 하는 보편적 가치를 공유하는 나라와의 연대를 강화하자는 것입니다."

중국 봉쇄로서의 AFP

언제부턴가 '자유·민주주의·인권·법치'는 일본이 추구하는 가치관 외교의 키워드로 자리 잡고 있다. 아베가 아시아 각국을 방문하는 동안, 각종 연설을 통해 쉴새 없이 반복한 말이다. 현란한 외교적 수사에다 아름다운 미사여구에 불과하다고 무시할지 모르겠다. 그러나 주의해 살펴보면, 말속에 뼈가 있다는 것을 알 수 있다. 자유·민주주의·인권·법과 무관한 나라, 독재·고문·감시·불법을 상식화하는 지도자들에게 보내는 경고가 아베의 연설 속에 배어있는 날카로운 뼈다. 바로 중국이다. 일본이 추구하는 가치관 외교와 정반대로 가고 있는, 비문명·독재·반민주주의 공산 중국을 염두에 둔 발언이 '자유·민주주의·인권·법치'란 말 속에 드리워져 있다. 아베의 목소리가 높아지면 질수록 중국이 가진 약점과 어두운 현실이 드러난다. AFP의 지형도를 보면 이것이 중국을 막는 방어벽이란 것을 알 수 있다. 냉전 당시 조지 케넌(George Kennan)이 구상한, 대(對)공산 봉쇄정책(Containment Policy)을 연상케 하는 구도인 것이다.

아베는 아세안을 돌아다니는 동안 중국의 외교 노선을 '간접적'으로 비난하기 시작했다. 중국을 지명하지는 않지만, 태국 방문 당시 아베는 "경제 성장은 환영하지만, 이를 이용해 주변국을 위협하거나 물리적 힘을 이용해 압력을 가하는 것은 부당하다."

라고 강조했다. 옐로우 페릴(Yellow Peril), 즉 황화론(黃禍論)은 백인이 만들어낸 가공의 세계가 아니다. 동남아시아에 한 번이라도 가본 사람이라면 현지에 넘치는 중국의 파워를 실감할 것이다. 넘치는 중국인과 중국의 자본을 통해 현지 산업이 초토화된 상태다. 정제되지 못한 중국인의 거만한 자세로 인해, 현지인들의 반중 감정은 상상 이상으로 깊어져 있다. 현지 화교(華僑)들이 미디어를 장악하고 있기 때문에 여론으로까지는 못나가고 있지만, 일상생활 속에서 반중 정서는 깊고도 넓다. 섬이나 국경선을 둘러싼 분쟁은 개인적 차원의 불만을 국가적 차원으로 확산시키고 있다.

흔히들 간과하지만, 아세안의 친일(親日) 성향은 남다르다. 한류(韓流)가 전 세계를 강타한다고 하지만, 아세안에서 보는 일본 문화의 힘은 가히 압도적이다. 노래·만화·드라마를 시작으로 일본에서 흔히 볼 수 있는 음식점·백화점·패션몰의 체인점들도 아세안 대부분에 진출해 있다. 한국의 경우 1회성 스타 중심으로 움직이는 데 비해, 일본은 지속적·조직적·집단적으로 움직인다. 물론 일본이 제공하는 정부개발원조(ODA)도 친일의 이유 중 하나다.

장기적 동맹에 집착하는 일본

아베의 아세안에 대한 뜨거운 관심과 관련해 주목할 부분은, 타국과의 동맹에 대한 일본의 남다른 집착이다. AFP가 군사동맹 관계를 염두에 둔 것은 아니다. 그러나 중국과의 영토 분쟁이 계속되고, 미군과 함께 전선으로 나가는 집단적 자위권이 명문화될 경우 아세안의 일본에 대한 기대는 커질 수밖에 없다. 아세안 민주주의를 수호하기 위한 방패로서 일본이 선두에 서게 된다는 의미다.

사실, 아베는 그 같은 '책무(責務)'를 기꺼이 감당하겠다고 말한다. 아세안이 일본의 군사력과 정치력에 매달린다는 것은 완전한 동맹은 아니더라도, 준(準) 군사동맹까지 갈 수 있다는 의미다. 일본에게 있어서 아세안의 바다는 중동 석유의 수입루트이기도 하다. 아세안을 위한 것만이 아닌, 사실상 일본의 에너지 안전 보장과 관련된 곳이 아세안 해로(海路)다. 아세안만이 아니라, 거꾸로 일본이 아세안을 필요로 한다는 말이다.

AFP의 구도를 보면 한국은, 아주 미묘한 위치에 놓여있다. 지리적으로 보면 활의 범주 안에 들어가게 된다. 정치적으로도 민주주의, 자유에 기초한 나라라는 점에서 일본이 주장하는 가치관 외교의 동지(同志)에 해당한다. 그러나 일본의 전반적인 분위기를 보면 한국을 활 속에 넣는다는 것에 대해 다소 부정적이다. 필자의 판단으로 보면 한국이 활 속에 반 정도 들어가 있는 어정쩡한 상태라고나 할까? 한국이 AFP와 미묘한 관계에 있는 것은, 한국 스스로가 관심이 없기도 하겠지만 일본에 불고 있는 부정적인 한국관과도 관련이 있다. 부정적인 한국관의 핵심은 밀접해지는 한·중 관계에서 비롯된다. 잘 알려져 있듯이 박대통령은 중국을 일본에 우선시하는 외교정책을 시행하고 있다. 중국과 연합해서 일본에 대응하자는 것이 박대통령의 생각인 듯하다. 서울 주재 일본 기자를 만나면 한국정부 내 인사들이 아예 일본 외교관과 기자들을 피한다고 말한다. 청와대의 대일 방침이 확고하게 선 상태에서, 괜히 만나 얘기를 나눴다가 어떤 화를 당할지 모르기 때문이다. 박대통령이 일본과 등을 지게 된 가장 큰 이유는 물론 역사 문제와 독도 문제에서 비롯된다. 일본과의 정상회담도 역사 문제에 대한 사과를 전제로 한 상태이다. 가까운 시일 내에 친밀한 한·일 관계를 기대하기 어려운 상황이다. 모처럼 가치관 외교를 주창한 일본으로서는 이웃이자, 같은 민주주의 국가인 한국과의 결속에 특별한 관심을 가질 수밖에 없다. 그러나 현실은 정반대로 가고 있다. 필자가 최근 만나 대화를 나눈, 워싱턴 내 한 일본 기자와의 대화 내용을 소개한다.

"역사 문제, 독도와 관련해 한국에서 반일 감정이 이는 것은 어쩔 수 없다. 문제는 중국과 함께 반일 감정을 팽창시키는데 한국이 앞장서고 있다는 점에 있다. 일본에 비해 한국은 수출의존도가 높은 나라다. 특히 중국에 대한 수출·수입액이 전체 무역액의 25% 정도를 점한다. 경제적 관계로 인해 한국의 친중 정책은 가속화될 듯하다. 정경분리 정책을 펴면 좋을 텐데, 한국은 동일선상에서 처리한다. 중국은 한국의 반일 감정을 이용해 일본을 한층 더 협박할 것이다. 한국이 냉정해져야 동북아 안정이 유지될 수 있다. 지나친 친중 정책을 펼 경우 중국이 오버(Over)하도록 만들고, 일본도 감정에 빠지기 쉽다. 친일, 반일 어느 쪽도 상관없다. 그러나 일본을 적으로 한 친중 정책은 상황을 복잡하게 만든다."

일본 기자의 말을 들으면 현재의 일본은 후쿠자와 유키치(福澤諭吉)가 쓴 탈아론(脫亞論) 당시의 상황과 비슷하다는 느낌이 든다. 아직 어정쩡한 상태지만, 한국이 친중으로 가속화할 경우 탈아론에서처럼 AFP 범위 밖에서 대응하겠다는 의미가 된다. 구체적으로 일본이 한국에 어떤 피해를 준다는 것은 아니다. 황화론에 위기감을 느끼는 아세안이 일본과 연대하는 과정에서 일본의 영향력이 커져간다는 의미다. 외교·안보만이 아니라, 아베노믹스가 순조롭게 나아갈 경우 경제적인 면에서도 일본의 세력이 강화될 것이다. 아시아가 일본-아세안과, 한국-중국이라는 양자 구도로 흘러갈 수도 있다.

중국과의 관계 증진에 반대하는 사람은 없다. 중국만이 아니라, 많은 아세안 국가들의 관계도 중시하는 것이 좋다. 우물 안 개구리처럼 중국만 믿고 있다가 식민지로 전락한 것이 한국 근대사다. 역사 문제와 더불어, 입체적으로 펼쳐지는 일본의 가치관 외교에 주목할 때다. AFP에 드러난 가치관 외교의 대의명분이 일본의 독점물이 되는 것을 방관할 수만은 없다. 실제 상황 여부와 무관하게 누가 명분을 선점하는가가 외교의 승패를 가늠하는 나침반이다. 과거가 아니라, 현재 그리고 미래가 답이다.

주신구라 정치학

「47 로닌(Ronin)」이라는 영화가 있다. 영화 매트릭스(Matrix)의 주인공, 키아누 리브스가 오랜만에 등장한 액션물이다. 2013년 12월전 세계에 선보였다. 흥미롭게도, 한국에서는 상영되지 않았다. 로닌이란 말은 일본말 낭인(浪人)에서 온 말이다. 1895년 경복궁에서 벌어진 민비(閔妃) 시해의 주범으로 교과서에 등장하는 '낭인'이다. 대입 재수생을 뜻하는 말로도 사용되지만, 원래 의미는에도시대 당시의 사무라이 실업자를 일컫는다.

「47 로닌」은 일본을 이해할 수 있는 '일본학(Japanology)'의 바이블을 기반으로 한 작품이다. 앞서 1부에서 살펴본, 일본인의 삼국지에 해당되는 '주신구라'를 모델로 한 영화다.

현란한 컴퓨터 그래픽을 내세우고 픽션이 가미됐지만, 기본은 주신구라다. 필자의 주관적인 판단이지만, 춘향전이야말로 한국인의 정서를 이해할 수 최고의 고전(古典)이 아닐까 싶다. 과거 급제와 암행어사로 이어지는 '문(文)'의 통쾌한 승리가 해피엔딩으로 끝나는 춘향전의 기본 골격이다. 미인인 춘향의 일편단심이 여성의 미덕으로, 공부를 통해 입신출세한 남성 이몽룡의 야망이 춘향전 안에 스며들어가 있다. 17세기 말에 만들어진 작품이지만, 300여 년이 지난 지금도 한국 사회의 가치와 이상향을 이해할 수 있는 단서가 되고 있다.

「47 로닌」의 상영 소식을 들었을 때 필자는 스스로의 귀를 의심했다. 주신구라 이야기와 배경을 안다면, 이 영화가 일본이 아닌 미국에서 개봉한다는 것은 믿을 수 없는 얘기이기 때문이다. 결론부터 얘기하자. 47 로닌, 즉 주신구라는 1931년 만주 침략 이후, 1945년 8월 15일 패전 마지막 날까지, 일본 군국주의가 숭배한 일본혼(日本の魂)의 정수에 해당한다. 전쟁 당시 국민 영화·국민 가부키·국민 소설·국민 교과서로까지 활용된 프로파간다의 핵(核)이다.

일본 군국주의는 패전할 경우 로닌 47명이 그러했듯이, 불명예에 빠진 1억 모두가 할복해야할 것이라고 선전했다. 주신구라는 사무라이 정신을 가장한, 집단 세뇌를 위한 최고의 재료로 활용됐다. 맥아더 장군은 일본에 상륙하는 즉시, 주신구라를 제1급 터부(Taboo)로 지정한다. 주신구라에 따르면, 상륙한 미군을 죽이고 자신도 할복하는 것이 일본인의 의무이자 미덕이 된다. GHQ(연합군 총사령부) 검열단은 주신구라를 절대 금기 작품으로 지정한다. 패전 마지막까지 최고의 미덕으로 여겨지던 사무라이 스토리가 어느 날 갑자기 사라진다. 주신구라 얘기가 일본에 다시 등장한 것은 한국전쟁이 발발한 1950년 이후부터다. 한국전쟁은 일본인에게 경제 부흥을 약속한 것만이 아니다. 북한 공산주의에 맞설 원군(援軍)으로서의 일본은 미국의 협조 하에 주신구라를 부활시키는 데 성공한다.

「47 로닌」은, 패전 직후 일본이 당했던 '슬픈 기억'을 치유하는 기념비적 사건이라 볼 수 있다. 일본 군국주의의 프로파간다로, GHQ가 블랙리스트에 올렸던 주신구라가 마침내 미국 본토에서 만들어져 전 세계로 수출됐기 때문이다. 미리 배포된 「47 로닌」의 선전 광고를 보면, 주인공 외 거의 대부분이 일본 배우들로 채워져 있다. 일본도(日本刀)·사무라이·일본 의식·할복 같은 장면이 전부 일본 전통에 근거해 연출되고 있다. 미국 배우 키아누 리브스를 앞세워, 패전 이후 금기시됐던 전전(戰前) 일본의 미덕과 가치를 전 세계에 알리고 있다.

감독·각본·주인공은 미국인

19세기 말부터 시작해 일본이 패전하던 마지막까지 통용되던 구시대 가치의 '부활'은 할리우드 영화에 국한되지 않는다. 현재 동북아시아에서 벌어지는 엄청난 지각 변동 그 자체가 구시대 가치의 부활이라 볼 수 있다.

주목할 부분은, 일본 스스로가 나서서 각본·감독·주인공 3역을 맡는 것이 아니라는 점이다. 한국에서 상식처럼 받아들여지고 있는 것 같은데, 결코 아베 혼자 군국주의를 부활시키고 있는 것이 아니다. 아베는 무대에 올라가 하이라이트를 받는 배우에 불과하다. 각본·감독의 주도권은 일본만이 아닌, 미국도 쥐고 있다고 할 수 있다. 현재 이뤄지고 있는 동북아 개편 구도의 주도권은 사실상 미국에 있다. 감정을 앞세우면 아주 간단하고 상식적인 부분들조차 놓치게 된다. 역사 문제를 둘러싼 반일 감정 때문이겠지만, 한국 신문·방송을 보면 미·일 관계를 주축으로 한 국제 질서에 대한 분석과 평가가 전무하다. 왜 각본과 감독의 상당한 부분을 미국이 차지하는지 알아보자.

2013년 8월 8일 이뤄진 도쿄 주재 미국대사 존 루스의 이임 인사 내용을 살펴보자.

"(집단적 자위권에 관한) 헌법 해석이나 헌법 개정은 일본이 결정할 부분이다. 그렇지만 결정이 내려질 경우, 미국은 일본과 협력해서

동맹 관계를 강화하는 식으로 풀어나가고 싶다…… 미·일 양국은 사이버 시큐리티나 우주에서의 안전 보장과 같은 21세기판 안보 상황에 공동 대처해야 할 책임을 갖고 있으며, (새로운 위협에 맞서) 미·일동맹 강화에 적극 나서야 한다.”

　미국은 최초의 여성대사인 캐롤라인 케네디를 이후 도쿄에 파견한다. 케네디 전 대통령의 장녀다. 루스 대사가 행한 최후의 발언은 미·일동맹 강화에 대한 부분으로 채워졌다. 필자가 주목한 부분은, 미·일 간의 협력 사항으로 언급된, 사이버 시큐리티와 우주 안전 보장에 관한 부분이다. 군사 문제에 정통한 사람이라면 상식처럼 받아들이겠지만, 사이버 시큐리티와 우주 안전 보장은 별개의 문제가 아니다. IT를 통해 서로 밀접하게 연결된 바늘과 실 같은 관계다. 전 세계 모든 안보 전문가가 동의하겠지만, 사이버 시큐리티 나아가 우주 안전 보장과 관련해 미국을 가장 곤란하게 만드는 나라는 중국이다. 2013년 6월 7일 캘리포니아에서 이틀간 열린 미·중 정상회담의 핵심은 사이버 시큐리티 문제였다. 오바마 대통령은 시진핑에게 사이버 도둑질을 당장 그만두라고 경고했다. 새삼스럽지만, 중국에 대한 위협을 대처하는데 미·일동맹을 강화하자는 것이 루스 대사의 발언 요지이다.

　적어도 매일 신문을 읽는 사람이라면, 일본을 통해 중국을 잡으려는 워싱턴의 전술·전략을 ‘충분히’ 인지하고 있을 것이다. 그러나 최근 일본이 보여주는 아시아권에서의 변화된 모습을 대할 때는 그 같은 상식을 쉽게 잊어버린다. 한국과 중국에 대한 일본의 강경 대응은 결코 양자 간의 관계만을 변수로 한 것이 아니다. 너무도 상식적인 얘기지만, 일본은 미국을 등에 업은 채 한국과 중국을 상대하고 있다. 그렇다면 '미국이 종군위안부 문제에 대해 일본 편을 드느냐'라고 반문할지 모르겠다. 답은 간단하다. 찬성·반대가 아니라, 모르는 척 상관없는 척 하는 것이 미국의 방침이다. 물론, 미국이 일본에게 같은 동맹국인 한국과 가깝게 지내라고 충고할 수는 있다. 그러나 일본이 그럴듯한 이유를 댈 경우, 미국은 더 이상 다그칠 수가 없는 것이다.

해군·공군 감축과
일본의 위상 강화

미·일동맹을 통한 협조는 사이버 시큐리티, 우주 안전 보장에 관한 부분에 국한되지 않는다. 2013년 7월 31일 「월스트리트 저널」 1면에 실린, 장문의 국방성발(發) 기사를 보자. '전쟁 금고를 둘러싼 부처 간 싸움(Military Branches Fight over War Chest)'이란 제목의 글이다. 예산 삭감 논의에 들어간 국방성 각 부처의 현황과 입장에 관한 얘기를 다루고 있다. 국방성 개혁의 해결사로 나선 헤겔 장관의 지시 하에, 육·해·공군과 해병대가 어떤 분야의 예산 삭감에 나서는지 자세히 설명해주고 있다.

주목할 부분은 각 부처 간의 예산 비율이다. 도표를 보면, 20세기까지만 해도 공군과 해군의 예산 규모가 육군을 넘어선 것으로 나타나 있다.

그러나 9·11 테러사건 이후 이라크, 아프가니스탄에서의 전쟁을 계기로 육군의 예산이 공군과 해군을 넘어선다. 한 번 굳어진 예산 구조는 좀처럼 변하지 않는다. 모든 부서가 다 예산 삭감에 돌입하겠지만, 공군과 해군이 육군보다 많다.

「월스트리트 저널」은, 오바마가 육군 중시 정책을 취하고 있다고 보도했다. 유럽, 중동에서 활동하는 육군이 한국과 같은 아시아권에서도 활동하기를 희망한다는 것이다. 공군·해군·해병대가 아니라, 육군을 주력으로 한 아시아 방어망 구축 전략이란 의미이다. 한국에서 별로 들어보지 못한 신개념의 군사 전력이지만, 내막을 살펴보면 육군을 중시하는 오바마 발언의 진의를 파악할 수 있게 된다.

육군은 공군과 해군에 비해 실업률을 없애주는 중요한 노동력 중심의 군대다. 비싼 비행기나 무기를 대신해 개개인의 군인에게 국방 예산이 할당된다. 해군·공군이 백인 중심, 육군이 흑인 중심이라는 인종적 배분도 오바마 발언의 배경에 드리워져 있다. 실업자 수를 줄이고, 흑인에게 더 큰 혜택을 주자는 것이 육군우대론의 근거다.

국방성 예산 삭감 논의는 일본의 위상을 강화하고, 미국이 일본을 필요로 하게 만드는 원인이라 볼 수 있다. 예산 삭감이 이뤄지면서 과거에 비해 위상의 약화가 두드러지는 것이 미국 공군과 해군의 현실이다. 잘 알려진 대로 원래 미국이 주도하는 태평양 전선의 핵심은 공군·해군·해병대다. 대폭적인 예산 삭감이 이뤄지는 곳이다. 돈이 줄어들면서 미군의 전력도 약화될 것이다. 일본은 그 같은 빈틈을 채워 줄 역할을 맡을 수 있고, 그 역할을 기꺼이 맡겠다고 자임하는, 세계에서 유일한 나라다.

반중(反中) 전선과 미국의 외교 노선

워싱턴의 방침은 아베의 일거수일투족을 규정하는 기본 지침서에 해당한다. 중국, 나아가 한국에 대한 대응과 방침은 워싱턴의 흐름과 맞물려 돌아간다. 일본이 일방적으로 행동하는 듯하지만, 큰 틀에서 보면 워싱턴과 한몸으로 나아가고 있다. 앞서 살펴봤듯이, 워싱턴이 지지하고 지원하는 정책이 전부는 아니다. 워싱턴이 반대하지 않는 한, 아예 모르거나 무관심한 부분에 한해 임의로 움직이고 있다. 틈만 나면 부르짖는 미·일동맹이란 말은 대등한 관계 속에서의 군사동맹을 의미하는 말이 아니다. 결코 미국의 이익에 반하는 행동을 하지 말아야 한다는, 미·일 간의 수직

● 미 해병대의 이오지마(伊小島) 점령 당시의 모습을 형상화한 이오지마 기념관. 국기를 꽂은 해병대 전원, 사진을 찍은 종군기자도 1주일 내에 모두 숨졌다.

적인 질서를 기초로 한 동맹이란 의미다. 일본에 대해, 제멋대로 혼자 나가지 말라는 의미가 포함된 경고가 미·일동맹이란 말속에 드리워져 있다.

반중 전선은 일본이 채택한 21세기 신군사전략의 핵심이다. 센카쿠를 통해 중·일 간의 긴장이 더해가는 듯 보이지만, 사실 작은 섬 하나가 핵심일 수는 없다. 센카쿠를 넘어선, 아시아와 세계 전체를 아우르는 미국의 외교·군사 신전략이 중·일 충돌의 배후에 드리워져 있다. 일본은 태평양에서 새로운 세력이 급부상할 때 서구 열강의 이익을 대변하는 해결사로서의 역할을 자임해왔다. 미국은 서구 열강의 대표주자이다. 자기 앞가림하기에도 바쁜 미국을 대신해 태평양의 질서를 유지하기 위한 해결사로 등장한 것이 21세기 일본이다. 미국을 적으로 싸운 일본이 어떻게 미국을 위한 해결사가 되었느냐고 반문할 듯하다. 해결사로 일하다가, 본분을 망각하고 너무 멀리 나간 것이 태평양전쟁의 원인이라 볼 수 있다. 역사를 되돌려, 해결사로서의 일본의 위상을 살펴보자.

제0차 세계대전

일본 근현대사는 전부 미국과 얽혀 있다. 1853년 페리 제독의 흑선 출몰 후 미·일통상조약이 체결된다. 이후 일본은 빠른 속도로 근대국가로 발전한다. 조선을 무력으로 제압하고 중국, 나아가 태평양 뒤이어 하와이 진주만까지 나아간다. 일본이 조선을 넘어서 아시아 전체, 나아가 세계로 눈을 돌리게 된 가장 큰 원인은 1904년부터 1년간 계속된 러시아와의 전쟁에 있다. 잘 알려져 있듯이 러시아의 발틱함대를 꺾고, 만주에서 17만의 러시아군을 내몰아낸 기적의 전쟁이다. 역사가 중 일부는 1904년 러·일전쟁을 제0차 세계대전이라 부른다. 1914년, 오스트리아 프란츠 요제프 1세 암살에서 비롯된 제1차 세계대전으로까지 연결되는, 근대식 총력전이 제0차 세계대전의 진실이란 것이다.

러·일전쟁이 제0차 세계대전으로 불리는 가장 큰 이유는 전쟁의 배후에 드리워진 열강들의 이해타산에서 비롯된다. 일본이 근대국가로 나아가던 19세기 말, 러시아 황제 니콜라스 2세는 아시아 팽창정책을 국시(國是)로 정한다. 그리고 시베리아 횡단철도 건설을 통해 부동항 개발에 나선다. 1880년부터 시작된 시베리아 철도는 21년 만인 1901년 대륙 횡단에 성공한다. 개설과 동시에 러시아군을 실어 나르는 군맥(軍脈)으로 자리 잡는다. 몰락 직전인 청(淸)으로부터 여순항을 조차(租借)받아 조선과의 국경선 바로 위까지 철도로 연결한다. 1903년 완공된 동청 철도다. 여순항으로 이어지는 동청철도 보호를 명분으로 만주 전체가 사실상 러시아의 수중에 들어간다. 의화단(義和團) 사건으로 중국 전체가 혼란에 빠지자, 러시아는 기다렸다는 듯 만주 곳곳에 군대를 배치한다. 블라디보스토크 항을 통해 태평양 무역을 독점할 계획도 세운다. 마음만 먹으면 조선으로 내려올 수 있던 시기가 0차 세계대전 직전 상황이다. 당시 일본은 조선에 대한 러시아군의 무력 공격을 자국에 대한 침략으로 간주했다. 긴장이 더해가던 상황에서 1904년 2월 8일, 일본 해군이 여순항의 러시아 함대를 기습 공격한다. 1년 7개월 만에 조선과 만주에 있던 러시아군을 전부 몰아낸다.

당시 열강들은 직접 전쟁에 참가하지는 않았지만, 외교전을 통해 지지 입장을 표명했다. 영국과 미국은 일본을, 막 근대화에 성공한 독일과 바로 옆의 프랑스는 러시아를 지지했다. 19세기 말 아시아로 팽창한 러시아는 21세기 중국의 위상과 비슷하다. 태평양의 새로운 패권으로 등장한 신흥 강대국이 당시 러시아의 모습이다. 유럽 열강들은 식민지 지역에서의 이해관계로 인해 서로를 감시하고 견제했다. 미국도 적극적인 남미 개입을 통해 식민지 정책을 본격화하던 시기이다. 유럽과 미국이 태평양에 신경을 쓸 여력이 없던 시기에 러시아가 치고 나간 것이다. 독일과 프랑스도 러시아의 팽창을 원치는 않았지만, 영국과 미국을 견제하는 과정에서 니콜라이 2세를 지지하게 된다.

0차 세계대전에서 가장 주목해야할 부분은 미국의 입장이다. 25대 대통령 시어도어 루스벨트가 러·일전쟁에 관한 미국의 입장을 결정했다. 국내 사정으로 참전(參戰)은 할 수 없지만, 일본에게 러시아 격퇴를 요청하면서 적극적인 지지 의사를 표명한다. 1902년 일본은 반(反)러시아 전선을 구축한 영국과 군사동맹을 맺는다. 영·일동맹과 루스벨트의 확고한 지지 의사를 바탕으로 일본은 전쟁에 들어간다. 당시 일본 수뇌부는 미국이야말로 태평양전쟁에서 가장 큰 영향력을 행사할 수 있는 나라라고 믿고 있었다. 영국이 아프리카 식민지 문제로 난관에 봉착한 상태에서, 직접적인 도움을 줄 나라는 미국밖에 없다고 판단했다. 미국은 남북전쟁 종료와 함께 태평양 국가로 급부상한다. 영·일동맹과 더불어, 미국의 든든한 외교적 지지가 있었기 때문에 여순항 기습 공격을 감행하게 된 것이다.

미국을 위한 해결사로서의 일본

그렇다면 미국은 왜 일본을 지지했을까? 좁게 보면 러시아로 인해 만주 내 이권이 사라질 것이라 생각했기 때문이겠지만, 큰 그림으로 보면 다른 해석이 가능해진다. 태평양에서의 신흥 패권국가를 인정하지 않겠다는 미국의 대아시아정책이 가장 큰 이유다. 러시아 팽창은 일본만이 아니라, 미국의 이익에 반하는 직접적인 위협이다. 태평양에서 이뤄지는 그 어떤 패권도 인정하지 않겠다는 것이 루스벨트 이후 정착된, 미국의 대아시아정책의 기본이다. 일본을 통해 러시아의 패권을 막아낸 인물이 루스벨트다. 0차 세계대전, 즉 러·일전쟁은 미국의 대아시아정책의 근간을 실천한, 해결사로서의 분쟁이었다고 볼 수 있다. 일본이 행했던, 미국을 대변한 첫 번째 전쟁이었다. 흥미로운 것은 러·일전쟁 종식의 해결사로 나선 인물도 루스벨트라는 점이다. 일본의 이권을 보장한 휴전회담 중재자로서, 이후 노벨평화상까지 수상한다.

1941년 12월 7일부터 시작된 태평양전쟁은 해결사로 나섰던 일본이 '본연의 임무를 망각한 채' 아시아의 패권으로 등장하면서 촉발된 것이다. 하버드대학 출신의 32대 대통령, 프랭클린 루스벨트는 원칙을 분명히 지키는 정치가로 유명하다. 정치적 타협이나 막후외교와 무관한 고집 센 정치가다. 20세기 초부터 이어진 미국의 대아시아정책을 계승한다. 한때 미국을 위한 해결사로서의 일본이지만, 만주와 중국을 점령하고 아시아의 패권국으로 등장하자 미국의 인내심도 한계를 드러낸다. 석유공급선을 끊고 미·일통상조약을 파기한다. 전쟁에 돌입해 일본 전체를 초토화시킨다. 태평양에서 미국의 이익에 반할 경우 어떤 결과를 초래하는지 전 세계에 보여준 것이다.

한국전쟁 이후 심화된 냉전(冷戰) 동안, 일본은 20세기 초에 보여줬던 미국을 위한 해결사의 모습으로 복귀한다. 무려 5회에 걸쳐 총리직을 이어간, 전후(戰後) 일본 복구의 대명사 요시다 시게루(吉田茂) 총리가 미국의 파트너였다. 1951년 9월 8일 동시에 이뤄진, 샌프란시스코조약과 미·일안보조약을 체결해낸 인물이다. 두 조약은 해결사 일본으로서의 위상을 부활시켜준다. 샌프란시스코 조약은 GHQ 통치하에 있던 패전국 일본을 독립국가로 만들어준다. 2차 세계대전 당시 승전국 모두가 참가해 일본을 독립국으로 보장한다. 승전국이 아닌 한국과 공산 중국은 샌프란시스코조약에 참가하지 못했다.

독립과 동시에 미·일안보조약을 맺은 일본은 군대 자체를 포기한다. 그러나 자위대라는 어정쩡한 조직을 통해 군사 대국으로 부활한다. 현재, 자위대가 가진 군사적 능력은 세계 4위 정도로 평가된다. 제한된 병력과 개전 준칙, 작전 범위 등의 제한으로 인해 약한 군대처럼 보이지만, 사실 결코 무시할 수 없는 정예 강군(强軍)이다.

요시다 총리가 만든 미·일안보조약은 반공 전선의 방패라는 점과 함께, 루스벨트 이래 정착된 대아시아정책의 핵이라 볼 수 있다. 태평양에서의 미국에 대적할 패권국을 절대 인정하지 않겠다는 방침이다. 1904년 러시아와 1941년 일본을 대했던 것처럼, 막 부상한 태평양 패권국인 소련을 인정하지 않겠다는 결의가 미·일안보조약으로 나타난다. 태평양전쟁 당시 섬 하나를 탈환하기 위해 수천·수만의 희생을 불러일으킨 적대국이었지만, 소련이 등장하면서 구원(舊怨)도 하루아침에 사라지게 된다. 소련과 중국을 적으로 한 미국의 방어벽은 해결사 일본만이 아닌, 한국에까지 확장된다. 1953년 10월 1일 체결된 한·미상호방위조약이다. 한국 입장에서는 북한의 재침을 막는 동맹 조약이지만, 미국이 보면 루스벨트 이래 지켜온 대아시아정책의 근간을 유지하려는 최전선 방어망이라 볼 수 있다.

중국의 대두와 루스벨트의 원칙

역사는 되풀이되는 것일까? 최근 미국이 중국을 대하는 것을 보면 0차 세계대전의 러시아, 하와이 진주만을 공격한 일본, 냉전 당시의 소련을 상대로 한 워싱턴의 외교 원칙이 떠오른다. 결론부터 얘기하자. 미국 입장에서 볼 때 중국은 '더 이상' 글로벌 경제 파트너로서의 협력 국가가 아니다.

태평양만이 아니라, 이미 전 세계 곳곳에서 이해관계가 충돌하고 있다. 경제 논리에 의해 그동안 자제했던 반중 정서가, 중국 경제 붕괴 조짐과 함께 미국 전역에서 터져 나오고 있다. 국방성, 나아가 국무성에서 터져 나온 반중의 목소리는 그동안 가려져 있었던 옐로우 페릴(Yellow Peril), 즉 황화론(黃禍論)의 증거다. 그리고 2013년 6월 발생한 에드워드 스노든의 홍콩 진입은 미국이 중국을 대하는 시각의 대전환점을 마련하는 계기가 된다.

중앙정보국(CIA)·미국 국가안보국(NSA) 직원이었던 스노든의 망명은 미국의 국익을 손상시키는, 유사 이래 최대의 스캔들로 받아들여지고 있다. 오바마는 스노든의 망명을 허락해준 러시아 푸틴 대통령의 방침에 반발해 양국 간의 정상회담 자체를 취소한다. 미국정부의 불만은 러시아만이 아니라 중국에 대해서도 그칠 줄을 모른다. 미국 NSA의 비밀감시 프로그램을 폭로한 장소가 홍콩이기 때문이다. 정치적으로 볼 때 홍콩은 100% 중국의 영향권에 있다. 스노든이 홍콩에 입국한 시기는 오바마와 시진핑이 만난 지 불과 3일 뒤였다. 오바마는 당시 만남에서 중국발 해킹 문제를 핵심 이슈로 논의했다.

　미국이 작심을 하고 중국을 수세로 몰아넣으려던 찰나에 스노든의 홍콩 데뷔가 이뤄진 것이다. 미국은 스노든이 홍콩에 나타난 배경과 더불어, 정보 유출자 인도에 관한 워싱턴의 요청이 받아들여지지 않은 데 대해 분노한다. 그동안 미국이 보여준 협조 체제에 반하는 반응이 나타난 데 대해 불쾌감을 감추지 않았다. 협조의 근거는 중국 전역을 뒤흔든 보시라이(薄熙来) 충칭(重慶)시 공산당 서기를 둘러싼 사건이다.

　보시라이의 오른팔인 왕리쥔(王立軍) 부시장이 충칭 미국 영사관에 피신해 왔을 때 워싱턴은 정치적 망명이 아닌, 추방을 명령했다. 당시 모든 상황은 전부 오바마의 직접적인 명령하에 이뤄진 것이다. 권력 투쟁과 관련해, 중국을 내란으로까지 몰고 갔을 엄청난 사건을 진화하는데 미국이 협조한 것이다. 스노든의 홍콩 입국을 허락하고 러시아로의 탈출을 방관한 것은 당시 보여준 '워싱턴의 선의를 무시한 배신'이란 것이 워싱턴의 일치된 의견이다. 시진핑이 오바마에게 요구한 미·중 간의 대등한 관계에 관한 논의도 꼬리를 감춘다.

제2의 요시다, 아베

중의원과 참의원 선거에서 자민당이 거둔 압승은 아베만이 아니라, 워싱턴도 흥분시킬 만한 희소식이다. 마침내 일본이 아시아 정책을 충실히 수행할 해결사의 위치에 올랐기 때문이다. 워싱턴 의회에서 아시아외교 관련 정책 문제를 다루는 미국인 스태프와의 대화 내용을 소개한다.

"아베는 요시다 총리의 환생(還生)에 해당한다. 요시다는 패전한 일본을 독립국으로 돌리고, 미국과의 초석을 다진 전후 최초·최고의 친미 정치가다. 미국이 아베를 제2의 요시다로 보는 이유는 간단하다. 요시다의 재임기간까지는 못 가지만, 장기간 안정된 기반 하에 총리의 임무를 수행할 수 있기 때문이다. 중의원·참의원 모두 자민당이 석권하고, 경제도 활황세로 돌아서 있다. 그동안 밀렸던 양국 간의 숙제들을 시간을 갖고 충분히 논의하고 실천할 수 있다. 미국의 요청과 요구사항을 충분히 수행할 최고의 우

● 일본인에게 어필되는 아베의 이미지는 한국·중국에서 생각하는 것과 크게 다르다. 소신과 자신감에 찬, 부지런한 지도자라는 평이 지배적이다.

방이 일본이고, 총사령관이 아베다. 진주만 기습처럼 미국을 물지 않는 한, 아베에 대한 미국의 지지는 절대적일 것이다."

일본인이 볼 때 아베와 요시다는 연임이 아닌 시차를 두고 다시 총리에 오른, 일본 정치가 가운데 유일무이한 존재이다. 대통령을 한 번 했다가, 몇 년 뒤 다시 대통령에 당선된 격이다. 아베는 2006년 9월 26일부터 정확히 366일간, 90대 총리로 일했다. 이후 6년만인 2012년 해 12월 26일, 96대 총리로 컴백한다. 태평양전쟁 당시 영국대사로 일한 요시다는 45대 총리로, 1946년 5월부터 367일간 일하다가 밀려난다. 너무 강한 캐릭터로 인해

GHQ(연합군 총사령부)로부터 미움을 산 것이다. 이후 1948년 10월 다시 총리에 복귀해, 48대부터 51대까지 4차례에 걸친 내각의 총리로 활동한다. 총 재임기간은, 전후 일본 정치가 가운데 2위에 해당하는 2,716일에 이른다.

연임만이 아니라, 시차를 두고 총리에 복귀한다는 것은 여러 가지 의미로 해석될 수 있다. 불굴의 정치인, 입지전적 캐릭터라는 해석과 함께, 보다 성숙된 정치가로서의 컴백이라 볼 수도 있다. 작은 구멍가게라도 한 번 경험해 보면 자신만의 여러 가지 노하우가 생긴다. 시차를 갖고 다시 구멍가게를 오픈할 경우, 백화점으로까지 발전시킬 수도 있다. 이른바 실패를 통한 석세스(성공) 스토리다.

우연치고는 너무도 미묘한 시기에 등장한 드라마로, 2012 가을 NHK에서 방영된 5부작 역사물이 있다. 「지고서도 이긴다(負けて勝つ)」라는 제목으로 방영된 드라마다. '전후 일본을 새롭게 창조한 남자(戦後を創った男)'라는 부제를 단, 요시다 총리를 주인공으로 한 시리즈물이었다. 요시다로 분한 주인공은 일본의 간판 배우 와타나베 켄(渡辺謙)이다. 전후 GHQ와의 협상 과정과, 일본을 독립국으로 만들고 미·일안보조약에 나가는 과정을 세밀하게 다뤘다. 일본의 반전·평화주의자들은 요시다를 매국노라고 비난한다. 미·일 군사동맹을 통해 일본 자위대를 미군 2중대로 전락시킨 대미추종 전쟁광이란 것이 비난의 근거이다. NHK는 그 같은 비난에 아랑곳하지 않고, 요시다의 실체와 위업을 객관적으로 그려나

갔다. 필자는 요시다로 분한 와타나베 켄의 모습을 보면서 NHK의 단카이가 전부 물갈이를 했다는 확신이 들었다. 반미(反美)·반전(反戰)·반핵(反核)을 주장하는 단카이가 있다면 제작 도중 중단될 만한 우성향이 강한 드라마이기 때문이다. 일본 국민은 NHK가 재해석한 요시다에 대한 평가를 긍정적으로 받아들였다. 미·일 동맹 관계 강화를 공약으로 내세운 자민당의 아베는 드라마 방영 두 달 뒤 총리로 복귀한다.

앞서 살펴봤듯이, 미국이 아베를 제2의 요시다로 보는 이유는 두 가지로 압축될 수 있다. 장기적이고도 안정된 재임 기간과, 실패를 경험한 성숙한 정치인이라는 사실이다. 한국이 보면 아베는 극우의 대명사 정도이지만, 미국이 보면 중국을 견제할 믿음직한 해결사다. 미국 미디어에서 가끔씩 흘러나오는 아베경계론에 대한 얘기도 있지만, 대세(大勢)와는 무관하다. 레이건 대통령 이후 미국 미디어와 행정부는 서로 반대로 가는 경향이 많다. 닉슨이나 케네디 대통령 때처럼 '신문·방송=행정부의 나침반'이란 도식은 과거의 추억에 지나지 않는다. 미국 신문과 방송이 아베를 어떻게 보든, 일본을 통한 태평양 질서의 유지는 미국 행정부의 방침으로 굳어져 있다.

아무리 발버둥 쳐도 미국이 자신의 의지대로 세계를 움직이던 시대는 끝났다. 미국의 패권이 사라지지는 않겠지만, 일방적인 독주는 이제 막을 내렸다. 일본은 그 같은 상황 속에서 등장한 구원

투수다. 일본의 우향우 노선은 걷잡을 수 없는 속도로 진화해 나
갈 것이다. 아베와의 역사 문제만이 아니라, 발 빠르게 변해가는
미국의 태평양 정책을 분석하고 이해하는 것이 급선무다.

제4장

영원히 참회하지 않을
위안부 문제

왜 일본은 위안부 문제를 부정하는가?

열대야가 기승을 부리던 2013년 7월 9일. 한 일본인의 부음 속보
가 전 세계에 전해졌다. 부음의 주인공은 58살, 요시다 마사오(吉
田昌郎). 부음 기사의 대부분은 흰 방제복 차림의 사진을 전면에 내
세웠다. 요시다는 2011년 3·11 동일본 대지진 발생 당시, 후쿠시
마 원전소장으로 재직한 인물이다. 사고 즉시, 발전소 근처에 직
접 가서 수습에 나섰다. 현장을 지휘하면서 하루에도 두세 번씩
기자들의 질문에 답했다. 도쿄대 공대의 원자핵 전공자로, 공포에

떠는 일본인들을 안심시켜준 실무 전문가이다.

요시다는 대참사 이후 어느 정도 가닥을 잡던 2011년 11월 퇴직한다. 식도암 판정을 받았기 때문이다. 요시다의 발암 소식은 당시 일본인 모두에게 알려졌다. 국민들은 회복을 비는 종이학을 만들어 요시다에게 보냈다. 그는 집에서 요양을 하던 중 뇌출혈로 쓰러진다. 수술 후 회복 치료를 받다가 암으로 세상을 떠난 것이다. 3·11 동일본 대지진 이후 28개월 만에 벌어진 비극이다.

일본인 모두가 요시다의 죽음을 애도한 것은 물론이다. 3·11 당시 총리인 간 나오토는 요시다가 평소에 다시 후쿠시마로 돌아가 일하고 싶다는 뜻을 전해왔다고 밝혔다. "요시다는 현장 책임자로서 강력한 리더십을 발휘하여, 사태의 악화를 막아낸 장본인이다."

요시다는 3·11의 영웅인 동시에 당시의 비극이 현재진행형으로 이뤄지고 있다는 사실을 재확인시켜준 증거라 볼 수 있다. 3·11 당시 뉴스메이커였기 때문에 특별히 기억에 남는 인물이지만, 요시다와 함께 원자로 안에 직접 들어갔던 40여 명의 도쿄전력 직원들과, 일당 20만 엔을 받고 현장을 지킨 단기 직원들의 안부(安否)는 철저히 베일에 가려져 있다. 요시다의 죽음은 '당신들의 죽음'이 아닌 이웃, 아니 나와 가족의 죽음이라고 여기는 것이 보통 일본인들의 인식이다.

한국인이 볼 때 요시다의 죽음은 일본 사회, 나아가 일본인의 의식구조를 이해할 수 있는 좋은 본보기에 해당한다. 인류 초유의 대재앙에 맞서 싸운 한 인물의 죽음을 통해, 일본이란 나라가 어떤 상식과 논리 속에서 살아가는지 확연히 이해할 수 있게 된다. 필자는 부음 기사 속에 실린 요시다의 행적을 보면서, 크게 두 가지 측면에 주목한다.

첫째, 원자력 설비관리부장으로 재직했던 2008년 당시의 '실책(失策)'에 관한 부분이다. 아사히의 부음 기사를 보자. "대형 쓰나미가 올 경우의 실험 결과를 알고 있으면서도 대책을 취하지 않았다는 비판도 있다." 3·11 이후 밝혀진 일본정부조사단의 발표에 따르면 도쿄전력 집행부는 후쿠시마 원전이 대형 쓰나미에 약하다는 사실을 알고 있었다고 한다. 요시다는 그러한 사실을 가장 잘 알고 있던 현장 실무자로 지목됐다. 목숨을 걸고 현장 지휘를 한 영웅이기는 하지만, 미리 막을 수 있는 사태를 방관한 실무 책임자라는 딱지가 부음 기사에 실려 있다.

둘째, 2011년 3월 사고 현장을 지휘할 당시 보여준 '영웅'으로서의 무용담이다. 「아사히」의 기사를 한 번 더 보자. "도쿄전력 상층부로부터 바닷물을 원자로 냉각수로 사용하지 말라는 지시를 받은 뒤, 비디오 회의를 통해서는 실행에 옮기는 척 행동했다. 그러나 독자적 판단 하에 바닷물을 냉각수로 사용했다. 일부에서는 요시다의 그러한 행동을 영단(英斷)이라 평가한다." 냉각수는 소금기가 없는 순수한 물을 사용해야 한다. 소금이 원자로를 부식

시키기 때문이다. 바닷물을 냉각수로 사용한다는 것은 원자로로서의 기능이 끝났다는 의미다. 하나에 수십억 달러에 달하는 것이 원자로다. 현장책임자로 있던 요시다는 원전 폭발을 막기 위해 그 같은 결정을 내렸다고 한다. 덕분에 원자로 내부온도가 내려가고 폭발도 면했다. 후쿠시마 원전에 관련된 요시다의 삶은 실책과 영웅을 오가는 상반된 행적으로 점철돼 있다. 목숨을 바쳐 최후까지 열심히 일한 사람이라는 사실은 분명하다. 그러나 3·11을 어떻게 경험했는지 여부에 따라 사자(死者)에 대한 평가도 달라질 듯하다. 3·11과 무관한 사람은 실책이란 틀에서, 3·11의 피해자들은 영웅이란 틀에서 그를 바라보지 않을까?

요시다의 죽음이 일본 사회를 이해할 수 있는 거울로서의 역할을 하는 이유는 간단하다. 3·11에 대한 책임을 둘러싼 논의를 보자. 놀랍게도, 그토록 지구 전체를 불안에 떨게 만들었고, 지금까지도 이어지고 있는 공포지만, 대재앙 후 28개월이 지난 현재까지 후쿠시마 원전사고에 관한 책임자는 단 한 명도 없다. 정부·학계·민간 차원의 조사단들이 수많은 보고서를 내놓고 있지만, 정작 인재(人災)로 결론지어진 후쿠시마 원전 사고에 관한 책임자가 전무하다. 갖가지 핑계와 논리가 범람하면서 누가 책임자이고 누가 가해자인지에 대한 얘기가 아예 사라진 상태이다. 신문·방송과 같은 미디어도 그 같은 문제에 대해 무심하다. 피난민으로 전락한, 후쿠시마 원전 주변에 살던 수만 명의 주민들도 책임자문책 문제를 포기한 지 오래다. 엎친 데 덮친 격으로 원전 피난민에 대한 일본인들의 눈에 보이지 않는 차별도 일상화돼 있다고 한다. 방사능에 오염된 인간에 대한 차별이다. 책임자·가해자·원인 제공자는 없고, 피해자만 넘치는 나라가 일본이다.

요시다의 부음 기사는 바로 그 같은 상황 하에서 분석될 수 있다. 책임 있는 자리를 지키고 있는, 도쿄 본부에서 일하는 단순한 수뇌부 중 한 명이 아니다. 스스로가 피해자인, 이미 식도암으로 세상을 떠난 사람이다. 쓰나미 대비책에 나서지 않은 것과, 바닷물을 냉각수로 사용한 것이 요시다 혼자만의 판단에 의해 내려진 것이 아니라는 것은, 일본 국민이라면 100% 동의할 것이다. 결코 개인 판단으로 이뤄질 수 없는, 도쿄전력 수뇌부의 의사에 따른 행동이란 것이 요시다의 부음을 읽는 일본인의 상식이다. 현장소장 수준의 인물이 그 같은 엄청난 결정을 내릴 수 없는 것이 일본 조직의 생리이기 때문이다.

그렇다면 누가 그 같은 결정을 내렸을까? 누가 쓰나미 재해 방지에 대한 준비책을 무시했고, 누가 바닷물을 냉각수로 활용할 것을 지시했을까? 결론부터 얘기하자면, 그 어디에서도 답을 찾아낼 수가 없다. 담당 책임자로서 요시다가 실행한 것은 분명하지만, 누가 어떤 경로를 통해 그 같은 결론을 내리도록 지시했는지에 대한 명확한 근거가 없다. 굳이 답을 찾자면, '공기'를 답으로 떠올릴 수 있을 뿐이다. 요시다의 독자적 판단이 아니라, 요시다로 하여금 그 같은 결정을 내리도록 만든 조직 전체의 분위기, 즉 설명할 수 없는 '공기'가 정답에 가깝다. 현장소장 요시다는 그 같은 공기를 직감하고 실행에 옮긴 집행자에 불과하다. 공기론에 기초하자면, 요시다가 아니라 그 어떤 사람이었다 하더라도 똑같은 결론과 결과를 만들어냈을 것이라 볼 수 있다. 집행자가 요시다라는 점을 고려해, 신문·방송은 결론적으로 요시다가 결정한 것이라고 보도한다. 쓰나미 재해 방지를 무시한 실책도, 바닷물을 냉각수로 활용한 용단도 전부 요시다의 독자적 판단 하에 이뤄졌다는 것이다. 현재진행형으로 이뤄지고 있는 발암 환자들의 아우성과 방사능에 오염된 어장 어부들의 한숨이 넘치고 넘치지만, 그 엄청난 대재앙의 책임자로 떠오른 인물은 세상을 떠난 현장소장 요시다에 국한된다.

일본인의 역사 인식

역사 인식 문제가 한·일 간의 핫 이슈로 떠올랐다. 이미 104년 전에 암살된 이토 히로부미(伊藤博文)가 양국 신문의 뉴스메이커로 재등장하더니, 급기야 '역사 인식과 정상회담 연계'라는 사태에까지 도달했다. 역사 인식에 대한 반성이 없는 한, 한·일 두 정상이 만날 이유가 없다는 것이다. 아베가 등장하면서 나타난 일

본 내의 '거꾸로 역사관'이 주원인이다. 1993년 8월 4일 발표된, 고노담화(河野談話)를 부정하는 역사관이다. 아베와 일본유신회 대표 하시모토가 제기한 것으로, 고노담화를 전면 재검토해야만 한다는 주장이다. 고노담화는 '위안부 관계 조사 결과에 관한 고노 관방장관 담화(慰安婦関係調査結果発表に関する河野内閣官房長官談話)'라는 긴 이름의 발표문을 압축한 것이다. 구체적으로 어떤 내용인지 중요한 부분만 살펴보자.

"위안부 설치는 일본군이 요청해 직간접적으로 관여했으며, 위안부 모집에 대해서는 군의 요청에 접한 업자들이 주로 담당했다. (업자들의 모집 과정에서) 감언, 강압과 같은 본인의 의사에 반하여 동원된 경우가 많으며, (이 과정에서) 관헌(官憲) 등이 직접 가담한 경우도 있었다. 위안부의 생활은 강제적인 상황 하에 이뤄진 아주 고통스러운 것이었다."

결국, 고노담화의 요지는 크게 두 가지이다.

1. 위안부라는 것이 존재했다.

2. 위안부 동원이 일본군의 강제적 행위 하에 이뤄졌다.

한국인의 입장에서 볼 때는 너무도 당연하지만, 두 가지 사실은 일본이 처음으로 시인한 것이다. 1945년 해방 후 48년 만에 확인된 사실(史實)이다. 아베와 하시모토는, 구체적으로 고노담화의 어떤 부분이 재검토돼야 하는지를 밝히고 있지 않다. 일본군의 강제적 행위가 이뤄졌다는 객관적 증거가 없다는 것이 아베의 주장이다. 행위가 있었는지 여부에 관계없이, 문서와 같은 관련 증거가 없기 때문에 일본군의 강제 행위를 인정한 고노담화가 잘못됐다는 것이다. 위안부 존재 자체를 부정하는지, 아니면 일본군의 강제동원 여부에 대해 못마땅하게 생각하는지에 대한 논의가 없다. 일부 수정이 아니라, 아예 전면적으로 폐기를 원한다는 분석도 있다.

고노담화를 둘러싼 아베의 입장은 미국 정부가 우려의 뜻을 전하면서 한풀 꺾인 상태다. 아베 스스로 공표하지는 않았지만, 관방장관 등을 통해 고노담화 계승으로 방향을 재정비했다. 그러나 아베가 주춤한 사이, 정부 요인이 아닌 하시모토가 다시 불을 지폈다. 위안부와 같은 문제는 일본만이 아니라 전 세계 모두가 행한, 전쟁 중 드러난 필요악과 같은 것이었다는 주장을 편 것이다. 물타기를 통해 일본의 과거 만행을 적당히 넘기자는 발언이다. 일본 내의 반발은 물론, 전 세계로부터 비난이 쇄도하면서 계획 중이던 하시모토의 미국 방문도 중단하게 된다.

후쿠시마와 위안부

한국인 입장에서 볼 때, 왜 일본인들은 뻔한 얘기에 대해 거짓말로 일관하는지 이해하기가 어렵다. 왜 손바닥으로 하늘을 가리는

지? 불신과 불만은 분노로 이어진다. 잘못했다고, 다시는 안 그러겠다고 말해도 부족한데, 이리저리 피하면서 왜 일을 더 복잡하게 만들어 가는지에 대해 의문을 가질 수밖에 없다. 결국 '못 믿을 일본인'이란 감정적 차원의 편견으로 발전한다.

일본인들이 역사 문제를 다룰 때 자주 거론하는 것 중 하나로 문서와 서류 같은 것을 빼놓을 수 없다. 아베는 위안부 강제동원을 명령한 문서를 발견한 적이 없다고 말한다. 반대로 군대를 동원하고 이토 히로부미의 강권에 의해 체결된 을사늑약과 같은, 일본에 유리한 외교문서는 상시 준비해 두고 있다. 외교문서 자체를 부정하거나, 그 가치를 폄하하자는 것이 아니다. 그러나 신기하고, 놀랍지 않은가? 자신에게 유리한 증거는 문서로 보존돼 있는데, 자신들에게 불리한 부분에 관한 자료는 마치 약속이나 한 듯 흔적도 찾아보기 어렵다. 일본이 관련 자료를 몰래 폐기했다거나, 아예 있는 것을 없다고 말했을 것이라는 게 아니다. 스스로 문명대국임을 자랑하는 선진국 일본이 그 같은 야만적 행위를 자행했을 것이라고 예단(豫斷)하고 싶지는 않다. 그렇다면 어디서부터 꼬여서 증거가 없다고 주장하고, 나아가 아예 위안부 문제를 덮어버리려는 것일까? 위안부로 끌려간 사람이 분명히 있고, 식민지 당시의 일본인과 조선인과의 수직적 관계를 고려할 때 강제성이 있었다는 것은 누구나 인정할 수 있을 텐데 왜 틈만 나면 부정으로 일관할까? 과정과 결과는 있는데 왜 원인은 없다고 주장할까?

필자는 그 답이 후쿠시마 원전소장 요시다에서 찾을 수 있다고 본다. 쓰나미 재해를 미리 막아내지 못한 책임을 현장소장에 불과한 요시다에 전가하는, 공기론에 근거한 일본의 조직문화가 위안부 문제에도 똑같이 적용될 수 있다고 본다. 안 좋은 일이 생길 경우, 본부의 총 수뇌부는 전부 빠지고 하급 집행관이 책임지는 구도가 일본 조직의 특성이기 때문이다.

일반적으로 책임 문제가 생길 경우, 아예 처음부터 총 수뇌부를 궁지로 몰아넣을 만한 문서나 서류를 작성하지 않는다. 단언컨대, 도쿄 본부의 수뇌부가 후쿠시마 원전을 인재(人災)로 몰아간 주범임을 증명하는 서류는 단 한 장도 존재하지 않을 것이다. 모두가 위험하다고 알고 있는 상황에서, 회장과 사장의 의중을 읽은 중간급 간부가 현장 집행부에 책임을 떠넘긴 것이 요시다 실책론의 근거라 볼 수 있다.

요시다의 역할은 사무라이 영화의 하이라이트에 해당되는 '하라키리(腹切: 할복)'에 비견될 수 있다. 영화를 통해 장엄하게 묘사되는 것이 사무라이의 하라키리다. 사무라이 모두가 지켜보는 가운데 스스로 배를 가른 뒤, 곧바로 뒤에서 목을 치는 식이다. 죽음을 대하는 일본인의 미의식을 설명할 때 제일 먼저 등장하는 소재가 하라키리다. 하라키리는 흔히 죽음과 바꾸는 충절이나 용기의 대명사처럼 다뤄진다. 과연 그럴까?

하라키리의 내용을 자세히 보면 그것이 '결코' 수뇌부에서 이뤄지지 않는다는 것을 알 수 있다. '갑'이 아닌 최하급 사무라이에게서나 볼 수 있는, 이른바 '을'을 위한 3류 의식이 하라키리의 실체다. 수뇌부의 경우 전쟁을 통해 마지막까지 싸우는 길을 택한다. 충(忠)이나 의(義)와 같은 대의명분을 위해 자살하는 경우는 극히 드물다. 대의(大義)를 위해 목숨을 끊기보다, 마지막까지 적을 한 명이라도 더 죽이겠다는 것이 수뇌부 즉, '갑'의 생각이다. 자신의 생각을 품위 있게 포장하는 과정에서 최하급 사무라이를 동원해 하라키리 의식을 연출한다. 대의를 명분으로 힘없는 부하를 자살하도록 만들고, 곧바로 죽은 이의 대의를 독점하는 '갑의 횡포'가 바로 하라키리의 실체다.

일본이 2차 세계대전에 항복하겠다고 밝힌 것은 1945년 8월 10일 새벽 2시다. 천황은 연합군이 제시한 무조건 항복, 즉 포츠담선언을 받아들이겠다는, 이른바 '성단(聖斷)'을 6명의 최고 간부들에게 전한다. 통상 영화 속의 장면이라면 6명은 집에 돌아가는 즉시 자살로 생을 마감해야만 한다. 그러나 6명 가운데 죽음을 택한 사람은 육군대신 아나미 장군 단 한 명이다. 회의 마지막까지 천황에게 1억 결전 본토 사수를 주장했던 인물이다. 나머지 5명은 최후까지 살아남으려 발버둥 친다. 사실 패전 이후 일본 지도부의 99.99%는 하라키리와 무관했다. 기록영화로도 남아있는 반자이(万歲) 절벽 자살가족들처럼, 사무라이 정신이 주입된 국민들과 이등병, 일등병의 자살만이 줄을 이었다. 도쿄전력 수뇌부 입장에서 볼 때, 요시다의 죽음은 최하급 사무라이의 하라키리 이벤트 정도로 받아들일 듯하다.

미드웨이 해전과
해군 수뇌부의 책임

태평양전쟁의 출발점은 일본 해군의 진주만 공격이다. 당시 일본군이 목표로 했던 항공모함 격추는 실패로 끝난다. 3대의 항공모함은 약속이나 한 듯 당일 진주만을 떠나 작전 중이었다.

항공모함을 격추시키지 못한 일본 해군은 1942년 6월 미드웨이 해전을 통해 전열을 가다듬는다. 당시 모의전쟁에서 미군 항공모함 2척이 나타날 경우 일본 해군의 항공모함도 2척이 격추될 것이란 결론이 내려졌다. 그러나 해군 지휘부는 2척과 대적할 경우 일본 측의 피해가 1척에 불과할 것이란 장밋빛 보고서를 올린다. 작전 실무진들 사이에서는 잘해야 무승부이고, 잘못하면 패배할 것이란 사실이 상식처럼 받아들여졌다. 그러나 모든 실무진들의 분석과 전망은, 진주만 공격을 주도한 야마모토 이소로쿠(山本五十六) 장군의 주장 앞에서 무기력해진다. 야마모토 장군이 적극적인 주장을 펴면서 다른 사람들의 입을 막은 것은 아니다. 야마모토 장군의 '단기결전(短期決戰)' 공기가 하부로 내려가면서 실무진들 스스로 입을 다물게 된 것이다. 암호전에서 패했다고 하지만, 사실 미드웨이 해전은 이미 출발 전부터 패전으로 굳어진 상태였다.

최근 일본 NHK는 왜 미드웨이 해전이 실패로 끝났는지에 대한 특별 프로그램을 마련했다. 전쟁 당시 일본 해군 최고 지도부에서 일하던 10여명의 장성들이 결성한 '수교회(水交會)'의 녹음테이프가 프로그램의 자료로 활용됐다. 1979년 3월 28일부터 모은, 1회 3시간에 걸친 139개의 대화록이다. 400시간 이상에 걸친 대화록의 주제는 하나이다. '왜 해군은 미드웨이 해전에서 졌는가?'에 관한 부분이다. 전쟁 당시 40대·50대이던 해군 장성들은 70대·80대 노인으로 등장해 당시를 회상했다. 엉터리 작전을 누가 계획했는지, 어떤 경로에서 추진됐는지, 왜 그렇게 갑자기 하루아침에 실행됐는지에 관한 논의가 계급장을 뗀 상황에서 솔직하게 논의된다.

400시간에 걸친 녹음테이프의 결론은 간단하다. 패전이 99.99% 확실했던 미드웨이 해전은 구체적으로 상부의 누군가 직접 내린, 작전 명령에 의한 것이 아니라는 것이다. 당시 동남아시아를 석권한 육군에 지지 않으려는 해군 내의 미묘한 경쟁 심리가 '단기결전' 공기로 작용하면서 앞뒤 가리지 않고 급작스럽게 추진됐다는 분석이다. 수교회에 모인 해군 장성들이 서로에게 비난을 퍼부으면서 책임을 묻지만, 참석자 대부분은 단기 결전 분위기 속에서 내려진 결론이란 식으로 대답한다. 최고 수뇌부의 장성들이지만, 자신의 책임 하에 이뤄진 작전임을 인정하는 인물은 단 한 명도 없다. 책임을 면하자는 것이 아니라, 실제로 스스로 명령을 내린 적이 없다는 것이 NHK 프로그램을 통해 밝혀진다.

흥미로운 것은 당시 미드웨이 해전으로 나가도록 만든 작전 명령이나 지시가 고위급과 무관한 현장 실무진을 통해서 만들어졌다는 점이다. 공기를 파악한 현장 작전 지휘관들이 작성해 거꾸로 지휘부로 올라가면서 서둘러 해전에 나섰다는 의미이다. 따라서 미드웨이 해전을 지시한 지휘부의 구체적인 명령은 문서로 남아있지 않다. 미드웨이 해전은 일본의 주력 항공모함 4척이 격침되면서 태평양 바다를 미군에게 내 준, 패전의 서곡이었다. 만약 미드웨이 해전에서 일본이 이겼다면 최소한 일본이 패전하지는 않았을 것이란 게 군사전문가들의 분석이다. 태평양이 뚫리면서 아메리카 대륙에 일본 육군이 상륙할 경우, 미국의 종전(終戰) 요청이 급물살을 탔을 것이다. 물론 일본은 아시아에서의 이익 보장을 전제로 하면서 미국과 휴전에 들어갔을 것이다. 그 같이 세계의 운명을 가늠한 엄청난 해전의 책임자가 누구인지, 어떤 명령체계에 의해 구체화됐는지에 대한 문서나 증거가 없다.

1994년 노벨문학상을 받은 오에 겐자부로(大江健三郎)는 스웨덴 스톡홀름에서 수상 소감을 발표한다. 초대 노벨문학상 일본인 수

상자인 가와바타 야스나리(川端康成)가 26년 전에 말한 '아름다운 일본 속의 나(美しい日本の私)'를 원류로 한, '애매한 일본속의 나(曖昧な日本の私)'가 오에의 수상 소감 제목이다. 전쟁과 평화, 과거와 미래, 천황과 민주주의가 병존하는 애매한 기준에 선 나라가 일본이라는 것이다. 어떤 결과나 판단 자체도 명확하지 못하고 애매하게 논의되는 곳이 일본이다. 자신의 문학은 그 같은 애매함을 기반으로 하고 있다고 수상식에서 밝혔다.

필자의 개인적인 판단이지만, 미드웨이 해전에서부터 후쿠시마 원전소장 요시다, 나아가 위안부 문제에 대한 일본의 애매함은 일본어 특유의 언어 감각을 통해서도 살펴볼 수 있을 듯하다. 일본어를 통해서 본 애매함이다. 일본어의 특징 중 하나지만, 주어나 목적어를 앞세운 능동형 표현이 극히 드물다. 주어·목적어를 아예 생략한 채 단순히 수동형으로 표현하는 어법이 일상적이다. 예를 들어보자. 영화나 소설 속에서 사무라이가 상대방을 살해할 때 가장 많이 사용하는 말은 "안됐지만, 죽어줘야겠다(悪いけど死んでもらうよ)."라는 표현이다. 죽이겠다, 나의 칼이 너를 없앨 것이다, 너의 목숨을 끊겠다……와 같은 가해자와 피해자의 선이 명확한 표현이 아니다. 언뜻 들으면 마치 살해될 사람이 스스로 원해서 사무라이 칼로 달려드는 듯한 표현이다. 구체적인 동사로 상황을 묘사하기보다, '된다(なる)'와 같은 보조용언을 통해 의사를 표현하는 것도 일본어의 특징 중 하나다. '겨울이 온다(冬が来

る)'가 아니다. '겨울이 된다(冬になる)'라는 말이 일상화돼 있다. '서울에 갑니다'라는 표현보다 '서울에 가게 됐습니다(ソウルに行く事になりました)'라는 표현이 훨씬 더 부드럽다. '그와 함께 산보를 한다'가 아니라 '그와 함께 산보를 하게 됐다(彼と散歩することになった)'가 보편적이다. 식민지 당시 일본어의 영향으로 인해 한국어에도 일본식 표현이 많이 남아 있지만, 일본어를 영어와 비교해 볼 때 가장 큰 차이점은 주어·목적어를 둘러싼 상호 관계가 극히 애매하다는 데 있다. "안됐지만, 죽어줘야겠다."라는 말을 나중에 검증한다 하더라도, 주어가 누구인지 불명확한 상태에서 가해자가 누구인지 구별해내기가 어렵다. 공기를 읽는 일본인들 사이에서는 명확하게 통하겠지만, 외국인이 볼 땐 특히 문서나 서류와 같은 증거로 만들 경우 애매하게 느껴지는 것이 일본어다.

위안부 문제를 문서나 서류를 통해 풀어나갈 경우 그 답은 영원히 얻을 수 없을 것이다. 아베가 줄기차게 문서 부재나 증거 불충분을 주장하는 이유는, 아예 처음부터 그러한 서류가 존재할 수 없다는 일본 사회 구조의 생리를 염두에 둔 것이라 볼 수 있다. 설령 존재한다 해도 요시다나 하급 사무라이를 언급하는 선에 그칠 것이다. 2,550대의 비행기를 죽음으로 몰아넣은 가미카제 특공대를 둘러싼 지시사항이 문서로 존재하지 않는 것처럼, 위안부 지시에 관한 물적 증거는 애초부터 없었을지 모른다. 책임을 질 만한 문제에 대해 명확한 증거를 남겼을 리가 없기 때문이다.

위안부, 나아가 역사 문제를 둘러싼 논의 상대는 아베나 정치가에 국한되지 않는다. 애매하고 불투명한 일본 사회 전체가 대상이다. 국제사회에서 통용되지 않는, 애매한 관행과 논리 속에서 살아가는 1억 2,000만 일본인을 상대로 길고도 지루한 싸움을 해야 할 것이다. 언제 결과가 날지도 알 수 없다. 그러나 분명한 것은 진실은 존재한다는 것이고 정의는 한국 쪽에 있다는 것이다.

한국은 일본을 너무 모르고,
일본은 한국을 너무 잘안다

일본 내면 풍경

펴낸날	초판 1쇄 2014년 8월 15일
	초판 4쇄 2015년 2월 12일

지은이	유민호
펴낸이	심만수
펴낸곳	(주)살림출판사
출판등록	1989년 11월 1일 제9-210호

주소	경기도 파주시 광인사길 30
전화	031-955-1350 팩스 031-624-1356
기획·편집	031-955-4675
홈페이지	http://www.sallimbooks.com
이메일	book@sallimbooks.com

ISBN	978-89-522-7357-4 03340

※ 값은 뒤표지에 있습니다.
※ 잘못 만들어진 책은 구입하신 서점에서 바꾸어 드립니다.

이 도서의 국립중앙도서관 출판시도서목록(CIP)은 서지정보유통지원시스템 홈페이지
(http://seoji.nl.go.kr)와 국가자료공동목록시스템(http://www.nl.go.kr/kolisnet)에서
이용하실 수 있습니다.(CIP제어번호: CIP2014023571)

책임편집	홍성빈